能源数智管理精品教材

能源金融学

主　编◎张明明

副主编◎王　丛

电子工业出版社

Publishing House of Electronics Industry

北京·**BEIJING**

内 容 简 介

能源金融作为一种新兴的金融形态，被视为能源战略的一种重要手段和工具。它不仅涵盖了整个能源产业的各个环节，还涉及国际金融体系的各个层面。能源金融不但为传统能源商品市场应对地缘政治斗争、自然灾害、突发事件等市场风险提供了规避手段，而且为应对由能源消费产生的环境污染、全球气候变化等环境风险开辟了新途径。

本书共分为 11 章，从能源金融的理论视角，分别对能源金融概览、能源金融市场、能源产业投融资、能源虚拟金融、能源金融政策与计价进行了详细介绍。同时，又从不同能源种类和产业差异的视角，分析了煤炭金融、油气金融、电力金融、新能源与可再生能源金融、碳金融与碳交易、绿色金融等方面的问题。本书不仅可以作为经济学、金融学等相关专业本科生和研究生的教材使用，也可以为能源经济与管理领域的研究者和政府部门的决策者提供一定的科学参考。

图书在版编目（CIP）数据

能源金融学 / 张明明主编. -- 北京 ：电子工业出

版社，2025．6．-- ISBN 978-7-121-50577-5

Ⅰ．F407.2

中国国家版本馆 CIP 数据核字第 2025BT4008 号

责任编辑：杜　军
印　　刷：北京捷迅佳彩印刷有限公司
装　　订：北京捷迅佳彩印刷有限公司
出版发行：电子工业出版社
　　　　　北京市海淀区万寿路 173 信箱　　　　邮编 100036
开　　本：787×1092　　1/16　　印张：15.75　　字数：373 千字
版　　次：2025 年 6 月第 1 版
印　　次：2025 年 6 月第 1 次印刷
定　　价：55.00 元

凡所购买电子工业出版社图书有缺损问题，请向购买书店调换。若书店售缺，请与本社发行部联系，联系及邮购电话：（010）88254888，88258888。

质量投诉请发邮件至 zlts@phei.com.cn，盗版侵权举报请发邮件至 dbqq@phei.com.cn。

本书咨询联系方式：dujun@phei.com.cn。

前　言

当今世界正经历百年未有之大变局，应对气候变化带来的全方位挑战已成为世界各国的共识。2020 年 9 月，中国提出了"力争在 2030 年前实现碳达峰，2060 年前实现碳中和"的战略目标。"双碳"目标的制定意味着中国能源体系将迎来根本性变革。在此背景下，中国急需大量具备复合型交叉创新能力的"双碳"人才。能源金融作为一种新兴的金融形态，被视为能源战略的一个重要手段和工具。它不仅涵盖了整个能源产业的各个环节，还涉及国际金融体系的各个层面。能源金融不但为传统能源商品市场应对地缘政治斗争、自然灾害、突发事件等市场风险提供了规避手段，而且为应对由能源消费产生的环境污染、全球气候变化等环境风险开辟了新途径。由此可见，能源金融专业人才是"双碳"人才的重要组成部分。

"双碳"目标的制定对未来能源金融专业人才的培养提出了更高的要求。目前，能源金融人才的培养和能源金融课程的建设相对滞后：一是能源金融课程的理论体系还不完善，与一些比较成熟的经济学或金融学课程相比，缺乏一个明确、严谨的理论体系；二是能源金融课程缺乏优秀的教材支撑，尽管国内外已有一些比较优秀的能源金融教材，但是仍然需要一个不断成熟发展的过程；三是能源金融课程普遍缺乏实践环节，对实践型人才的培养不够。总的来看，在国家"双碳"战略目标的现实需求下，深入探讨能源金融课程和教材的建设与研究，是当前亟待开展的必要工作，对有效推动高层次能源金融专业人才的培养具有不可或缺的关键作用。

本书以加深能源金融人才的理论功底、提升能源金融人才的实践能力、开拓能源金融人才的跨界思维和培养能源金融人才的学习能力为目标，分别从理论角度和能源产业差异的角度，详细分析了能源金融的内涵、概念、发展和实践。本书共分为 11 章，从能源金融的理论视角，分别对能源金融概览、能源金融市场、能源产业投融资、能源虚拟金融、能源金融政策与计价进行了详细介绍。同时，又从不同能源种类和产业差异的视角，分析了煤炭金融、油气金融、电力金融、新能源与可再生能源金融、碳金融与碳交易、绿色金融等方面的问题。

在本书的编写过程中，编者受到已有的优秀研究成果的启发，在此深表感谢，例如，林伯强教授的《能源金融》，何凌云教授的《能源金融——若干理论与实践问题研究》，姬强、郭琨、张大勇 3 位教授的《能源金融学》，陈德胜教授的《能源金融》，以及这一领域内诸多同行专家的科研著作和论文。本书在编写过程中，还凝聚了编者指导的几届博士、硕士研究生的共同努力。由于缺乏教材编写的经验，本书在编写过程中耗费了较长时间，但通过努力，大家共同克服了各种困难，在此感谢同学们的辛苦付出。另外，本书的出版还得到了中国石油大学（华东）研究生规划教材项目及研究生教育教学改革项目的支持，在此表示感谢。

能源金融学科和教材正处在不断发展完善的过程中，受到编者知识和能力的限制，本书难免存在一些错误和不足之处，恳请广大读者和同行专家批评指正。希望本书能够为广大读者提供一些启发，共同为未来能源金融专业人才的培养和"双碳"目标的实现做出自己的贡献。

张明明

2025 年 3 月

目　录

第一章

能源金融概览

本章导读

　　能源是现代社会运转的基石，对经济、社会和环境有着深远的影响。为了满足不断增长的全球能源需求，能源产业需要大量的投资和融资支持，能源金融因此应运而生。能源金融是一门涵盖金融和能源领域的交叉学科，旨在支持和促进能源产业的发展和运作。通过本章的学习，我们可以全面了解能源金融的发展历程，深入领会能源金融的重要性，扎实掌握能源金融的理论基础，精准把握能源金融的内涵，以及合理展望能源金融的发展趋势。

第一节　能源金融的发展历程

　　在经济全球化背景下，能源与金融的相互融合日趋深入，能源金融研究是一个多学科领域，探索的是能源市场和金融市场的交叉点。这两个市场的价格信息传导及反常波动交互影响日趋明显，即能源市场与金融市场存在多元反馈机制，彼此存在较强的波动溢出效应，一旦一方有异动就会影响另一方，并且杠杆的驱动会使这种影响加剧并扩散。随着能源商品的金融属性不断增强，大量国际金融资本对其操作手段日趋金融化，市场投机性也日趋严重，突出体现为能源衍生品的交易量与市场供求格局背离，虽然能够发挥一定的对冲避险作用，但是会加剧国际能源价格波动，影响一国的能源稳定、经济增长和金融安全。在能源部门、金融市场和学术探讨等多方研究的推动下，能源金融成为一个独特的领域，其发展过程主要经历了以下几个关键阶段。

一、传统能源发展时期

　　20世纪七八十年代，能源产业主要以煤炭、石油和天然气为主导。随着工业化进程的加快，能源需求迅速增长，煤炭和石油成为主要能源。随着能源垄断集团逐渐形成，能源开采与利用方式不断完善，环境污染问题也逐渐显现出来。同时，伴随着能源市场的出现，能源成为一种可交易的商品，需要金融工具和机制来管理相关风险。能源金融在这个时期主要关注能源交易背景下的基本财务信息。能源产业作为工业化发展的基石，在整个发展过程中都离不开金融的支持。伴随着金融市场的不断完善和普及，能源市场也得到了良好发展。能源金融最初的发展主要集中在传统能源领域，如石油、天然气和煤炭。由于传统能源对全球经济发展的重要作用，这一时期的融资活动主要涉及资源勘探、开采、运输，以及不同市场间的贸易和对传统能源投融资项目的实施效果评价等方面。随着时间的推移，能源金融领域的金融工具逐渐多样化，包括融资、投资、证券化和保险等。金融机构开始创新，以满足不同类型能源项目的资金需求。学者在此阶段的研究也主要围绕能源金融的内涵、能源投融资效率、能源产品定价、能源金融工具创新等方面来展开。

具体来看，这一阶段的主要特点有以下 3 点。第一，能源交易以实物为主。在初级阶段，能源交易以煤炭、石油等现货的买卖为主要交易形式，这些交易往往依赖于传统的商业网络和物流体系。第二，金融市场对能源产业的参与受限。虽然金融市场开始对能源产业产生兴趣，但参与程度有限。主要的金融工具如股票、债券等，虽然可以用于能源项目的融资，但尚未形成专门的能源金融市场。第三，缺乏标准化和透明度。由于能源市场和金融市场的融合程度较低，能源交易和金融交易往往缺乏统一的标准和透明度，这就增加了市场的风险和不确定性。尽管能源和金融的融合程度有限，但总体来看仍然呈现出融合迹象。

能源金融的初级阶段是一个充满探索和尝试的时期。虽然面临着许多挑战和不确定性，但这一阶段的经验和教训为后来能源金融市场的发展提供了宝贵的借鉴和启示。

二、可再生能源兴起阶段

20 世纪中后期，全球对可持续发展的关注不断增加，进一步推动了能源金融的深度融合。这主要体现在可再生能源的崛起，特别是太阳能和风能等清洁能源的发展，使能源金融逐渐扩展到新兴领域。政府支持和人们环境意识的增强推动了可再生能源项目的融资。可再生能源的重要性与日俱增，以及全球对气候变化的日益关注，促使政府将环境因素纳入能源融资。研究人员开始研究可再生能源项目、碳市场和可持续性因素的财务影响。

这一阶段能源金融主要呈现以下 5 个特点。第一，投资需求快速增长。随着可再生能源技术的快速发展和普及，如太阳能光伏发电、风力发电等，其对资金的需求也在迅速增长。这促使能源金融领域加大了对可再生能源项目的投资力度，并且为这些项目提供了必要的资金支持。第二，政策支持与引导。各国政府为鼓励可再生能源的发展，纷纷出台了一系列政策，如税收优惠、补贴、贷款优惠等。这些政策不仅降低了可再生能源项目的投资成本，也吸引了更多的金融机构和投资者参与到能源金融市场之中。第三，风险与收益并存。可再生能源项目往往涉及较高的技术风险、市场风险和运营风险，因此，能源金融在投资可再生能源项目时，需要对项目的风险进行充分评估，并制定相应的风险管理策略。同时，由于可再生能源项目的长期性和稳定性，其收益也相对稳定，为投资者提供了良好的回报。第四，融资方式多样化。随着市场的不断成熟，能源金融的融资方式也呈现出多样化的特点。除传统的银行贷款和股权融资外，还出现了绿色债券、能源基金等新型融资工具，为可再生能源项目提供了更多的资金来源。第五，国际合作不断加强。可再生能源是全球性的议题，各国在可再生能源领域加强合作与交流，共同推动可再生能源技术的发展和市场的扩大。这也促使能源金融领域加强国际合作，共同探索适合可再生能源项目的融资模式和投资策略。总的来说，可再生能源兴起阶段的能源金融特点主要表现为投资需求增长、政策支持与引导、风险与收益并存、融资方式多样化及国际合作不断加强等方面。这些特点共同推动了可再生能源的快速发展和普及。

与此同时，随着世界各地电力市场的自由化和管制解除，人们的注意力转向了电力市场的金融动态。研究人员也开始探索电力市场的独特特征，包括价格波动、容量市场和监管变化的影响等方面的内容。

三、全球能源转型阶段

契合国际社会普遍认同的碳中和能源转型发展目标，各国纷纷呈现出多能互补的供应格局，这使传统国际、国内的能源政策和法规变化对能源金融产生了深远影响。面对全球能源转型，除投资规模和范围不断扩大并呈现多元化发展趋势之外，能源金融还呈现出以下 4 个方面的特点。第一，政策驱动与市场机制相结合。在各国政府纷纷出台支持清洁能源发展政策的基础上，可再生能源市场的市场机制也在逐步完善，如碳排放权交易、绿色债券等金融产品的推出，为能源转型提供了更多的融资途径。第二，风险管理与技术创新并重。由于清洁能源项目往往涉及较高的技术风险和市场风险，能源金融在投资这些项目时，需要更加注重风险管理。金融机构会通过对项目进行技术评估、市场分析等手段降低投资风险。同时，技术创新是推动能源转型的关键因素，金融机构会积极支持清洁能源技术的研发和应用，推动技术进步和产业升级。第三，实现国际合作与跨境融资。全球能源转型是一个跨国界的进程，面对世界各国的深入合作与交流，能源金融领域也强化了国际合作，通过跨境融资、联合投资等方式，共同推动清洁能源项目的发展。这种国际合作不仅有助于缓解资金短缺问题，也能促进技术和经验的共享。第四，绿色金融理念深入人心。随着全球气候变化和环境问题的日益严重，绿色金融理念逐渐深入人心。金融机构在提供能源金融服务时，更加注重环保和社会责任，推动了清洁能源的可持续发展。这也使得能源金融在支持全球能源转型方面发挥了更加积极的作用。

随着技术的不断创新，新的能源金融模型和工具不断涌现，包括区块链、智能合约等技术的应用，为能源产业提供了更高效、更透明和可持续的融资方案。能源金融的研究也逐渐扩展到分析政策法规对能源市场的影响，并且对区块链、人工智能和大数据分析等技术如何影响能源金融的运作方式进行了较为全面的理论探讨。一方面探讨将金融的模型技术融入能源金融相关领域，特别是将期权定价模型、风险管理理论和投资组合优化技术等相关理论技术应用于能源产业；另一方面，在全球数字化转型的浪潮下，学者们聚焦于数字创新对能源行业市场交易、风险管理和财务决策的影响。在先进的理论支撑下，金融机构越来越关注投资符合环境、社会和治理（ESG）标准的能源项目。

总体而言，能源是经济发展的物质基础，金融是经济发展的核心力量，二者皆对经济增长有着不可或缺的作用。随着经济的发展，能源市场与金融市场不断渗透、融合，逐渐形成了一种新的金融形态，即能源金融。发展至今，能源金融已经不单是能源与金融的简单融合，二者相互结合的诸多产品不仅能够为传统能源商品市场应对地缘政治斗争、自然灾害、突发事件等风险提供规避手段，也能够为应对由能源消费产生的环境污染和气候变化等风险提供解决方式。

第二节　能源金融的重要性

能源金融的发展会直接或间接地影响经济转型升级、能源安全与供应稳定性、吸引投资与创新、金融风险管理与市场优化，以及国际合作与竞争优势等多个方面。由此可见，发展能源金融的意义是多元且深远的。

一、助力经济转型升级与可持续发展

能源金融的发展对经济转型升级与可持续发展具有重要的推动作用。通过促进清洁能源产业发展、优化能源结构、创造新的经济增长点，以及推动可持续发展目标的实现，能源金融为经济的绿色转型和可持续发展提供了有力的支持和保障。

第一，通过资金支持和技术创新促进清洁能源产业发展。一方面，能源金融通过为清洁能源项目提供融资支持，推动清洁能源产业的快速发展。清洁能源产业的发展可以降低对传统化石能源的依赖，减少温室气体排放，从而有助于应对气候变化问题。另一方面，能源金融的发展还可以促进清洁能源技术的创新和应用。通过为创新项目提供资金支持，能源金融可以推动清洁能源技术的突破和进步，从而提高能源利用效率、降低能源成本。

第二，有效优化能源结构。能源金融的发展有助于推动能源结构的多元化，降低对单一能源来源的依赖。通过支持多种能源的开发和利用，能源金融可以提高能源供应的稳定性和安全性，降低能源供应中断的风险。能源金融通过支持能源效率提升项目，可以推动能源利用效率的提高，从而减少能源浪费、降低能源成本、提高企业竞争力。

第三，改革创新，实现新的经济增长点。能源金融的发展可以有效带动清洁能源产业链的发展，其中主要包括设备制造、工程建设、运营维护等多个环节。这将创造大量的就业机会和经济增长点，推动经济的绿色转型。能源金融的发展还可以推动绿色金融市场的创新和发展。通过开发绿色债券、绿色基金等金融产品，能源金融可以为清洁能源项目提供更多的融资渠道，促进绿色金融市场的繁荣和发展。

第四，推动可持续发展目标的实现。能源金融对清洁能源项目和低碳经济的支持，有助于减少温室气体排放，实现全球应对气候变化的目标。与此同时，能源金融的发展可以推动能源普遍服务目标的实现，提高能源供应的普及率和可靠性，改善人民生活质量，增进社会福祉。

二、全面提升能源安全与供应稳定性

能源金融的发展能够通过多元化能源投资组合、风险评估与管理、长期合同与供应链金融、能源储备与应急机制、国际合作与信息共享，以及资金支持与技术进步等多种途径，全面提升能源安全与供应稳定性。这对于保障国家经济安全、促进社会可持续发展具有重要意义。

能源金融通过投资多元化的能源类型和项目，包括化石燃料、可再生能源、核能等，帮助国家和企业建立多元化的能源投资组合模式。这种多元化策略不仅可以降低对单一能源来源的依赖，还可以有效应对特定能源供应中断的风险。通过提供长期合同和供应链金融服务，能源供应商和消费者之间能够建立更为稳定和可持续的合作关系。这有助于确保能源供应的稳定性，并且降低因市场波动而导致的供应链中断风险，从而全面提升能源的安全性。

在对能源金融项目管理的过程中，可以利用金融工具和模型，对能源项目进行风险评估和管理。这包括对能源供应的稳定性、价格波动、地缘政治风险等进行综合考量，从而制定出更为稳健的能源战略和采购策略。能源金融可以通过支持能源储备设施的建设和维护，以及建立应急响应机制来增强国家在能源供应中断时的应对能力。这种储备和应急机制可以在关键时刻保障能源供应、维护国家能源安全。此外，能源金融的发展也促进了国际能源合作和信息共享。通过参与国际能源组织和平台，各国可以共同应对能源安全挑战，分享实践和解决方案，从而提升全球能源供应的稳定性。

三、积极促进创新与吸引投资

能源金融在促进创新与吸引投资方面的重要性，主要体现在以下 5 个方面。

第一，提供资金支持。能源金融通过为清洁能源、能源效率提升、能源储存和传输等领域的创新项目提供资金支持，帮助这些项目从概念阶段走向实际实施。资金是创新活动的重要推动力，能源金融提供的资金支持可以缓解创新项目在资金方面的压力，推动项目的顺利进行。

第二，降低投资风险。能源金融通过专业的风险评估和管理，可以为投资者提供更为准确、全面的投资信息，使投资者更好地了解项目的风险和收益情况。这不仅有助于降低投资者的投资风险，还可以提高其对能源领域创新项目的投资信心和积极性。

第三，促进技术转移和商业化。能源金融可以通过与科研机构、高校等创新主体合作，促进能源技术的转移和商业化。这种合作可以帮助创新主体更好地了解市场需求和商业模式，加速技术的实际应用和推广。同时，通过为技术转移和商业化提供资金支持，能源金融可以促进创新成果的转化和产业化，进而推动能源产业的创新和发展。

第四，优化投资环境。能源金融的发展可以促进能源市场的规范和透明化，为投资者提供更加公平、公正的投资环境。这种环境可以吸引更多的投资者进入能源领域，推动能源产业的创新和发展。同时，通过提供优质的金融服务和产品，能源金融可以满足投资者多样化的投资需求，从而提高投资者的投资体验和满意度。

第五，搭建合作与交流平台。能源金融可以通过搭建合作与交流平台，促进能源产业内外的合作与交流。这种平台可以为创新项目提供展示和推广的机会，吸引更多的投资者关注和参与。同时，通过促进产业内外的合作与交流，能源金融还可以推动能源技术的创新和应用，为能源产业的创新和发展提供有力的支持。

综上所述，能源金融通过提供资金支持、降低投资风险、促进技术转移和商业化、优化投资环境，以及搭建合作与交流平台等多种方式，实现促进创新与吸引投资的目标。这对于推动能源产业的创新和发展、促进经济转型升级和可持续发展具有重要意义。

四、优化金融风险管理与市场运行机制

能源金融在优化金融风险管理与市场运行机制方面起着至关重要的作用。

第一，优化金融风险管理。①能源金融通过专业的风险评估工具和方法，对能源市场中的各类风险进行准确识别和科学评估，包括价格风险、供应风险、信用风险等。这有助于企业和投资者更好地了解市场风险状况，进而为决策提供依据。②能源金融通过提供多元化的金融产品和服务，如期货、期权、掉期等衍生品，帮助企业和投资者实现风险的分散和对冲。这有助于降低单一风险事件对市场的影响，进而提高市场的稳定性。③能源金融通过建立完善的风险监控和预警系统，实时监控市场风险状况，及时发现潜在风险并发出预警信号。这有助于企业和投资者及时调整策略，以避免或减少风险损失。

第二，优化市场运行机制。能源金融通过金融市场的交易活动，形成反映能源供求关系和市场预期的价格信号。这有助于企业和投资者根据市场价格信号进行决策，进而提高市场效率。

第三，完善信息披露机制。能源金融要求企业和投资者及时、准确、全面地披露相关信息，以提高市场的透明度。这有助于减少信息不对称现象，防止市场操纵行为，从而维护市场公平和公正。

第四，科学设计市场准入与退出机制。能源金融通过建立完善的市场准入和退出机制，以及规范市场参与者的行为，确保市场的有序运行。这有助于防止市场过度投机和过度集中现象的发生，从而使市场稳定、健康地发展。

第五，完善市场监管与执法。能源金融通过加强市场监管和执法力度，打击市场违法、违规行为，维护市场秩序和公平竞争环境。这有助于提高市场的公信力和投资者的信心，进而促进市场的长期发展。

能源金融通过优化金融风险管理和市场运行机制，提高了市场的稳定性和运行效率，降

低了企业和投资者的风险水平，为能源市场的健康发展提供了有力保障。

五、促进国际合作与提升竞争优势

能源金融通过在促进国际能源合作、提升国际竞争优势，以及加强风险管理与应对挑战等方面做出努力，积极推动国际合作的深化与竞争优势的提升。这对于促进全球能源市场的繁荣发展、推动经济转型升级和可持续发展，均具有重要意义。

第一，促进国际能源合作。①能源金融通过搭建国际合作平台，促进各国在能源领域的交流和合作。这些平台包括国际会议、论坛、展览等，为各国提供展示各自能源优势、分享最佳实践、探讨合作机会的场所。②能源金融支持跨国能源项目的合作与开发，促进各国在能源基础设施建设、技术创新、市场开发等方面的合作。这种合作有助于实现资源互补与优势共享，进而推动全球能源市场的繁荣和发展。

第二，提升国际竞争优势。①能源金融通过为清洁能源、能源效率提升等领域的技术创新提供资金支持，推动全球能源技术的突破和进步。这有助于提升各国在全球能源市场中的竞争力，推动经济转型升级和可持续发展。②能源金融通过金融市场的运作，实现全球能源资源的优化配置。这有助于各国更好地利用自身能源优势，提高能源利用效率，降低能源成本，从而增强国际竞争力。③能源金融能够推动绿色金融的发展，为清洁能源项目提供融资支持。这有助于推动全球能源结构的绿色转型，降低对化石能源的依赖，提高清洁能源在全球能源市场中的份额，从而增强各国的国际竞争力。

第三，加强风险管理与应对挑战。①能源金融促进各国在能源风险管理方面的合作，共同应对全球能源市场的风险和挑战。这包括价格波动、供应中断、地缘政治风险等。各国通过合作可以加强风险预警和采取应对措施，降低风险对全球能源市场的影响。②能源金融推动各国在能源领域分享实践和经验教训，促进全球能源治理体系的完善和发展。这有助于各国提高能源管理和监管水平，降低能源领域的风险和挑战，从而提升全球能源市场的稳定性和可持续发展能力。

第三节　能源金融的理论基础

能源金融领域涵盖了多种关键理论和发展趋势，这些理论和趋势反映了能源金融在应对能源转型和可持续发展方面的演变。

一、能源转型理论

能源转型理论强调从传统的化石能源向清洁、可再生能源的转变。这一理论观点认为，为了实现可持续发展目标和减缓气候变化，必须转向更为环保和可再生的能源形式。从历史上看，这些变化是由不同燃料的供需差异所驱动的。当前向可再生能源的过渡，在很大程度上是因为人们认识到必须将全球碳排放量降至零。由于化石燃料是单一碳排放源，所以我们必须在全球范围内改变能源系统以替代化石燃料。

Vaclav Smil 广泛地描述了历史上的能源转型。当代能源转型在动机和目标、驱动力和治理方面有所不同。随着时代的发展，世界能源系统的布局也发生了巨大的变化。直到 20 世纪 50 年代，能源系统背后的经济机制都是地方性的，而不是全球性的。随着发展的进步，不同的国家体系变得越来越一体化，成为今天的大型国际体系。虽然历史上的能源转型通常是旷日持久的事，但对于当前的能源转型却并不一定如此，当前的能源转型在不同的政策和技术条件下正在发生。

二、绿色金融理论

绿色金融理论是由多位学者共同推动和发展的。其中，Richard L. Sandor 在 1992 年首次对绿色金融概念进行了界定，他在哥伦比亚大学完成了这一工作，为绿色金融理论的发展奠定了基础。然而，绿色金融思维实际上启蒙于古典经济学中的环境经济思想，其思想的渊源可以追溯到古典经济学家关于"资金要素理论"的研究，其中自然资源和环境作为生产资料与人口的此消彼长的关系，引起了经济学家们的注意，为绿色金融理论奠定了理论基础。随着绿色金融理论的发展，越来越多的学者开始关注并对其进行研究。例如，Marcel Jeucken 提出了"绿色金融的四阶段理论"，认为金融机构对待可持续发展的态度从低级到高级可以分为 4 个阶段：抵制、规避、积极、可持续。此外，在经济领域的金融学与社会可持续发展这两个学科中，T.E.Gradel 和 B.R.Allenby 等学者也对关于环境保护的学术研究做出了重要贡献。绿色金融理论的研究涵盖了多个方面，从定义到实践、从影响到挑战，都受到了广泛的关注。

首先，关于绿色金融的定义和内涵，学者们普遍认为绿色金融是一种将环境保护和可持续发展理念融入金融决策和活动的策略。其核心在于通过金融工具和策略来引导资金流向环保、节能、清洁能源等绿色产业和项目，以促进经济的绿色转型和可持续发展。

其次，绿色金融对环境和社会的影响也是研究的重点。大量研究表明，绿色金融可以促进环境保护和可持续发展、降低环境风险、推动产业结构升级、引导社会资金流向、提高公众环保意识等。这些影响不仅有助于改善环境质量，还能推动经济的绿色发展和社会的持续进步。

此外，绿色金融的政策和实践也是研究的热点。各国政府纷纷出台政策推动绿色金融的发展，如建立绿色金融体系、提供绿色信贷和绿色债券等。同时，金融机构也在积极探索和实践绿色金融，如开发绿色金融产品、设立绿色投资基金等。这些实践和政策不仅推动了绿色金融的发展，也为绿色金融理论的研究提供了丰富的实践经验和案例。

然而，绿色金融的发展也面临着一些挑战和问题。例如，如何准确评估绿色项目的风险和收益、如何制定有效的绿色金融政策和标准、如何提高绿色金融的普及度和认可度等。这些问题都需要进一步地研究和探讨，以推动绿色金融的持续发展。

总的来说，绿色金融在支持环境保护和可持续发展方面具有重要的作用和影响。未来，随着全球环境问题的不断加剧和绿色金融的不断发展，相关研究也将不断深入和完善，为绿色金融的政策和实践提供更有力的支持和指导。

三、能源效率理论

能源效率理论关注如何更有效地利用能源资源，以实现更大的能源产出。该理论观点认为，通过提高能源效率，可以减少对有限资源的需求，同时降低对环境的影响。

能源效率理论并没有一个明确的提出者，因为它是一个涉及多个学科领域的概念，包括物理学、工程学、经济学等。然而，随着能源问题的日益突出，越来越多的学者开始关注能源效率的研究，并且对其进行了深入的分析和发展。

在经济学领域，能源效率通常被定义为能源使用与经济产出之间的比率。这个概念最早可以追溯到 19 世纪末期，当时的经济学家开始关注能源在生产过程中的作用，并且尝试测量能源使用的效率。随着工业革命的发展，能源效率问题逐渐受到重视，经济学家们也开始对其进行更加深入的研究。在后续的发展中，许多学者对能源效率理论做了进一步的探讨和改进。例如，在 20 世纪 70 年代的石油危机之后，能源效率成为能源经济学领域的一个重要研究方向。学者们开始从多个角度研究能源效率，包括能源技术、能源政策、能源市场等。下面，列举一些具有代表性的学者。①Hunter Lovins，一位美国的环境保护主义者和经济学家，致力于推广能源效率和可持续发展的理念。她提出了"自然资本论"的概念，强调了自然资源的有限性和经济价值，主张通过提高能源效率来实现可持续发展。②Amory Lovins，美国著名的能源专家和经济学家，被誉为"能源效率大师"。他提出了许多关于能源效率的创新思想和解决方案，包括"超效率"理论、"软能源路径"等，对能源效率理论的发展做出了重要贡献。③David I. Stern，加拿大维多利亚大学的经济学家，专注于能源使用和经济发展的关系研究。他提出了许多关于能源效率和经济增长的理论模型，并且在多个国家和地区进行了实证研究。④David G. Victor，加州大学伯克利分校的能源和环境政策专家。对全球能源政策、气候变化政策，以及能源效率的提高等方面有深入研究，尤其关注国际层面上的能源和气候合作。⑤Reinhard Madlener，德国汉堡大学的能源经济学家，专注于能源市场、能源效率和能源政策的研究，对可再生能源、能源转型和能源安全等问题有深入的见解。⑥Klaus Hubacek，英国利兹大学的可持续能源和气候变化专家。研究领域包括能源效率、能源转型、碳足迹和全球能源治理等。除上述学者之外，还有许多其他学者也对能源效率理论进行了深入的研究。随着能源问题的日益严峻，能源效率已经成为全球关注的焦点。

能源效率理论的发展方向是多元化、综合化和深入化的，其研究方向逐渐体现出如下 5 个特点。第一，跨学科整合。随着对能源效率问题认识的深入，越来越多的学者开始意识到跨学科整合的重要性。未来的能源效率研究将更加注重物理学、工程学、经济学、环境科学等多个学科的交叉融合，以形成更加全面和深入的理解。第二，技术和创新。技术进步和创新是提高能源效率的关键。未来的能源效率理论将更加注重技术创新、系统优化和智能管理等方面的研究，探索新的能源转换和利用方式，推动能源系统的转型升级。第三，政策和实践。能源效率的提高不仅涉及技术层面，还与政策和实践密切相关。未来的能源效率理论将更加注重政策分析、案例研究和实证研究等方面的工作，为政策制定和实践应用提供科学依据。第四，可持续发展。能源效率的提高是实现可持续发展的关键之一。未来的能源效率理论将更加注重与环境保护、气候变化、社会经济发展等问题的联系，探索如何通过提高能源效率来促进可持续发展。第五，全球视野。能源问题具有全球性，未来的能源效率理论将更加注重全球视野和国际合作，通过跨国界、跨领域的合作研究，共同推动全球能源效率的提高和可持续发展。

总之，能源效率理论的发展方向是多元化、综合化和深入化的，将涉及更多的学科领域、更广泛的研究议题和更深入的探索。这些发展方向将为解决能源问题和实现可持续发展提供新的思路和方法。

四、碳金融理论

碳金融理论是一个涉及环境经济学、金融学和气候变化政策等多个领域的综合性理论。碳金融理论并非是由单一个体提出的，而是由多个学者和政策制定者共同努力的结果。该理论起源于 20 世纪末和 21 世纪初，当时全球气候变化问题逐渐引起人们的关注，国际社会开始探索如何通过市场机制来减少温室气体排放。在这个背景下，一些学者和政策制定者开始研究如何将金融手段引入气候变化领域，从而形成了碳金融理论的初步框架。

后续的研究人员通过深入研究和实践，不断完善碳金融的理论框架。首先，他们探讨了碳市场的运行机制、碳价的形成机制、碳金融产品的设计和创新等问题，为碳金融市场的发展提供了理论支持。其次，许多研究人员利用实证研究方法，对碳金融市场的发展进行了深入的分析。他们研究了碳市场的价格动态、碳交易的影响因素、碳金融产品的风险收益特征等，为政策制定者和市场参与者提供了重要的参考。另外，一些研究人员还从政策角度出发，提出了许多关于碳金融市场发展的政策建议。他们分析了碳市场的政策环境、政策工具选择和政策效果评估等问题，为政府制定气候变化政策和碳市场政策提供了重要的参考。

当前，碳金融理论的研究前沿主要集中在以下 3 个方面。

第一，碳市场的整合与联动。随着全球碳市场的不断发展，如何整合和联动各个碳市场成为研究的热点。研究人员正在探讨如何构建全球统一的碳市场、如何加强各国碳市场之间的合作和协调等问题。

第二，碳金融产品的创新与多样化。随着碳市场的不断发展，碳金融产品的创新和多样化也逐渐成为研究的重点。研究人员正在探索如何设计更加灵活和多样化的碳金融产品，以满足不同投资者的需求和风险偏好。

第三，碳金融与绿色金融的融合。绿色金融是指通过金融手段支持环境保护和可持续发展的金融活动。研究人员正在研究如何将碳金融与绿色金融相融合，推动绿色金融的发展和创新。

碳金融理论是一个不断发展和完善的综合性理论。随着全球气候变化问题的日益严重和碳市场的不断发展，碳金融理论将继续成为研究的热点和前沿领域。碳金融理论关注碳市场和碳交易，通过对碳排放进行定价，鼓励企业采取减排措施。该理论观点认为，碳金融是推动低碳经济发展的有效手段。

五、社会责任投资理论

社会责任投资（Social Responsibility Investment，SRI）理论的提出者并非单一个体，而是由多个学者和机构共同推动的结果。该理论的核心思想是投资者在关注企业财务状况的同时，也应该关注企业的环境保护、社会道德和社会公共利益表现。

社会责任投资理论的提出可以追溯到 20 世纪 70 年代初，当时欧洲发达国家开始提出发展绿色经济的概念。随着时间的推移，绿色经济理论不断丰富，绿色金融、绿色投资等概念也逐渐进入投资者的视野。这些理念为社会责任投资理论的形成奠定了基础。

（一）SRI 的研究内容

SRI 的研究内容主要围绕如下 6 个方面展开。

第一，理论基础与定义。SRI 的理论基础主要源于对 ESG 因素的重视。它强调投资者在追求财务回报的同时，也要关注投资对象对环境、社会和公司治理的影响。SRI 的定义可能因不同的研究者和机构而有所差异，但通常都涉及将 ESG 因素纳入投资决策过程中。

第二，ESG 评估方法。SRI 研究的一个重要内容是开发和应用 ESG 评估方法。这些方法将用于评估企业在环境、社会和治理方面的表现，帮助投资者识别在这些方面表现良好的企业。ESG 评估方法通常包括问卷调查、数据分析、实地考察等多种方式。

第三，投资策略与绩效。SRI 研究还关注 SRI 投资策略的绩效表现。这包括比较 SRI 投资组合与传统投资组合的财务表现，以及分析 SRI 投资策略在不同市场环境下的表现。此外，还有研究关注 SRI 投资策略对企业社会责任表现的影响。

第四，风险管理与可持续性。SRI 研究强调风险管理和可持续性。这包括识别和管理与 ESG 因素相关的风险，以及评估企业在实现可持续发展目标方面的进展。SRI 投资者通常会关注企业在环境保护、社会责任和公司治理方面的长期表现。

第五，政策与监管。SRI 研究还涉及政策与监管方面的问题。这包括分析政府政策对 SRI 发展的影响，以及探讨如何制定有效的监管政策来促进 SRI 的健康发展。此外，还有研究关注 SRI 在国际合作中的角色和作用。

第六，教育与宣传。SRI 研究还致力于提高公众对 SRI 的认识和理解。这包括开展教育和宣传活动，普及 SRI 的理念和实践，以及培养更多的 SRI 投资者和从业者。

（二）SRI 的研究前沿

随着全球可持续发展意识的提高和投资者对社会责任的日益关注，SRI 领域的研究正在不断深入和拓展。包括 ESG 整合策略、可持续金融产品创新、数字化与 SRI、气候变化与 SRI、SRI 的监管与政策，以及跨境 SRI 合作等。这些前沿领域的研究将有助于推动 SRI 的深入发展，促进全球可持续发展。以下是一些 SRI 研究的前沿领域。

第一，ESG 整合策略。越来越多的投资者开始将环境（E）、社会（S）和治理（G）因素纳入投资决策中。研究前沿包括如何更有效地整合 ESG 因素，以评估企业的长期价值和潜在风险。

第二，可持续金融产品创新。随着 SRI 理念的发展，金融机构正在不断创新可持续金融产品，如绿色债券、社会责任基金等。研究前沿包括这些创新产品的设计、定价、风险管理和市场表现等方面。

第三，数字化与 SRI。数字化技术的发展为 SRI 提供了新的机遇。研究前沿包括如何利用大数据、人工智能等技术手段来改进 SRI 的评估方法、提高投资效率，以及如何利用数字化手段来推动企业的可持续发展。

第四，气候变化与 SRI。气候变化是当前全球最重要的环境问题之一，也是 SRI 领域的重要研究方向。研究前沿包括如何评估企业在应对气候变化方面的表现，以及如何将气候变化因素纳入 SRI 的决策过程中。

第五，SRI 的监管与政策。随着 SRI 的快速发展，监管机构和政策制定者也开始关注这一领域。研究前沿包括如何制定有效的监管政策来促进 SRI 的健康发展，以及如何评估这些政策的影响和效果。

第六，跨境 SRI 合作。随着全球化的深入发展，跨境 SRI 合作也成为研究的重要方向。研究前沿包括如何加强国际合作，共同推动全球可持续发展，以及如何应对跨境 SRI 合作中的挑战和问题。

第四节　能源金融的内涵

一、能源金融的定义

能源金融是一个涵盖金融和能源领域的交叉学科，旨在支持和促进能源产业的发展和运作。能源金融的定义通常从两个角度提出：一是以能源为出发点，认为能源产业的发展离不开金融支持，强调能源的金融属性，这体现于能源金融化从产生、发展到不断深化的过程；二是基于金融行业中资本的逐利特征，认为在能源产业清晰向好的预期下，大量金融资本会流向能源产业。遵循上述划分思路，部分学者基于二者的关联机制对其进行深化，指出能源金融即能源产业被金融化、虚拟化的过程，强调这个不断创新的过程在提升产业发展空间的同时，也伴随着脱实入虚的金融风险；或者从资本市场对能源产品的影响作用出发，认为金融能够实现价值发现，促进行业间的创新与合作，弱化能源供需两端的极端事件风险。因此，关于能源金融，具有代表性的观点是：能源金融是能源实体性和金融虚拟性基于生产需求的结合，既实现了能源产业的投融资高效化，也提供了防止虚拟经济泡沫化和产业空心化的有效途径。

在能源金融关联机制的研究中，学者们围绕着能源产业与金融市场两端的契合进行讨论。一方面，学者们认为传统能源结构的调整、产业技术层面的升级，以及新能源产业的发展均需要大量资金支持。金融市场的融资功能可以对能源实体产业的发展产生促进作用，包括发行有价证券、担保下的发债和行业内贷款等直接融资，以及通过商业银行进行信用贷款和开发性政策贷款等间接融资。另一方面，学者们认为金融市场中的资金基于自身的盈利需求，会以各种各样的投资方式（能源金融衍生品、能源信托等）流转向更具发展潜力的行业。同时，就国家层面而言，能源安全和金融稳定也需要利用充分有效的金融工具及合理有效的制度安排。基于演化动力学，上述两方面融合成了现阶段被广泛认可的解释机制，即能源金融关联的原因在于产业发展和资本利得的相互促进效应，表现为能源产业与金融市场的彼此需求，并且强调在这个不断深化和依赖的过程中，能源与金融行业间的资金流转和信息传递都实现了更高的效率，也具备了同时影响两个产业的能力。综上所述，能源金融基础理论研究在未来可能会呈现以下发展动态：从能源与金融行业融合的动力起源向忽略起点的能源金融一体化转变，从能源安全角度去关注能源金融市场的长远影响；对能源金融化过程中能源产品的定价机制进行深入研究，如能源衍生工具的发展与创新、能源金融市场的极端风险形成机制等；结合公共领域投资和金融系统改革的发展阶段，对能源金融制度安排的长效机制进行拓展性研究。

综上而言，能源金融是通过能源资源与金融资源的整合，实现能源产业资本与金融资本不断优化聚合，促进能源产业与金融业良性互动、协调发展的一系列金融活动。它涉及两个层面的市场：一是以能源类产品为基础的虚拟衍生品市场，如能源期货、期权市场；二是实体能源金融市场，即金融行业与能源产业的基础合作市场。能源金融是金融体系与能源体系相互耦合的系统，其本质是金融系统，但最终的归宿是能源系统。能源问题在很大程度上就是金融问题，二者存在紧密的互动关系。能源发展过程中的资金需求会极大地刺激经济发展，使能源产业成为金融业利润的主要来源之一。

二、能源金融的分类

（一）基于市场层面分类

基于市场层面，能源金融市场可以分为能源虚拟金融衍生品市场和能源实体金融市场。能源虚拟金融衍生品市场主要包括各种能源期货、期权市场，是能源商品在金融市场上的虚拟化表现；能源实体金融市场，即金融行业与能源产业的基础合作市场，包括金融市场对能源产业的直接投资，以及利用其融资、价格影响机制来支持能源市场的发展。

（二）基于金融体系分类

基于金融体系分类，林伯强等在《能源金融》中将能源金融体系划分为能源金融市场、能源金融创新、能源货币体系和能源产业资本运作等 4 个部分。

能源金融市场是能源市场、货币市场、外汇市场、期货市场，以及场外交易市场等传统金融市场相互融合渗透形成的复合金融体系；能源金融创新指借助可持续发展的理念，为节能减排提供投融资平台和规避转移风险的金融工具；能源货币体系则指围绕国际能源贸易及相关衍生金融产品的计价、结算货币所构建的一系列国际规则与制度安排；能源产业资本运作是能源金融的重要环节之一，涉及能源产业的资金筹集、投资、运营和管理等方面。

（三）基于能源类别分类

基于能源类别分类，能源金融包括油气金融、煤炭金融、电力金融、新能源金融、碳金融、绿色金融和气候金融 7 部分。

油气金融主要指参与到石油和天然气行业中的金融活动，包括油气的勘探、开采、储运、加工、销售等产业链中各个环节的投融资活动。由于海洋油气业具有高风险、高投入的特点，因此油气金融在提供资金支持的同时，还会关注风险管理和风险补偿机制，如自然灾害保险、船舶保险、石油钻井平台保险等。

煤炭金融专注于煤炭行业的金融活动，如煤炭贸易融资、煤炭仓单融资、煤炭期货、煤炭担保业务等。煤炭金融通过金融工具为煤炭企业融资，提供金融支持和投资机会，帮助煤炭企业解决资金问题，推动煤炭行业的转型升级。

电力金融是电力市场与金融市场的结合，其关注的是电力市场的金融化进程。电力金融主要包括电力期货市场和电力期权市场，共同为电力现货市场提供完善与补充，有助于发现电力真实价格、提供风险管理工具、吸引市场参与者、控制市场风险、稳定现货市场电价等。

新能源金融主要研究新能源产业与金融产业的互动，包括太阳能、风能、水能等可再生能源领域的金融活动。新能源金融以新能源产业链为依托，借助金融手段解决新能源产业发展过程中的资金短缺问题，以促进新能源产业的快速发展。

碳金融是指由《京都议定书》而兴起的低碳经济投融资活动，包括服务于限制温室气体排放等技术和项目的直接投融资、碳权交易和银行贷款等金融活动。碳金融通过金融资本驱动环境权益的改良，利用金融手段和方式在市场化的平台上使碳金融产品及其衍生品得以交易或流通，最终实现低碳发展、绿色发展、可持续发展的目的。

绿色金融作为一种重要的金融理念和实践，已经成为推动可持续发展的重要工具。绿色金融强调在投融资决策中考虑潜在的环境影响，将环境评估纳入金融业务流程，以支持有环境效益的项目。在能源金融的研究中，绿色金融具有重要的地位和作用。能源产业是温室气体排放的主要来源之一，而绿色金融可以通过支持清洁能源、节能减排、碳捕获和储存等技术和项目，推动能源产业的绿色转型和低碳发展。同时，绿色金融也可以为能源产业的可持续发展提供资金支持和风险保障，以促进能源产业的健康和可持续发展。

气候金融是国际社会为应对全球气候变化而实施的一系列资金融通工具和市场体系、交易行为，以及相关制度安排的总称。它涵盖了减缓气候变化和适应气候变化两个主要方面，能源产业作为温室气体排放的主要来源之一，在减缓气候变化方面起着至关重要的作用。能源金融主要研究能源产业与金融产业的互动，以及如何通过金融手段促进能源产业的可持续发展。在这个过程中，气候金融作为一个重要的分支，应该被纳入能源金融的研究对象。气候金融不仅关注如何通过金融手段来推动清洁能源的发展、减少温室气体排放，还关注如何为气候变化带来的风险和挑战提供资金支持和解决方案。

（四）基于研究角度的分类

国内外对能源金融的研究侧重点有所不同。国外侧重狭义层面的能源融资，主要研究金融如何支持能源产业中油气资源和可再生能源的发展等问题；国内主要是直接针对能源金融相关问题的具体研究，包括能源金融系统研究、能源与金融产业关联研究、能源产业与能源市场研究、能源金融市场可持续发展研究及能源金融政策研究五大方向。

三、能源金融的特征

（一）能源与金融的双重属性

能源金融是能源产业与金融产业深度融合的重要表现，其具有较强的能源与金融的双重属性，主要体现为能源金融化和金融能源化。

能源金融化是通过金融工具和金融市场为能源企业提供资金、管理风险、进行投资和交易等一系列的金融活动，其有助于推动能源产业的快速发展和绿色转型。能源项目往往需要巨大的资金投入，从勘探开发、设施建设到运营管理，都需要持续稳定的资金支持。能源金融化通过金融市场为能源项目提供多元化的融资渠道，如银行贷款、债券发行、股权融资等。虽然能源产业面临着多种风险，包括价格波动风险、政策风险、环境风险等，但是能源金融化能够利用金融衍生品市场为能源企业提供风险管理工具，如能源期货、期权等，帮助能源企业锁定价格、规避风险。随着全球化的深入发展，能源金融市场也日益国际化。跨国能源企业和金融机构通过国际合作，共同开发能源项目并推动能源产业的全球化发展。

金融能源化是通过金融服务能源化、能源项目投融资、能源风险管理、绿色金融发展及国际合作与融合等方式，发挥金融资源配置、风险管理和资产价格确定等功能，促进能源产业发展、优化资源配置、降低能源企业风险、推动绿色金融发展、加强国际合作、提高能源利用效率及促进经济结构转型，全面推动能源产业的可持续发展，最终实现经济和社会的双赢。

具体来看，金融能源化通过提供多样化的金融服务，如贷款、债券发行、股权融资等，为能源项目提供了充足的资金支持，从而促进了能源产业的快速发展。这些资金不仅支持了能源项目的勘探、开发、建设和运营，还推动了能源技术的创新和升级。金融市场具有资源配置的功能，金融能源化通过金融市场的运作，将资金引导到高效、环保、有前景的能源项目上，实现了资源的优化配置。这有助于提高能源利用效率，推动能源产业向高效、清洁、低碳方向发展。金融能源化利用金融衍生品市场（如能源期货、期权等）为能源企业提供风险管理工具，帮助能源企业锁定价格、规避风险。这有助于降低能源企业的运营风险，提高其经营稳定性和盈利能力。通过金融手段支持能源项目的建设和运营，金融能源化有助于推动能源技术的创新和升级，从而提高能源利用效率。这有助于减少能源浪费，降低能源消耗，实现能源的可持续利用。金融能源化有助于推动经济结构从高能耗、高污染的传统产业向低能耗、低污染的清洁能源产业转型。这有助于提升经济的质量和效益，实现经济的可持续发展。

（二）实体与虚拟的统一性

能源实体金融和能源虚拟金融的统一，可以理解为能源产业与金融市场深度融合的一种状态，其中能源实体金融关注能源产业的实体运营和资金融通，通过对能源项目的直接参与和管理，为能源产业提供直接的资金支持，推动能源项目的实施和能源产业的发展，促进能源产业的优化和升级。而能源虚拟金融则聚焦于能源类金融衍生品的交易和风险管理，为能源企业和投资者提供风险管理工具，如能源期货、期权等，帮助其对冲风险、锁定价格。通过能源期货、期权等市场的交易，反映市场对能源价格的预期和判断，为能源企业和投资者提供价格参考和投机、套利的机会，以增加市场的流动性和活跃度。两者的统一性主要体现在以下 3 个方面。

1．两者相互促进

能源实体金融的发展需要能源虚拟金融的支持，而能源虚拟金融的繁荣也离不开能源实体金融的拥护。两者相互促进，共同推动能源产业和金融市场的深度融合。

2．两者协同发展

能源实体金融和能源虚拟金融在发展过程中需要相互协调和配合，以实现协同发展。例如，金融机构在为能源企业提供融资支持时，可以结合能源虚拟金融市场的价格信号和风险管理工具，为能源企业提供更加全面和专业的金融服务。

3．两者共同服务实体经济

能源实体金融和能源虚拟金融的最终目的是为实体经济服务，促进能源产业和经济的可持续发展。两者通过各自的功能和优势，共同为实体经济提供资金支持、风险管理和价格发现等服务，进而推动实体经济的稳定增长。

（三）跨时空尺度特征

能源金融通过虚拟衍生品市场的跨时空交易、金融资本的跨时空流动、能源金融市场的国际化，以及能源金融政策与监管的跨时空协调等方面，表现出跨时空的尺度特征。这些特征使能源金融能够在全球范围内实现资源的优化配置和风险的有效管理，为能源产业的可持续发展提供有力的金融支持。

能源金融中的虚拟衍生品市场（如能源期货、期权市场）允许投资者在不同的时间和地点进行交易。这些市场提供了能源产品的价格发现和风险管理功能，使投资者能够根据对未来能源价格的预期进行买卖操作。通过这些市场，投资者可以规避能源价格波动的风险，实现跨时空的资源配置。例如，在能源价格低迷时，投资者可以通过期货市场锁定未来一段时间内的购买价格，降低生产成本；在能源价格高涨时，投资者可以通过期权市场出售未来一段时间内的销售权利，锁定利润。

能源金融促进了金融资本在能源产业中的跨时空流动。一方面，金融机构通过贷款、债券发行、股权融资等方式为能源项目提供资金支持，这些资金可以在不同的时间和地点进行调配和运用。特别是在全球化背景下，国际资本市场为能源产业提供了广泛的资金来源，使能源项目可以在全球范围内寻求融资。这种跨时空的资本流动促进了能源产业的快速发展和全球化布局。另一方面，随着全球能源市场的不断融合和开放，能源金融市场也日益国际化。国际能源价格、汇率、利率等因素的变化都会对能源金融市场产生影响，使能源金融市场的波动性和不确定性增加。然而，这种国际化也为能源金融市场提供了更多的机遇和挑战，促进了能源金融市场的创新和发展。

能源金融政策与监管的跨时空协调也是其跨时空尺度特征的重要方面。由于能源金融市场的复杂性和全球性，需要各国政府和监管机构在跨时空的维度上进行协调合作。各国政府需要制定符合自身国情和能源发展战略的能源金融政策，同时加强与国际组织和其他国家的沟通和合作，共同应对能源金融市场中的风险和挑战。这种跨时空的政策与监管协调有助于维护能源金融市场的稳定和可持续发展。

四、能源金融的研究范畴

（一）能源金融的学科归属

能源金融学的学科归属尚未形成统一且清晰的界定。然而，根据现有相关学者的研究梳理，能源金融的学科归属主要有以下 3 类认定。

1. 能源金融是交叉学科

能源金融学被认为是金融学和能源经济学的交叉学科。这一观点强调能源金融学研究的是能源市场与金融市场之间的相互关系，涵盖了能源与金融两个领域的理论、方法和应用。

2. 能源金融属于金融学或产业经济学分支

一种较为普遍的认知是将能源金融归属于金融学或者产业经济学。这是因为能源金融学的研究内容既涉及金融市场的运行机制、能源投资与融资等金融领域的问题，又涉及能源市场的供求关系、价格机制等产业经济学领域的问题。

3．能源金融属于独立学科

尽管能源金融学在金融学和能源经济学中有交叉和重叠的部分，但它也有独特的研究范畴和理论体系。例如，能源金融的研究范畴会涉及能源市场的运行机制、能源价格的形成、能源投资与融资等方面，而能源金融的理论体系则会针对能源金融的风险管理与政策分析等方面。因此，有学者认为能源金融学应该作为一个独立的学科进行研究和教学。

综上所述，能源金融学的学科归属在学术界存在多种观点。尽管它与金融学和能源经济学有密切的联系和交叉，但也有其独特的研究范畴和理论体系。因此，在实际研究和教学中，可以根据具体的研究内容和方法，将其归属于金融学、产业经济学，或者作为一个独立的学科领域进行研究和探讨。

（二）能源金融的研究内容

能源金融的研究范畴在近年来得到了广泛的关注和深入的研究。能源金融学的研究内容包括但不限于能源市场的运行机制、能源价格的形成、能源投资与融资、能源市场的风险管理等方面。这些研究内容既涉及金融市场和金融工具的应用，又涉及能源产业和能源政策的分析。通过对相关文献的梳理，能源金融的研究范畴可以归纳为以下 5 个主要方面。

1．能源市场的运行与价格形成机制

学者们通过综合应用情景分析、趋势分析、供求平衡分析、资源评估等方法，对能源需求与供给进行科学分析；通过研究能源资源定价机制理论与方法，探讨如何全面反映能源资源的稀缺程度、供求关系、环境成本等特征；通过供求关系和市场竞争等因素探讨国际能源市场价格形成机制理论。学者们在现代信息技术和各种理论模型的融合下预测未来的能源供求，并且对能源市场供求关系与价格机制的研究和预测结果提出相应的发展对策，以指导政府和企业制定合理的能源发展战略，为能源市场的稳定发展和政策制定提供科学依据。

2．能源投资与融资

学者们对能源投资与融资的研究涵盖了投资模式与策略、风险评估与管理、资本市场与金融支持、政策环境与政府支持、技术创新与市场趋势，以及能源转型与可持续发展等多个方面。这些研究为新能源产业的健康发展提供了重要的理论支持和实践指导。

能源金融在能源投融资方面的研究成果显著，这些成果主要体现在优化能源项目融资结构、创新投融资工具和策略，以及提高能源投融资决策的科学性和效率上。通过对不同能源项目的投融资需求进行深入分析，学者们开发了多样化的金融工具和产品，如绿色债券、能源基金、能源保险等，为能源项目提供了更为丰富和灵活的融资渠道。同时，通过运用先进的金融技术和模型，使能源投融资的决策过程更加科学、精准，进而有效降低投融资风险，并促进能源产业的可持续发展。

3. 能源市场的风险管理

在能源金融研究中，对能源市场的风险管理是一个核心领域，它主要关注如何识别、评估、控制和管理能源市场中可能出现的各种风险，以确保能源金融活动的稳健进行。这一研究领域深入探讨了能源价格波动、市场供需失衡、政策变化，以及地缘政治风险等多种因素对能源市场稳定性的影响，旨在通过运用先进的金融理论、技术和工具构建科学的风险管理框架和模型，为企业和能源投资者提供有效的风险规避、控制和转移策略，以确保能源金融活动的稳健运行和能源产业的可持续发展。在能源金融研究中，对能源市场的风险管理是一个复杂而重要的领域，需要研究者具备跨学科的知识和方法，全面深入地研究风险管理的各个方面。

4. 绿色金融与能源转型

绿色金融与能源转型的相关研究内容广泛而深入，它不仅关注如何通过创新的金融工具和政策支持推动能源产业朝着更加绿色、低碳的方向转型，还致力于构建一个全面、协调、可持续的能源金融体系。

在绿色金融方面，研究内容主要包括探索和创新绿色金融产品，如绿色债券、绿色基金、绿色保险等，这些金融产品旨在引导更多的资金流向清洁能源、能效提升及环境保护等领域，从而为能源转型提供必要的资金支持。同时，研究还关注如何通过政策激励和市场机制（如绿色信贷政策、碳交易市场等）进一步推动绿色金融的发展，提高金融资源配置的效率和可持续性。

在能源转型方面，研究内容聚焦于如何通过技术创新、政策引导和市场机制等多种手段，推动能源消费和供给结构的优化，减少对化石能源的依赖并提高清洁能源的比重。这包括探索可再生能源的开发利用、提高能源利用效率、推动能源系统的智能化和数字化升级等。同时，研究还关注能源转型对环境、经济和社会的影响，以及如何实现能源转型的平稳过渡和可持续发展。

5. 能源金融政策与战略

能源金融政策与战略的研究内容涵盖了多个方面，旨在通过政策制定和战略规划，促进能源产业的健康发展，并且实现能源与金融的深度融合。

首先，这包括对国家及地区能源政策体系的全面分析和解读，探究其如何影响能源市场的供需关系、价格机制及投资环境。在此基础上，研究者会进一步探讨如何通过优化政策设计，激发能源产业的创新活力，推动清洁能源和可再生能源的开发利用。其次，能源金融政策与战略的研究还关注金融市场的角色和功能。这包括研究如何通过金融市场为能源项目提供多元化、低成本的融资渠道，如绿色债券、能源基金等。同时，研究还会关注如何通过金融创新工具和产品（如碳交易、能源期货等）来降低能源市场的风险，提高能源投融资的效率和安全性。此外，能源金融政策与战略的研究还涉及国际能源金融合作与竞争的问题。这包括研究各国能源金融政策的差异和它们之间的相互影响，以及如何通过国际合作来共同应对能源市场的挑战，如能源安全、气候变化等。

能源金融政策与战略的研究内容旨在通过政策制定和战略规划促进能源与金融的深度融合，推动能源产业的健康发展，并且能应对能源市场的挑战，实现能源安全和可持续发展的目标。

第五节　能源金融的发展趋势

能源金融是一个涵盖能源市场和金融领域的交叉学科领域。现阶段及未来能源金融发展的一些趋势如下文所述。

一、市场规模持续增长

随着全球能源需求的不断增长和能源市场的国际化，能源金融市场的规模将持续扩大。目前，全球能源金融市场已有了庞大的规模，占据了全球金融市场总规模的很大一部分。预计未来几年，随着全球工业化进程的推进和新兴市场的快速发展，能源金融市场将继续保持增长态势。

二、产品创新推动市场发展

近年来，能源金融市场不断推出新的金融产品，以满足投资者的需求。这些创新产品包括能源期货、能源衍生品和基于能源指数的投资产品等，为投资者提供了更多的交易选择和投资机会。这些金融产品的创新不仅丰富了能源金融市场的交易品种，也提高了能源金融市场的流动性和交易效率。

第一，能源金融为金融创新提供了广阔的空间。随着可再生能源和节能减排等领域的快速发展，能源金融为这些领域提供了多种金融产品和服务，如绿色债券、绿色基金、绿色贷款等。这些创新产品和服务不仅满足了市场的多元化需求，也推动了金融行业的创新和发展。

第二，能源金融的发展推动了金融科技与传统金融的融合。金融科技在能源金融领域的应用，如区块链、大数据、人工智能等，为能源金融提供了更加高效、智能的解决方案。这种融合不仅提高了能源金融的效率和服务质量，也推动了金融科技的快速发展和应用。

第三，能源金融的发展促进了金融市场的多元化和国际化。随着清洁能源和可再生能源等领域的快速发展，越来越多的投资者和金融机构开始关注这些领域，从而拓展了金融市场的边界。这种拓展不仅为金融机构提供了更多的投资机会和市场空间，也推动了金融市场的创新和发展。

第四，能源金融的发展对风险管理提出了更高的要求。随着清洁能源和可再生能源等领域的快速发展，能源金融面临的风险也日益复杂和多样化。因此，金融机构需要加强风险管理，提高风险预警和应对能力，这种加强风险管理的需求也推动了金融创新的发展。

三、可再生能源金融持续增长

可再生能源领域的发展在能源转型时期备受关注，能源金融通过提供资金支持，为可再生能源产业的发展提供了重要动力。资金的支持和引导作用不仅体现在直接的财务投资上，还体现在为可再生能源项目提供融资便利、降低融资成本等方面。

随着可再生能源市场的不断扩大和规范化，相关的金融产品和服务也会日趋丰富和完善，为可再生能源产业提供更加多元化的融资渠道和风险管理工具。借助风险管理工具和策略，能源金融能够帮助可再生能源产业降低项目风险，提高项目的可行性和吸引力。例如，通过保险、期货、期权等金融手段，对可再生能源项目的价格、产量、汇率等风险进行管理和对冲。与此同时，能源金融通过为可再生能源的技术创新提供资金支持，能够推动技术进步和成本降低。例如，对于风能、太阳能等可再生能源技术，金融支持可以帮助其进行研发、试验和推广，从而推动整个产业的进步和发展。

随着全球化的深入发展，能源金融对可再生能源产业的影响也呈现出全球化的趋势。一方面，跨国金融机构和投资者通过提供资金支持和技术支持，促进全球可再生能源产业的发展；另一方面，各国政府通过加强国际合作和政策协调，共同推动全球可再生能源市场的繁荣和发展。随着能源金融的不断发展和完善，可再生能源产业将迎来更加广阔的发展空间。

四、对传统能源产业低碳转型的作用愈发突出

能源金融对传统能源产业转型升级的影响趋势主要体现在优化资金导向与资源配置、促进技术创新与研发、引导市场需求、加强风险管理，以及推动国际合作与政策协调等方面。随着能源金融的不断发展和完善，传统能源产业将迎来更加广阔的发展空间和机遇，加快向更高效、清洁和可持续的方向转型升级。

能源金融通过优化资金导向和资源配置，推动传统能源产业向更高效、清洁和可持续的方向转型升级。金融机构和投资者倾向于支持那些具有技术创新、节能减排和可持续发展潜力的项目，这将对传统能源企业形成压力，促使其加快转型升级的步伐。能源金融通过引导市场需求，推动传统能源产业向清洁能源转型。随着可再生能源市场的不断扩大和消费者对清洁能源需求的增加，传统能源企业需要适应这一变化，调整产品结构和市场策略，以满足市场需求。

传统能源产业在转型升级过程中面临着多种风险，如技术风险、市场风险、政策风险等。能源金融通过提供风险管理工具和策略，帮助传统能源企业降低风险，保障其转型升级的顺利进行。此外，传统能源产业的转型升级需要全球范围内的合作与政策协调。能源金融通过

促进国际合作，推动各国在传统能源转型升级方面的政策对接和资源共享，加速全球能源的结构优化和可持续发展。

五、ESG 标准的普及加速能源金融领域发展

环境、社会和治理（ESG）标准在金融行业中的重要性不断增加，随着 ESG 标准的不断发展和普及，能源金融领域将迎来更加广阔的发展空间和机遇。投资者越来越关注能源公司的环保和社会责任，这对能源金融产生了深远的影响。这种影响主要体现在以下 6 个方面。

第一，塑造投资理念。ESG 标准强调在投资决策中融入环境、社会和治理因素，这改变了传统的以财务绩效为主的投资理念。能源金融领域开始更加关注企业的可持续性和长期价值，而不仅是短期的财务回报。

第二，优化投资组合。ESG 标准鼓励投资者选择那些具有良好环境绩效、社会责任和治理结构的公司进行投资。这有助于优化能源金融领域的投资组合，提高资产的质量和可持续性。

第三，加强风险管理。ESG 标准将环境、社会和治理因素纳入风险管理范畴，帮助能源金融领域更好地识别、评估和管理相关风险。这有助于降低潜在的系统风险，提高整个行业的稳健性。

第四，促进可持续发展。ESG 标准的推广和应用有助于推动能源产业的可持续发展。通过引导资本流向那些具有可持续发展潜力的项目和企业，ESG 标准促进了清洁能源、节能减排和环境保护等领域的发展。

第五，增强企业竞争力。越来越多的企业开始重视 ESG 标准，并且将其纳入自身的战略规划和运营管理。这不仅有助于提升企业的品牌形象和声誉，还能增强企业的竞争力和提高企业的市场地位。

第六，推动国际合作与政策协调。ESG 标准的全球化和普及化趋势促进了各国在能源金融领域的合作与政策协调。这有助于推动全球能源结构的优化和可持续发展，实现全球范围内的资源共享和互利共赢。

六、碳市场与气候金融得到更多关注

由于对气候变化的关注，一些地区建立了碳市场和其他气候金融机制。这些市场为碳交易和气候相关金融产品提供了平台，影响了能源金融的发展方向。碳市场和气候金融领域的发展趋势表现为市场规模的扩大、技术的创新、政策引导和监管的加强、国际合作与交流的深化，以及绿色金融的兴起。这些趋势将共同推动碳市场和气候金融领域的发展，为实现全球低碳、绿色和可持续发展提供有力支持。

第一，随着全球对气候变化和环境保护的重视程度不断提升，碳市场和气候金融的市场规模将持续扩大。越来越多的国家和地区将加入碳市场，使其覆盖范围进一步扩大，并且涉及的排放量和交易额也将不断增长。

第二，技术创新是推动碳市场和气候金融领域发展的重要动力。碳交易产品和工具在技术不断进步和创新的背景下将更加多样化，碳市场的流动性和效率将得到提升。同时，气候金融领域也将借助新技术，如大数据、人工智能等，提高风险评估和管理能力。

第三，政府在碳市场和气候金融领域的发展中扮演着重要角色。政府将制定更加明确和具体的政策目标，通过财政补贴、税收优惠等措施引导资金流向低碳、环保的项目和企业。同时，监管部门也将加强对碳市场和气候金融的监管，保障市场的公平、透明和稳定。

第四，碳市场和气候金融领域的全球性和跨国性特征明显，国际合作与交流将进一步加强。各国将共同推动碳市场的互联互通，促进跨国碳交易的发展，并且加强在气候金融领域的合作，共同应对气候变化带来的挑战。

第五，随着可持续发展理念的深入人心，绿色金融将成为碳市场和气候金融领域的重要发展方向。绿色金融将推动低碳、环保项目的投资和发展，促进经济社会的可持续发展。

七、数智化赋能金融与能源产业深度融合

能源金融将通过资金投入与支持、风险管理与优化、产品与服务创新、促进数字化转型，以及加强合作与交流等方式，推动数智化和金融科技技术的推广应用。这将有助于提升能源产业的数字化水平，实现经济社会的绿色、低碳、可持续发展。

数字技术的发展，包括区块链、人工智能和大数据，对能源金融产生了影响。这些技术的应用可以提高交易的透明度、效率和安全性，促使能源金融领域的创新。例如，能源金融可以利用数智化和金融科技技术，对能源产业的各类风险进行更加精准、高效的管理和优化。通过大数据、人工智能等技术手段，对能源市场的数据信息进行深度挖掘和分析，以提高风险预警和应对能力，为能源产业的稳健发展提供有力保障。

八、风险管理的复杂性全面提升

在能源金融发展的大背景下，能源产业风险管理的复杂性全面提升，主要体现在以下方面。

能源金融的发展使得能源产业与金融市场的联系更加紧密，风险源也随之增多。除了传统的能源价格风险、供应风险、需求风险等，还新增了金融市场风险、汇率风险、信用风险等。这些风险之间相互交织、相互影响，增加了风险管理的难度和复杂性。能源市场与金融市场的联动性增强，使风险传播的速度也在加快。一旦某个环节出现风险事件，就很容易迅速波及整个市场，甚至引发系统性风险。

因此，能源产业需要更加敏锐地监测和应对风险，防止风险扩散和传染。随着能源金融的发展，风险管理手段也需要不断更新和多样化。除传统的风险规避、风险分散、风险对冲等手段外，还需要利用金融衍生工具、保险产品等新型风险管理工具来应对复杂多变的风险环境。这些新型风险管理工具的运用需要较高的专业知识和技术水平，增加了风险管理的复杂性。另外，监管机构对能源产业风险管理的监管要求也在不断加强。能源企业需要遵守更

加严格的法律法规和监管规定，建立完善的风险管理体系和内部控制机制，确保风险管理的有效性和合规性。

九、能源产业投资多元化趋势增强

能源金融的发展对投资多元化产生了积极的影响。通过拓宽投融资渠道、创新投融资方式、满足个性化需求和分散投融资风险等方式，能源金融为能源产业的健康发展提供了有力的支持。

第一，能源金融的发展为能源产业提供了更加多元化的投融资渠道。除传统的银行贷款、股权融资等方式外，能源企业还可以通过发行债券、资产证券化、绿色债券等新型融资工具筹集资金。同时，随着能源金融市场的不断发展，越来越多的金融机构和投资者开始关注能源产业，为能源企业提供了更加广阔的融资空间。

第二，能源金融的发展推动了投融资方式的创新。例如，基于区块链技术的能源交易平台可以实现去中心化的能源交易和融资，降低交易成本和提高融资效率。此外，能源企业还可以通过与金融机构合作，开展能源资产证券化、设立能源基金等新型投融资业务，实现资产的优化配置和风险的分散转移。

第三，伴随着能源金融市场的不断发展，能源企业的投融资需求也呈现出个性化的趋势。不同的能源企业具有不同的融资需求和风险偏好，因此，能源金融市场需要提供更加个性化的投融资产品和服务，以满足企业的不同需求。

第四，能源金融的发展有助于实现投融资风险的分散。通过多元化的投融资方式和渠道，能源企业可以将风险分散到不同的投资者和金融机构中，降低单一融资渠道带来的风险。同时，新型的风险管理工具和技术的应用也可以帮助能源企业更好地识别、评估和管理风险，以提高投融资的安全性。

十、政策与监管的复杂性加剧

政策和监管环境对能源金融产业有着深远的影响。政府政策的变化和对碳排放的规定都可能影响能源市场的经济效益和金融策略。政策制定者和监管机构需要协调配合，强化市场理解和分析能力，加强监管力度，不断创新和完善相关政策和监管措施，为能源金融市场的健康发展提供有力保障。

第一，政策制定的复杂性增加。随着能源金融市场的不断发展和创新，政策制定者需要面对更加复杂和多元化的市场环境和风险挑战。这要求政策制定者具备更加全面和深入的市场理解和分析能力，以制定更加精准和有效的政策措施来引导和规范市场发展。

第二，监管要求的加强。能源金融市场的快速发展也促进了监管要求的加强。为了保障市场的公平、透明和稳定，监管机构需要加强对能源金融市场的监管力度，建立更加完善的市场监管体系和风险防控机制。具体而言，要加强对市场主体的资格审批、交易行为、信息披露等方面的监管。

第三，政策与监管的协调配合。能源金融市场的健康发展需要政策与监管的协调配合。政策制定者和监管机构需要加强沟通与合作，确保政策与监管的相互补充和协调一致。同时，还需要加强与国际能源金融市场监管机构的合作，共同应对跨国能源金融的风险和挑战。

第四，政策与监管的创新。随着能源金融市场的不断创新和发展，政策与监管也需要不断创新和适应。政策制定者和监管机构需要关注市场发展的新趋势和新问题，及时调整和完善相关政策和监管措施，为市场的健康发展提供有力保障。

综上所述，能源金融领域是一个不断演变的领域，其发展趋势受到全球能源需求、环境政策、技术创新和市场动态等多方面因素的影响。因此，能源金融领域未来的发展趋势可能会随着这些因素的变化而发生改变。

参考文献

[1] 龚旭，姬强，林伯强. 能源金融研究回顾与前沿方向探索. 系统工程理论与实践，2021，41（12）：3349-3365.

[2] 曾刚，万志宏. 国际碳金融市场：现状、问题与前景. 国际金融研究，2009，（10）：19-25.

[3] 魏楚，沈满洪. 能源效率及其影响因素：基于 DEA 的实证分析. 管理世界，2007，（08）：66-76.

[4] 范英，衣博文. 能源转型的规律、驱动机制与中国路径. 管理世界，2021，37（08）：95-105.

[5] 文书洋，刘浩，王慧. 绿色金融、绿色创新与经济高质量发展. 金融研究，2022，（08）：1-17.

[6] 陈国进，丁赛杰，赵向琴，等. 中国绿色金融政策、融资成本与企业绿色转型：基于央行担保品政策视角. 金融研究，2021，（12）：75-95.

[7] 张克钦. 我国能源金融市场风险评价及影响因素分析：基于主成分分析法的月度实证结果. 时代经贸，2021，18（09）：26-34.

[8] 李忠民，邹明东. 能源金融问题研究评述. 经济学动态，2009，（10）：101-105.

[9] 冯梦骐，邢珺. 金融发展对能源消费影响的研究：基于对能源消费结构变化指数的构建与分析. 价格理论与实践，2018，（11）：107-110.

[10] 王博峰. 能源金融：研究进展与展望. 西部金融，2020，（11）：52-57.

[11] 佘升翔，马超群，王振红，等. 能源金融的发展及其对我国的启示. 国际石油经济，2007，（08）：2-8+78.

[12] 张荐华，黄河. 中国能源金融市场发展战略思考. 思想战线，2011，37（03）：74-78.

[13] 陈卫东，边卫红，郝毅，等. 石油美元环流演变、新能源金融发展与人民币国际化研究. 国际金融研究，2020，（12）：3-12.

第二章

能源金融市场

本章导读

能源金融市场是能源与金融相互融合、相互促进的一种市场形态。随着国际能源金融市场的形成与发展，能源与金融的联系日益紧密，能源的金融属性逐渐凸显。中国发展能源金融市场起步较晚，但存在较大的发展潜力。本章通过引入能源金融市场的关键概念和基本情况，分析金融市场与能源市场的关系，介绍能源金融市场的发展现状，为读者了解能源金融市场构建清晰的理论框架。

第一节 能源金融市场概览

一、能源金融市场的定义

能源金融市场是指进行能源相关金融交易的市场，包括能源期货、能源期权、能源股票、能源债券等交易品种。该市场旨在为能源勘探、开采、生产、转换、传输、分配全产业链提供融资、投资、风险管理等服务，以促进能源产业的可持续发展。

发展初期，能源金融市场主要为石油、天然气等大宗商品提供期货交易服务，以满足相关企业套期保值的需求。之后，随着全球能源市场的不断扩大和金融创新的深入，能源金融市场逐渐发展壮大，交易品种和参与者不断增加。近年来，随着新能源的快速发展和碳金融的兴起，能源金融市场开始向多元化方向发展，为低碳经济和可持续发展提供支持。

二、能源金融市场的构成

（一）市场参与主体

能源金融市场的参与主体主要包括能源企业、个人投资者、金融机构，以及政府部门和监管机构。不同主体参与市场的目的不同，发挥的作用也不尽相同。

1．能源企业

能源企业是指以能源开发、加工转换、仓储、输送、配售、贸易和服务等为主营业务的企业。首先，能源企业可以通过能源金融市场进行融资，获取业务经营所需资金，或者把多余资金用于投资，以获取收益。其次，作为能源的供给方，能源企业可以通过能源金融市场套期保值，降低经营风险，提高盈利能力；作为能源的需求方，能源企业可以利用能源金融市场管理价格波动风险，优化采购成本，保障企业稳定运营。

2．个人投资者

个人投资者也称散户，即以自然人身份投资有价证券和进行相关交易的投资者。个人投资者参与市场交易的目的可分为套利、投机和套期保值。散户的投资额较少、缺乏计划性，并且无规则、无组织，甚至彼此之间没有关联，完全依行情而动。

3．金融机构

金融机构是指在国务院金融管理部门的监督管理下，从事金融业务的机构，包括银行、证券公司、保险公司等。金融机构可以通过参与能源金融市场提供融资、投资、风险管理等金融服务，拓展业务范围和收入来源。

4．政府部门和监管机构

与能源金融市场相关的政府部门和监管机构，包括国家发展改革委、国家能源局、中国人民银行、中国证券监督管理委员会、国家金融监督管理总局等部门和机构，负责制定相关政策法规，监管能源金融市场的运行，以及保障能源金融市场公平、透明和稳定。目前来看，中国能源金融市场仍以政府监管为主、行业自律为辅。政府对市场的集中统一监管能够更好地协调各方利益，维护公平、公正、有序的市场秩序。

（二）能源金融市场分类

1．按市场层次分类

能源金融市场按市场层次，可以分为能源实体金融市场和能源虚拟金融市场。

能源实体金融市场，是金融行业与能源产业合作的基础市场，包括对能源产业直接投资、发放贷款和利用价格机制来支持能源市场的发展等；能源虚拟金融市场，即以能源类产品为基础的金融衍生品市场，如现有的各种能源期货、期权市场，可为市场参与者提供套期保值、组合投资或投机交易的机会。

2．按组织形式分类

能源金融市场按组织形式，可分为场内交易和场外交易。

场内交易，又称交易所交易，即所有供求方集中在交易所进行竞价交易的交易方式。在这种交易方式下，交易所向交易者收取保证金、同时负责进行清算和承担履约担保责任。此外，由于每个投资者都有不同的需求，交易所事先设计出标准化的金融合同，由投资者选择与自身需求最接近的合同和数量进行交易。期货交易和部分标准化期权交易都属于这种交易方式。

场外交易，又称柜台交易，指交易双方直接成为交易对手的交易方式。这种交易方式有许多形态，可以根据交易者的不同需求设计出不同内容的产品。同时，为了满足客户的具体要求，出售衍生产品的金融机构需要有高超的金融技术和风险管理能力。但是，由于每个交易的清算是由交易双方相互负责进行的，所以交易参与者仅限于信用程度高的客户。远期交易和互换交易是具有代表性的柜台交易的衍生金融产品。

3. 按合约类型分类

能源金融市场按合约类型，可分为远期、期货、期权和互换。

远期是交易双方约定在未来的某一确定时间，以确定的价格买卖一定数量的某种能源的合约。远期合约通常采用场外交易方式，在签署远期合约之前，双方可以就交割地点、交割时间、交割价格、合约规模、标的物的品质等细节进行谈判，以便尽量满足双方的需要，因此与期货合约相比，远期合约灵活性较大。在能源金融市场比较常见的远期合约是电力远期合约。

期货是能源金融市场的主要合约类型，是指期货交易所统一制定的、约定在将来某一特定的时间和地点交割一定数量标的能源的标准化合约。主要包括原油期货、天然气期货、电力期货等。

期权是指买方有权在将来某一时间，以特定价格买入或卖出约定标的能源的标准化或非标准化合约。期权的买方向卖方支付一定数额的权利金后，就拥有了在一定时间内以执行价格出售或购买一定数量的能源或能源合约的权利。能源金融市场主要的期权合约有原油期权合约、原油期货期权合约、天然气期权合约、电力期权合约等。

互换是指约定在将来某一特定时间内相互交换特定标的能源的金融合约。互换合约一般都是非标准化的，因此并不在交易所交易，而是通过具有交易资格的银行和非银行机构进行场外交易。能源金融市场的互换合约主要有基差互换、指数互换、摆动互换等。

三、能源金融市场的功能

能源金融市场的形成与发展源于能源和金融各自的属性，这些属性的有机结合使能源金融市场具有了特定的功能。

（一）引导资金流向

能源产业是资本技术密集型产业，其发展过程需要大量的资金投入，并且投资回报周期长，所以金融支持尤为重要。一方面，金融市场可以发挥金融杠杆的调节作用，通过信贷支持能源产业建设，利用信贷结构调整来引导资金流向，从而优化能源产业结构；另一方面，金融市场可以通过多种金融工具提供多元化的支持，引导能源企业利用现代金融市场来拓宽投融资渠道。

（二）防范价格波动风险

首先，通过研究能源期货和期权市场，投资者可以基本判断未来能源供需的变化趋势，在一定程度上可以有效发现价格规律，降低能源价格波动带来的风险。其次，为能源企业提供信贷或参股的金融机构为了控制风险，会对企业的资本运用进行专业监督和指导，通过运用诸如对冲工具等方式进行能源价格的风险管理。最后，在能源进出口贸易中，银行业也可以提供利率与汇率风险管理的金融服务。

（三）促进金融产品创新

多元化的金融服务需求激励研究者不断地进行金融创新，建立和完善以能源交易为标的物的金融产品或模式。近年来，国际石油、煤炭、天然气等能源产品价格出现了剧烈波动，给许多国家的经济运行造成了不利影响，加之使用传统能源对气候、环境造成的不利影响日渐严峻，导致能源产业亟须研发替代能源，提升能源技术并推出各种绿色能源产品。因此，产生了多元化的金融服务需求，促进了金融工具和模式的创新。设立能源交易所、开发新能源的金融衍生品、建立能源银行和节能公司就是很好的例证。

（四）建立能源市场交易秩序

能源金融市场的建立与完善，规范了能源产品的集中交易和管理，促进了世界能源市场的有序发展。能源发展史显示，人类长期粗放式的能源开采与过度浪费的能源消费模式，且世界范围内的能源价格长期过低，既未能体现能源的价值和稀缺程度，也缺乏合理有效的价格调节机制。过去的事实证明，无序且低效的能源市场会对全球经济造成严重影响。能源金融市场的出现促进了能源市场的有序发展，极大地降低了这种负外部性。

第二节　能源市场与金融市场的关联关系

一、能源市场与金融市场的联动性表现

能源市场和金融市场之间存在着复杂的关系。具体来看，两个市场的联动性可以归纳为以下 4 个方面。

（一）资产价格互相影响

能源市场和金融市场之间存在着密切的互动关系。一方面，能源价格的波动会直接或间接地影响到金融市场，反之亦然。例如，原油价格上涨可能会导致能源公司股票价格上涨，或者影响大宗商品市场和货币市场的价格，进而影响金融市场的整体表现。另一方面，当投资者预测出能源价格将上涨时，可能会推动能源期货价格上涨，进而影响现货市场价格。此外，政府的政策调整、能源政策变化等也可能导致能源市场和金融市场之间价格传导的不确定性。

（二）资本跨市场流动

能源价格的波动会直接影响金融市场的价格走势和投资者的信心；能源市场的繁荣或衰退都可能会对金融市场产生重要影响；金融市场的资金供给、投机行为等因素也会影响能源市场的价格走势和供求关系；金融市场为能源市场提供了重要的融资支持，推动了能源产业的发展。当然，两市场间资本的流动也会受到政策、经济和技术等因素的影响，会加速或抑制资本在其中的流动速度。

（三）套利机会增加

能源市场与金融市场之间的套利机会，可以理解为在两个市场、两种资产或不同到期日的合约之间出现价格、利率或汇率的差异时，投资者通过买入相对低估的资产和卖出相对高估的资产，以期在未来价格回归正常时获取无风险或低风险利润的行为。首先，当其中一个市场发生变动时，由于两个市场之间存在联动性，且对信息的反应速度可能存在差异，就会催生更多的套利机会。例如，当能源价格上涨，但能源公司的股票价格还没有完全反映出能源价格上涨的预期时，投资者可以买入这些股票来实现套利。其次，随着金融市场的不断创新，会出现与能源价格挂钩的多种金融产品，如能源期货、期权等。这为投资者提供了更多的套利工具和策略。投资者可以通过不同的投资组合，利用能源市场和金融市场之间的价格差异来实现跨市场套利。

（四）风险传导加快

在全球化的背景下，能源市场和金融市场之间的联系日益紧密，风险传递的速度也越来越快。现代信息技术和高频交易策略的应用，使信息传播和交易执行几乎同步进行，从而在全球范围内快速放大了风险信号，加速了风险的传递过程。一旦某个市场发生风险事件，这种风险很快就会通过各种渠道传递到另一个市场。

能源市场和金融市场的风险传递不仅会影响两个市场的稳定和发展，还会对整个经济体系产生广泛的影响。例如，当能源市场出现供应短缺时，能源价格会上涨，这会导致与能源相关的金融产品价格上涨，进而吸引更多的投资者进入金融市场进行投机交易。然而，这种投机交易可能会加剧金融市场的波动和不确定性，从而进一步影响能源市场的稳定。

二、能源市场与金融市场的风险传导

（一）能源危机与金融危机的内涵

1. 能源危机

能源危机实际上是由于能源供应短缺或者能源价格急剧上涨而导致经济出现问题的一种现象。能源危机通常涉及石油、电力等自然资源的短缺。本书整理了历史上 5 次较大的能源危机，具体内容如表 2-1 所示。

表 2-1　5 次能源危机

	年份	导火索	结果
第 1 次能源危机	1973 年 10 月	阿拉伯石油禁运战争	原油价格上涨 300%
第 2 次能源危机	1978 年 10 月至 1981 年 3 月	两伊战争	原油价格上涨 400%
第 3 次能源危机	1990 年	波斯湾战争	原油价格上涨 250%
第 4 次能源危机	2004 年	新兴经济体崛起	原油价格上涨 70%
第 5 次能源危机	2021 年 12 月	欧洲市场的天然气价格上涨	天然气价格上涨 420%

2. 金融危机

金融危机是指由于金融资产、金融机构及金融市场危机，使社会上出现了普遍的经济萧条、企业倒闭、失业率上升等现象。纵览全球金融危机的爆发，都离不开债务和杠杆的快速膨胀。金融危机的初始阶段为流动性危机，资产负债表衰退及通缩循环会使金融危机进一步扩大成经济危机。表 2-2 是本书整理的历史上较为典型的 6 次金融危机。

表 2-2　6 次金融危机

	时间	原因
第 1 次金融危机	20 世纪 30 年代初 美国"大萧条"	美国产能过剩、需求不足，贫富差距扩大；金融政策宽松导致消费、信贷狂潮；股市繁荣加剧泡沫，紧缩政策引发恐慌；股市崩盘、银行危机爆发，引发大萧条
第 2 次金融危机	20 世纪 80 年代 拉美债务危机	拉美地区石油危机导致石油价格飙升，石油输出国资金充裕，开始投资；20 世纪 70 年代美联储宽松政策、降低借贷成本；拉美地区激现现代化、举债支持、管理不善，导致通货膨胀、资金外流；20 世纪 80 年代美联储加息，拉美地区债务问题凸显，负担加重
第 3 次金融危机	20 世纪 90 年代初 日本资产价格泡沫破灭	日本货币政策宽松、利率自由化、放松市场监管、推高存款利率，商业银行向企业放贷；资本市场放松管制，居民和企业杠杆率上升，资产价格泡沫膨胀；银行加息，限制房地产贷款；政策收紧，市场流动性不足，资产价格急剧下降，金融机构破产倒闭，泡沫破裂
第 4 次金融危机	1997 年亚洲金融风暴	东南亚采取宽松的市场政策，取消外汇管制，吸引大量外资，贷款流向房地产和股市，资产价格泡沫膨胀；大多数国家采用固定汇率制度，举借大量外债；1994 年美联储加息，亚洲国家货币升值，出口减缓；固定汇率下，泰铢受到冲击，资本泡沫破裂

续表

	时间	原因
第 5 次金融危机	2007 年美国次贷危机和 2008 年国际金融危机	美国互联网泡沫后，推动金融机构向低收入人群放贷以鼓励买房，这导致了次贷的过度发放；金融机构通过将住房抵押贷款转化为各类金融产品，增加了市场风险，房地产市场因此扩张并形成了泡沫；在各种经济因素作用下，加息政策首当其冲，房地产贷款违约风险上升，金融市场出现流动性危机，最终引发了房地产金融泡沫破裂
第 6 次金融危机	2020 年美国流动性危机	在低利率下，美国的上市公司通过发债提升股价，养老和保险基金转投股市；金融机构杠杆率先升后稳，非金融企业偿债能力弱，高杠杆和股市泡沫导致经济衰退

（二）能源市场与金融市场的风险传导路径

能源市场与金融市场之间的风险传导路径既包括能源市场对金融市场的风险传导，也包括金融市场对能源市场的风险传导。这种相互关联性意味着在金融危机或能源危机爆发时，双方市场都面临着巨大的风险和挑战。

1. 能源市场向金融市场的风险传导路径

能源市场向金融市场的风险传导路径可以从利率、汇率及股价 3 个角度展开分析。能源危机导致金融危机的传导路径，如图 2-1 所示。

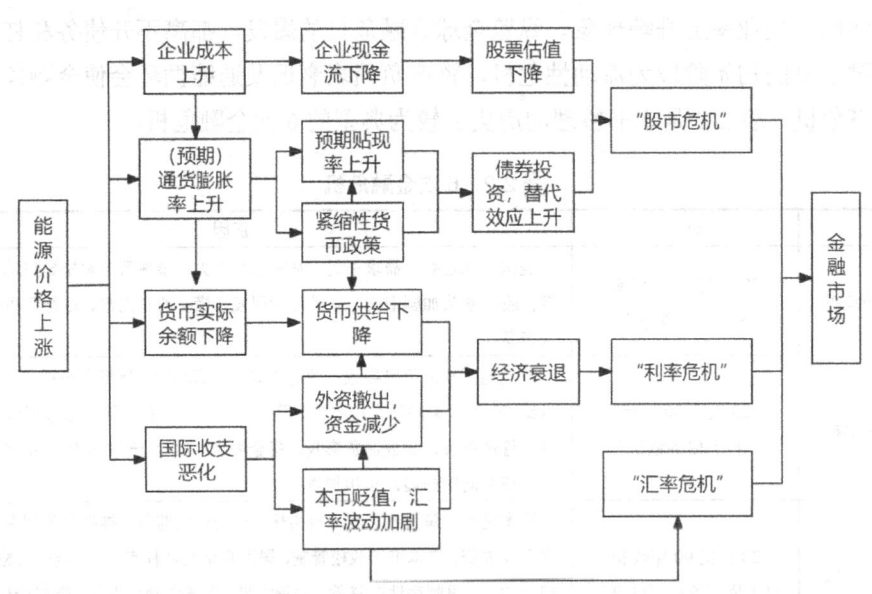

图 2-1　能源危机导致金融危机的传导路径

1）能源危机引致"利率危机"

能源危机会导致原油供给减少、原油价格上涨、生产成本提高，进而带动产品价格上调，造成通货膨胀。国家为了抑制通货膨胀，往往会采取紧缩性政策。作为宏观经济政策的重要工具，中央银行可能会通过提高利率来进行调控。在长期的高利率环境下，市场流动性和信贷规模收紧、企业和个人的债务成本加重、收入和消费水平下降，最终导致金融市场信心丧失，资产价格暴跌。因此，国家宏观调控、货币政策不稳定或处理不当而造成的"利率危机"，也会引发金融危机的爆发。

2）能源危机引致"汇率危机"

能源危机会引起高通货膨胀率、贸易收入恶化和资本外流。以石油进口国为例，如果石油上涨，通货膨胀水平上升，其货币的购买力将会下降，进而造成本币贬值。同时，对于石油进口国来说，油价上涨会促使资本流出增多，加大经常账户赤字风险，进而影响国际收支平衡。这些因素相互作用，会导致本币大幅贬值，形成"汇率危机"。汇率危机不仅会增加进口能源成本，还可能会导致债务负担加重，特别是对于那些有大量外币债务的国家和企业，可能会引发更广泛的金融市场动荡。

3）能源危机引致"股市危机"

能源价格上涨触发了股市上的一系列连锁反应，引发股市危机，最终导致全面的金融危机。首先，当能源价格不断走高时，企业生产成本增加，盈利能力下降，这将反映在股票市场上，导致股价下跌。其次，能源价格上涨还会引发通货膨胀，迫使国家采取紧缩性货币政策，如提高利率。利率的提高会使债券市场的收益变得更具吸引力，大量投资者转向债券市场，使股市的资金减少并进一步加剧股价的下跌，而股价的急剧下跌又引发了股市危机。随着股市危机的加深，金融市场的流动性逐渐枯竭，信贷市场开始紧缩，金融机构面临着破产的风险，最终引发全面的金融危机。

2. 金融市场向能源市场的风险传导路径

金融市场向能源市场的风险传导路径可以从市场调节、国家调控及投资者资金炒作这 3 个角度展开分析。金融危机导致能源危机的传导路径，如图 2-2 所示。

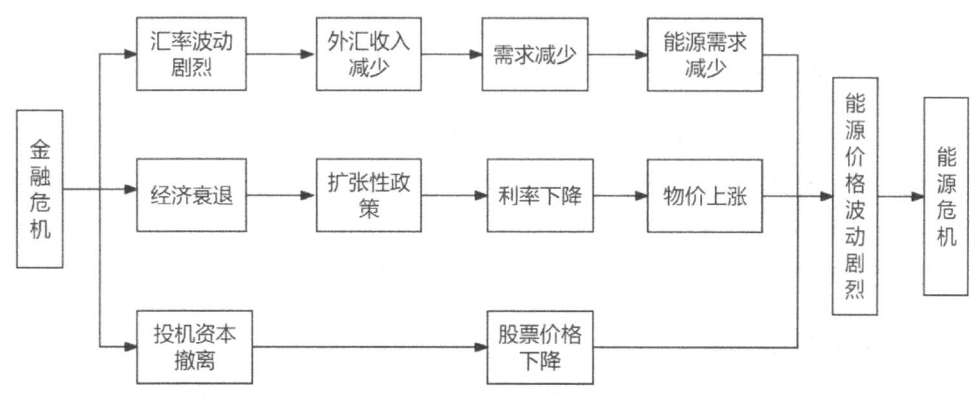

图 2-2　金融危机导致能源危机的传导路径

1）市场调节

随着金融危机引起经济衰退，整个生产到消费的链条都会严重缩水。因为能源是生产的要素之一，其需求量必将大幅减少。按照市场自我调节的作用，为了保持市场供需平衡，能源价格应该会随着需求的下降而下跌。然而，这将影响能源出口国的利润。因此，为了保证自身利益不受损，能源开发商就会减少能源供给，以保证能源价格的高价位水平，这可能将导致能源危机的爆发。正如中国学者马学禄所指出的："经济危机表面是金融危机，实质是能源危机。""能源成本的攀升推动了通货膨胀，进而演变为经济危机。"

2）国家调控

金融危机爆发后将伴随着经济的萧条，为了使经济复苏，国家一般都会实施扩张性的货币政策和财政政策。虽然扩张性政策会刺激经济的复苏，但是为了满足生产和消费的需要，会造成能源需求的旺盛，进而推高能源价格，引发能源危机。受 2008 年美国次贷危机影响，全球金融市场动荡，油价也从历史高点迅速回落。伴随着油价的下降，中国的宏观经济出现了衰退迹象。此时，中国人民银行提出了实行适度宽松的货币政策来应对负面现象，并且采取了一系列降息、降准政策。这些宽松政策在一定程度上增加了能源的需求，导致了能源价格的上升。而能源价格的上升又加剧了供需矛盾，最终引发了能源危机。

3）投资者资金炒作

随着能源金融一体化的推进，能源产品逐渐成为金融投机的工具，这也加剧了能源价格的波动。国际游资利用经济全球化、金融一体化和金融衍生工具的杠杆效应，在国际商品期货市场上进行投资炒作，尤其在能源价格波动较大的时期，投机力量会使能源价格的波动成倍放大。例如，石油跨国公司的石油投机越来越像一种"卡特尔行为"，它们刻意制造出石油供给短缺的现象，使石油期货价格维持高位运行，以赚取超额利润。石油期货市场上存在的投机行为使各个国家平抑国际油价的措施显得苍白无力，从而极易引发能源危机。

（三）风险管控措施

为应对能源市场与金融市场之间的风险传导，可以从以下 3 个方面进行风险管控。

1．多元化投资组合

投资者可以通过在不同类型的能源资产中分散投资，以降低特定风险，这样即使某一能源市场受到冲击，整体投资组合的风险也会得到分散。例如，对于新能源金融投资者而言，采取多元化投资策略是降低投资风险的有效手段。通过分散投资领域、优选龙头企业，以及关注产业链上下游等方式使风险分散，从而提高投资稳定性并实现多元化的投资策略。

2．有效评估和管理风险

投资者和金融机构应建立完善的风险管理体系，及时评估和监控市场风险，并采取相应措施来应对潜在的风险传递。例如，合理使用能源金融市场提供的各种风险对冲工具（如期货、期权和衍生品），投资者可以利用这些工具来对冲特定的风险，以降低风险损失。企业和投资者应加强风险管理意识，建立健全的风险管理制度和内部控制机制，以应对可能出现的风险事件。同时，还应加强与其他企业和投资者的合作与交流，共同应对市场风险。

3．加强信息披露和监管力度

政府和监管机构应加强对能源市场和金融市场的监管力度，及时发现和处置风险事件，防止风险在两个市场之间传递和扩散。提高能源市场和金融市场的信息披露程度有助于投资者更好地了解市场情况和风险状况，从而做出更明智的投资决策。同时，信息披露程度的提高也有助于减少信息不对称和市场操纵等问题。

第三节　能源金融市场的发展现状

一、国际能源金融市场的发展现状

能源金融市场的出现可以追溯到 1886 年。在威尔士的卡迪夫出现了世界上最早的能源交易所——煤炭交易所。随后金融市场的期货、期权等工具不断地应用在农产品和贵金属等商品上，直到 20 世纪 70 年代初石油危机爆发，石油等能源产品价格的剧烈波动直接导致了石油等能源期货的产生。目前全球有四大能源期货交易所，分别为纽约商品交易所（NYMEX）、伦敦国际石油交易所（IPE）、东京工业品交易所（TOCOM）和新加坡交易所（SGX）。国际能源金融交易详情如表 2-3 所示。

表 2-3　国际能源金融交易

交易市场	交易场所	金融产品
石油衍生品交易市场	纽约商品交易所	取暖油期货合约、汽油期货合约、西德克萨斯中间基原油（WTI）期货期权合约、取暖油期权合约、裂解价差合同、裂解价差期权、布伦特原油期货、WTI 和布伦特原油互换和价差期权、WTI 原油和布伦特原油日历价差期权合约
	伦敦国际石油交易所	重柴油期货合约、重柴油期权合约、布伦特原油期货合约、布伦特原油期权合约、WTI 原油期货合约、中东原油期货合约
	东京工业品交易所	汽油和煤油期货合约、日元计价的原油期货合约、中东原油期货合约（与新加坡合作）
	场外交易市场	价差互换、分享互换、障碍期权、裂解价差期权、日历价差期权、混合型策略
煤炭衍生品交易市场	纽约商品交易所	中部阿巴拉契亚（CAPP）煤炭期货合约
	美国洲际交易所	以南非理查德湾装运的煤炭离岸价为标的煤炭合约、以运到荷兰鹿特丹港的煤炭到岸价为标的煤炭合约
	场外交易市场	欧洲市场互换合约、美国煤炭市场互换合约
天然气衍生品交易市场	纽约商品交易所	亨利港（Henry Hub）天然气期货期权合约、Henry Hub 天然气日历价差期权合约
	美国堪萨斯城商品交易所	交割地点在西得克萨斯的 Waha Hub 天然气期货合约
	伦敦国际石油交易所	天然气期货合约
	芝加哥商品交易所	基于英国国家平衡点和美国 Henry Hub 交易中心的天然气互换期货和期权合约
	场外交易市场	期货互换、基差互换、指数互换、摆动互换

续表

交易市场	交易场所	金融产品
电力衍生品 交易市场	场内交易市场	电力期货合约、电力期权合约
	场外交易市场	电力互换合约、电力远期合约、电力差价合约、电力障碍期权、电力回望期权、 电力亚式期权等

（一）石油衍生品交易市场

1982 年纽约商品交易所推出了世界上第一份原油期货合约——轻质低硫原油期货合约，它与英国布伦特原油、中东原油并称为全球三大基准原油。亚太地区的能源金融衍生品交易始于 1989 年，新加坡国际金融交易所推出石油期货合约——高硫燃料。日本作为石油消费大国于 1999 年推出第一张石油期货合约，又于 2001 年推出中东石油期货合约。当前国际石油金融市场交易规模不断攀升，以 2014—2023 年伦敦国际石油交易所石油期货合约交易为例，如图 2-3 所示，石油期货合约总体呈现增长的态势。在国际石油期货市场的交易中，布伦特原油期货合约交易规模所占比重最大，占到伦敦国际石油交易所石油衍生品交易规模的 50%以上，为国际能源企业和投资者进行风险规避和管理提供了重要的工具。

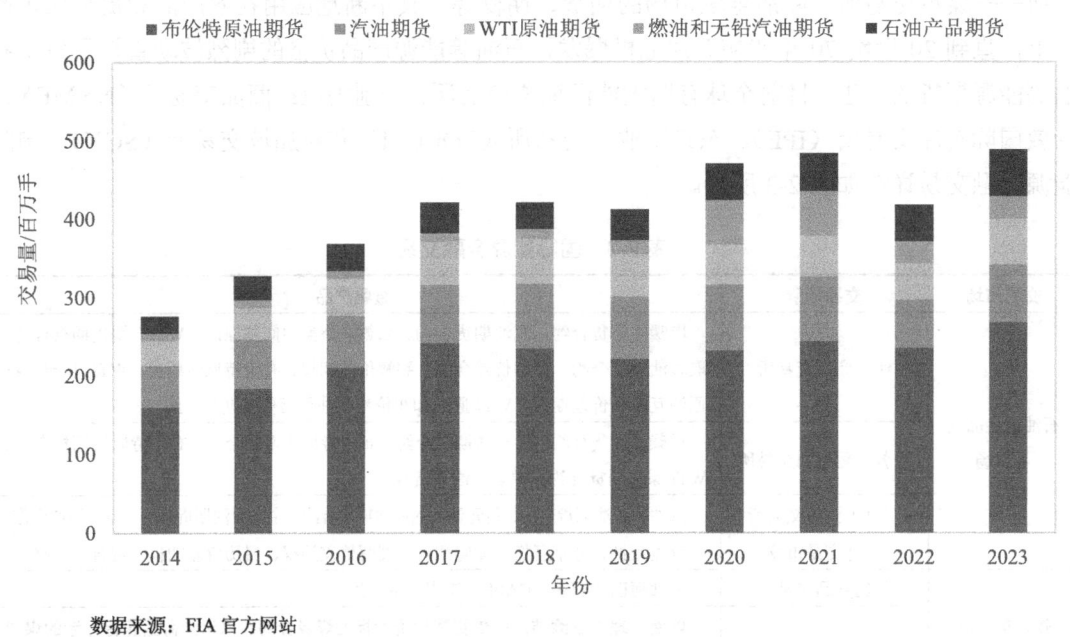

数据来源：FIA 官方网站

图 2-3　2014—2023 年伦敦国际石油交易所石油期货合约交易量

伦敦国际石油交易所上市的石油期权产品 2014—2023 年交易量总体呈增长趋势，如图 2-4 所示，尽管 2019—2022 年增速缓慢，但是 2023 年的交易量还是较 2014 年增长了两倍，其中布伦特原油期权所占比重较大，并且所占比重一直在不断增加，从 2014 年的 62%增长到了 2023 年的 82%。

数据来源：FIA 官方网站

图 2-4　2014—2023 年伦敦国际石油交易所石油期权合约交易量

（二）天然气衍生品交易市场

目前国际上的天然气衍生品规模化和市场化程度较高，并且参与者众多，包括生产商、贸易商、终端消费者、对冲基金、投资银行等，众多的参与者使天然气期货合约呈现交易量大、价格波动幅度宽、流动性强的特点。以伦敦国际石油交易所上市的天然气期货合约为例，如图 2-5 所示，2014—2023 年天然气期货交易量快速增长，与 2014 年交易量相比，其2023 年增长率达到 501%。这主要是因为随着低碳经济的不断发展，天然气作为清洁能源在能源消费中所占的比重不断提高，所以交易量也随之上升。

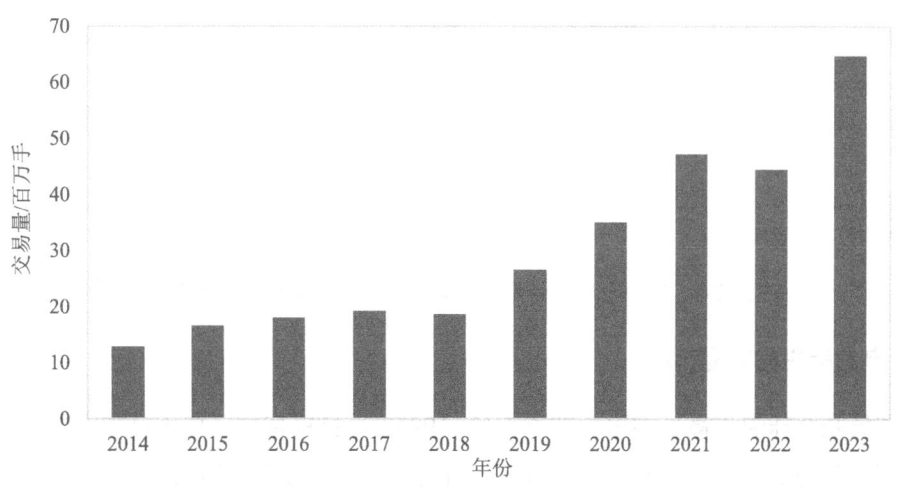

数据来源：FIA 官方网站

图 2-5　2014—2023 年伦敦国际石油交易所天然气期货交易量

（三）煤炭衍生品交易市场

目前全球开展煤炭期货交易的交易所有 3 家，分别推出了不同标的的煤炭期货及煤炭指数期货，包括美国纽约商品交易所推出的以中部阿巴拉契亚煤为标的的期货；洲际交易所推出的以南非里查兹贝港、鹿特丹港煤炭、澳大利亚纽卡斯尔港煤炭为标的的 3 个煤炭指数期货，以及澳大利亚澳洲证券交易所推出的以纽卡斯港煤炭为标的的煤炭期货。美国的煤炭期货自 2001 年上市后交易一直不活跃，而洲际交易所于 2006 年上市的煤炭指数期货，由于采取了现金交割方式，所以交易量有大幅增加。

以纽约商品交易所上市的煤炭衍生品交易量为例，如图 2-6 所示，在 2019—2023 年间电煤与其他煤炭产品的期货交易量迅速下降，但电煤始终占较大比重，焦煤在 2019 年交易量下降为 0 后，次年便退出了纽约商品交易所市场。2023 年，世界上最大的煤炭出口国澳大利亚上市了煤炭期货产品，但也没有成交记录。这主要是因为天然气的竞争，使欧美地区的煤炭消耗有所下降，但亚洲地区的发展中经济体的煤炭需求量仍非常强劲，进而导致国际煤炭市场东移。

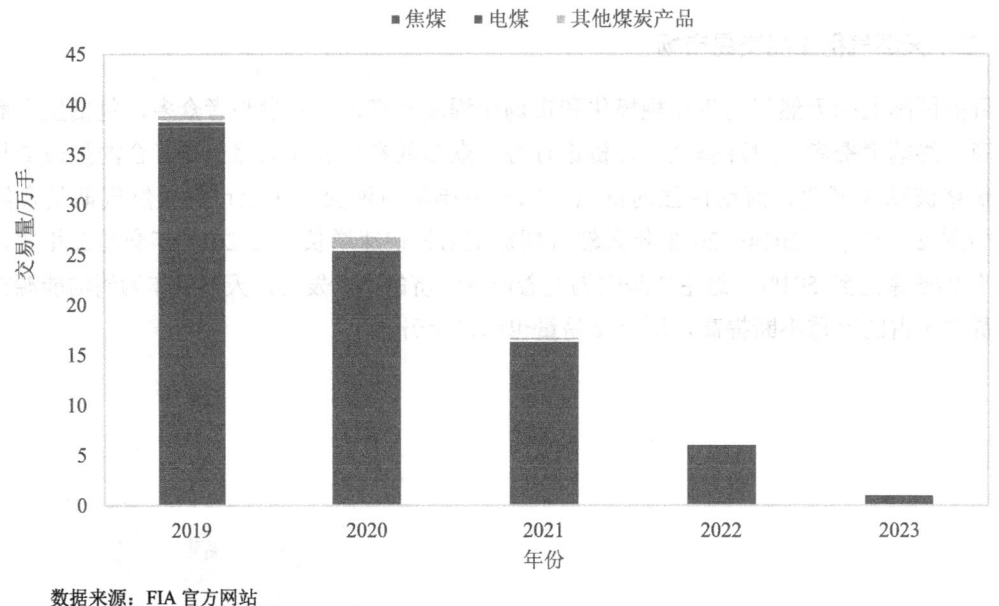

数据来源：FIA 官方网站

图 2-6　2019—2023 年纽约商品交易所煤炭衍生品交易量

（四）电力衍生品交易市场

欧洲市场是全球起步最早的电力期货市场。1993 年，挪威建立了电力远期合约市场；1995 年，北欧期货交易所（Nord Pool）引入了第一个采用现金结算的期货合约，继而又陆续引入了期权和差价合约。随着电力交易规模不断扩大，国际电力衍生品市场也在不断发展。当前，国际电力衍生品市场发展如表 2-4 所示。

表 2-4　国际电力衍生品市场发展

地区	市场模式	交易市场	交易产品
美国	电力市场采用电网调度与电力交易中心一体化、全电量集中竞价的市场模式	纽约商品交易所（NYMEX）	NYMEX 在 1996 年 3 月推出了第一份电力期货合约，同年 4 月推出了电力期权合约；在 2000 年推出了目前交易最活跃的 PJM 电力期货合约。截至目前，NYMEX 已上市了 300 多份电力合约（单位 5MW，交割方式为现金结算）；洲际交易所上市了 90 多个电力合约（单位 1MW）
欧洲	采用中长期实物合同为主、偏差电量通过日前和实时平衡交易进行调节的分散式市场模式	覆盖北欧、荷兰、比利时、德国和英国等区域的欧洲统一电力市场	基荷（Power Base）和峰荷（Power Peak），以及差价合约
澳大利亚	——	悉尼期货交易所和澳大利亚证券交易所	D-cypha 公司在 2002 年 9 月开始推出电力期货，同年 10 月，澳大利亚证券交易所也推出了电力期货。目前上市的合约包括月度基荷合约、季度基荷合约、季度峰荷合约和以 300 澳元/MWh 为下限的下限期货，均采用现金结算
亚洲	——	新加坡交易所	在 2014 年上市了电力季度基荷合约，成为亚洲第一个推出电力期货的交易所，之后又推出了月度基荷合约，均采用现金结算

以 2014—2023 年纽约商品交易所电力衍生品交易量为例，如图 2-7 所示，2014—2016 年电力期货合约交易量较为稳定，占能源期货总交易量的 4%左右，从 2017—2023 年交易量逐年下降，2022 年和 2023 年交易量下降为 0 手。

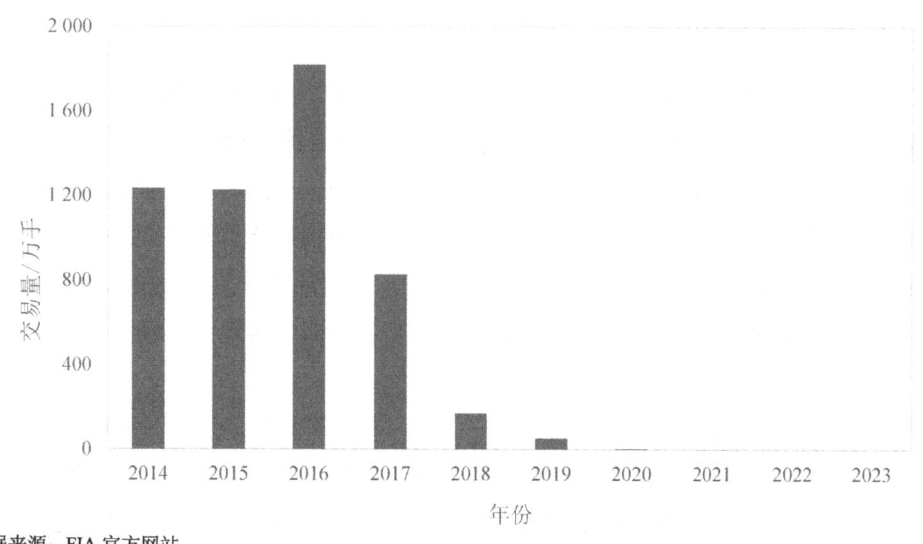

数据来源：FIA 官方网站

图 2-7　2014—2023 年纽约商品交易所电力衍生品交易量

二、国内能源金融市场的发展现状

从中国国内能源衍生品交易规模看，能源金融市场的交易量在总体上呈现持续增长的态势。国内能源金融市场有煤炭衍生品交易市场和石油衍生品交易市场，煤炭衍生品交易市场商品包括大连商品交易所（DCE）以焦煤和焦炭为标的资产的期货合约、郑州商品交易所以动力煤为标的资产的期货合约和期权合约。石油衍生品交易市场商品包括上海国际能源交易中心（INE）以原油、低硫燃料油为标的资产的期货合约，以原油为标的资产的期权合约；上海期货交易所（SHFE）以原油、燃料油等为标的资产的期货合约，以原油为标的资产的期权合约。国内能源衍生品交易如表 2-5 所示。

表 2-5　国内能源衍生品交易

	交易市场	交易场所	金融产品
国内能源金融市场	石油衍生品交易市场	上海国际能源交易中心	中质含硫原油期货合约
			低硫燃料油期货合约
			原油期货合约（1000 桶）期权合约
		上海期货交易所	中质含硫原油期货合约
			燃料油期货合约
			低硫燃料油期货合约
			原油期货合约（1000 桶）期权合约
	煤炭衍生品交易市场	大连商品交易所	焦煤期货合约
			冶金焦炭期货合约
		郑州商品交易所	动力煤期货合约
			动力煤期权合约

（一）石油衍生品交易市场

1993 年年初，原上海石油交易所推出了石油期货交易，后来原华南商品交易所、原北京石油交易所、原北京商品交易所等也相继推出了石油期货合约。1994 年年初，原上海石油交易所的日平均交易量已经超过了世界第三大能源期货市场——新加坡国际金融交易所，但很快由于实行石油政府统一定价而暂停交易。2004 年，燃料油期货重新在上海期货交易所挂牌上市，据统计，自 2004 年上市到 2006 年 7 月 31 日，燃料油期货累计成交金额达到 12 501.4 亿元，日均成交 26.66 亿元，且持仓量稳健增加、交易活跃，客观上已经形成了一个能够切实反映中国燃料油市场供需状况的"中国定价"。

根据上海期货交易所公布的数据，2019—2023 年上海期货交易所石油衍生品市场交易量较为稳定，如图 2-8 所示。其中，原油期货交易量稳定在 5 000 万手左右，燃料油期货合约在中国石油衍生品交易量中占比最大，稳定在 60% 以上，低硫燃料油期货自 2020 年挂牌上市以来交易量稳步增长，截至 2023 年底已经达到 5 161.17 万手，较 2020 年增长了 4.29 倍，原油期权合约从 2021 年在国内挂牌上市以后，尽管交易量与原油和燃料油期货合约交易量相比较小，但近 3 年的交易量呈现出一个快速增长的状态，2023 年成交量较 2021 年增长了 8 倍有余。

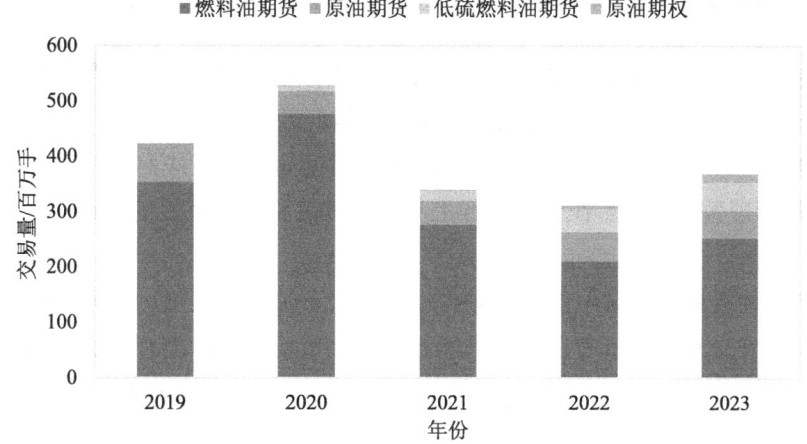

数据来源：上海期货交易所

图 2-8 2019—2023 年上海期货交易所石油衍生品市场交易量

（二）煤炭衍生品交易市场

2019—2023 年国内煤炭衍生品市场的交易量呈现整体下降趋势，如图 2-9 所示。根据大连商品交易所公布的数据，截至 2023 年 12 月，大连商品交易所焦煤期货合约和焦炭期货合约的总成交量较 2020 年的成交量相比下降了 47.83%，成交额下降了 60.43%。其中，2021 年中国煤炭衍生品交易量较高，原因主要在于当年中国煤电占发电量比重高，煤炭需求量大。从郑州商品交易所公布的数据来看，动力煤期货合约交易量在 2019—2021 年间呈现增长趋势，到 2021 年总成交量达到 8 423.6 万手，较 2019 年增长了 3 倍，但随着交易所将保证金和手续费提高到较高水平，动力煤的波动很难覆盖交易成本，最终成为"僵尸"产品。2023 年动力煤期权与期货合约全年总交易量为 0。

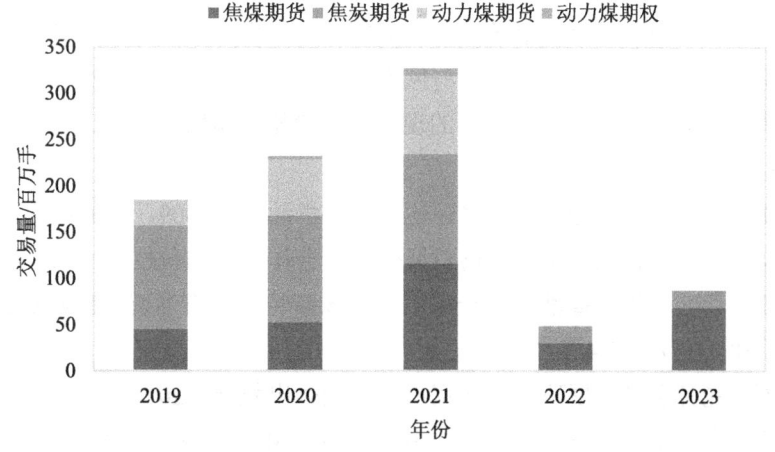

数据来源：郑州商品交易所、大连商品交易所

图 2-9 2019—2023 年国内煤炭衍生品市场交易量

三、国内外能源金融市场的比较

中国国内能源金融市场发展时间较短，与国际能源金融市场相比，存在制度不够完善、产品种类单一、市场参与度不足、交易缺少连续性等问题。

第一，制度不够完善。中国能源金融市场发展时间短，缺乏成熟规范的法律法规监管体系，《期货交易管理暂行条例》在管理执行上具有临时性和弱约束性的特点，制约了期货市场的规范发展。

第二，产品种类单一。国际能源金融市场发达，石油、天然气、电力等衍生品市场，以及场内交易和场外交易市场皆有发展，且能源衍生品市场产品种类有期货、期权、互换等，产品种类丰富。而国内市场由于发展时间短，产品较少，目前仅存在煤炭和石油衍生品交易市场。

第三，交易规模小。与国际能源金融市场相比，国内能源金融市场在多个方面都还处于起步阶段，交易规模相对有限。

第四，交易连续性差。由于中国能源金融市场处于发展初期，交易制度和产品设计不够完善，相关规则和制度尚待进一步健全，这会对市场交易的稳定性产生比较大的影响。

尽管目前中国能源金融市场的发展存在着诸多问题，但随着能源需求的增加和能源供给侧改革的推进，国内能源金融市场将获得更多的发展机遇，随着政府继续推动能源金融创新，金融便利化水平也将逐步提升，为能源金融市场的发展提供良好的政策环境。总体来看，中国能源金融市场存在较大的发展潜力。

参考文献

[1] 张荐华，黄河. 中国能源金融市场发展战略思考. 思想战线，2011，37（03）：74-78.

[2] 钱瑞梅. 能源金融衍生品市场的发展与风险特征研究. 特区经济，2007，（05）：65-67.

[3] 钱瑞梅，杨星. 能源金融衍生品市场的现状及其价格风险特征分析. 价格理论与实践，2007，（02）：58-59.

[4] 李忠民，邹明东. 能源金融问题研究评述. 经济学动态，2009，（10）：101-105.

[5] 薛俭，石少卿. 电力金融衍生品市场发展研究. 合作经济与科技，2022，（04）：84-85.

[6] 王佩，任娜，蔡艺，等. 高油价下全球石油市场新特点和石油贸易新趋势. 国际石油经济，2022，30（06）：35-44.

[7] 李庚生. 中国能源金融发展研究. 北京：中国金融出版社，2014.

[8] 李丽红. 能源金融市场价格风险传导. 中国金融，2017，（06）：83-84.

第三章

能源产业投融资

本章导读

能源产业，作为国民经济发展的核心支柱，其稳健前行离不开投融资体系的坚实支撑。我们需要深入理解能源产业投融资内涵特征，精准掌握各种影响因素，判断潜在风险并准确把握能源投融资发展趋势。本章将深入阐释能源产业投融资内涵，剖析参与主体、投融资方式、收益与风险，从宏观和微观视角全面分析影响因素，梳理能源产业投融资现状并展望其未来的发展趋势。

第一节　能源产业投融资概述

一、能源产业投融资的内涵

（一）能源产业投融资定义

投融资，作为能源产业资源配置的核心关键环节，其内涵丰富，涵盖了决策、筹措及运用资金的全方位策略。能源产业是一个从能源的勘探开采、加工处理到最终销售的全链条企业的综合体。从行业整体的视角来看，投资和融资是推动行业发展的重要因素，在提升行业竞争力、促进资源配置和利用及推动行业转型升级等方面都起着驱动作用。同时，投融资也为产业提供了资金融通、创新驱动、规模扩张、市场拓展等方面的支持，是推动产业发展的重要动力和保障。

能源产业投融资涵盖资金筹集（融资）与资金投入（投资）两大方面。能源产业及企业可以通过多渠道、多方式筹措资金资源，而其他投资主体则依据一定标准，对意向融资主体进行投资，共同推动能源产业投融资进程。能源产业投融资涵盖了对能源产业各个领域的资金支持和投资，旨在推动能源产业的发展，提升能源资源利用效率，促进能源结构转型升级，以及在可持续发展的框架下实现经济效益和社会效益的双赢。

（二）能源产业投融资的特征

按照投资环境要素，本章将从资金需求、投融资周期、融资难度、投融资潜力与政策支持5个方面总结能源产业投融资的特征。

1．资金需求量大

能源产业是一个重要的基础产业，企业规模大，需要大量的资金来支持勘探、开采、加工和销售等过程。传统的能源产业除了要在基本的生产设施建设投入及企业间并购与投资等方面耗费大量的资金，还要注重环境保护，将资金用于环保设施建设、环境治理等，以满足环保要求。新能源产业是资金密集型、技术密集型产业，需要较高的技术研发和改造成本，同时还需要投入大量的人力和财务成本来维持正常经营。以中国为例，在国家"双碳"目标的推动下，能源产业面临的转型压力增加，与之并行的是能源产业投融资的资金需求量只增不减。只有大规模、有效益的能源转化投资，才能在国家宏观层面转化为环境和社会效益，在企业微观层面转化为市场竞争优势和品牌价值，实现经济效益、环境效益和社会效益多赢的可持续发展模式。

2．投融资周期长

能源产业的投融资一般具有周期长的特点。对于传统能源产业来说，一方面，能源产业的投融资规模大，融资周期长，如石油、天然气、核能等项目都需要数十亿甚至上百亿美元的投资。这些资金需要长期积累和投入，因此投融资活动的周期相对较长。另一方面，能源项目往往具有较长的建设周期和投产周期，投资者需要在较长的时间内等待回报。例如，油田开发可能需要数年才能投产，核电站的建设周期也会跨越数年甚至更长时间。对于新能源产业来说，新能源项目的融资期限需要与运营平衡期相匹配。新能源项目的运营盈利往往需要一定的时间，这意味着项目的资金期限应该足够长，以满足项目的盈利周期，确保资金的回收。

3．融资难度大

融资约束是指企业在金融市场上筹集资金时受到若干因素的制约，不能获得所需要的全部资金的一种现象。新能源产业的投融资就面临着融资约束的问题。一方面，由于新能源产业融资需要的资金规模大、回收周期长，很多金融机构和风投公司不愿意将大量的资金投入到这样的项目中，这就形成了新能源产业的融资约束。另一方面，现有的融资方式约束了新能源产业资金到位的情况。新能源产业的主要间接融资方式为银行信贷，而银行设定的信贷融资要求使得很多新能源企业望而却步；新能源产业的直接融资方式主要为股权融资，但受到新股发行流程繁杂的限制，仅有极少数的新能源企业能够成功从资本市场获得融资。此外，商业信用等级也会对新能源产业的融资难度产生影响，只有拥有良好的商业信用评级，才能保证融资效率。但是，很多新能源企业都存在着较高的商业信用风险，这就会对其成功获得融资产生阻碍。

4．投融资潜力大

新能源产业和环境保护投融资的前景非常广阔，随着全球环境和能源问题的日益突出，新能源和环境保护领域的资金需求也越来越大。这些领域的市场潜力巨大，具有很大的发展空间和前景。新能源产业和环境保护投融资的价值在于它们为全球经济增长注入了新的动力。随着全球经济的增长，传统的能源产业和环境状况已经成为全球经济发展的瓶颈。因此，新能源产业和环境保护投融资的兴起为全球经济发展提供了新的机遇和动能。这些领域的投融资不仅可以促进产业升级和技术创新，也可以为就业和消费带来新的机会，从而推动全球经济的繁荣和发展。

5．政策支持力度强

出于对能源安全、环境保护及能源科技创新等方面的考量，各国都加大了对于能源产业投融资的政策支持力度。以中国为例，随着《"十四五"可再生能源发展规划》的出台，国家对新能源产业高度重视，新能源产业投融资有着广阔的发展前景。政府的政策扶持对于新能源产业的投融资起到了至关重要的作用。中国政府高度重视新能源领域的发展，出台了一系列的政策文件，以促进新能源产业的发展，其中，包括政府补贴、税收优惠、研发资金的支持等。这些政策为新能源企业提供了良好的发展环境和资金支持，推动了新能源领域的快速发展，也为新能源领域的投资者提供了大量的投资契机。

二、能源产业投融资的方式

（一）投资方式

1．按照投资对象的不同分类

能源产业的投资方式按照投资对象的不同可以划分为传统能源投资和新能源投资两类。

1）传统能源投资

传统能源投资通常指的是投资于传统能源产业，包括石油、天然气和煤炭等化石燃料。这类投资涉及开采、生产、运输和销售传统能源资源的公司或项目。投资者可以选择在这些领域投资股票、基金或直接投资于相关项目。虽然传统能源面临着资源枯竭、环境污染等问题，但在短期内难以完全被新能源替代。传统能源仍然在全球范围内占据着重要地位，尤其是石油和天然气等传统能源在能源消费中仍占据着较大比重。传统能源的市场占比虽有下降趋势，但其总量仍然庞大，市场份额依旧维持在较高水平。

2）新能源投资

新能源投资通常指的是投资于新型清洁能源产业，如太阳能、风能、水能、生物质能和地热能等。这类投资涉及开发、建设和运营新型可再生能源项目，以及相关的技术研发、制造和销售。新能源以其污染物排放量较低，对环境影响较小的优点，在全球范围内得到了迅速发展和广泛应用，吸引了大量的投资和关注。随着新能源技术的不断成熟和创新，新能源在全球能源市场中的份额将逐渐增加。特别是近年来，太阳能和风能等清洁能源在全球范围内得到了快速发展，市场份额逐渐提升。

2．按照投资形式的不同分类

能源产业的投资按照投资形式的不同可以划分为直接投资和间接投资两类。

1）直接投资

直接投资指的是将资本直接投入生产经营，以形成实物资产，或者购买现有企业并深入参与企业的经营管理。在能源产业中，直接投资的形态因参与者的身份而异。当能源企业作为投资者时，其直接投资表现为对外直接投资；当能源企业作为融资对象时，直接投资则体现为其他投资者对能源产业的直接资本投入。

2）间接投资

间接投资是指投资者通过购买公司债券、金融债券或公司股票等有价值的证券，以获取利息和股息收入，而不直接参与企业的日常经营管理。与直接投资相比，间接投资更加灵活，投资者主要享有定期获得投资收益的权利，不直接参与企业的决策和运营。

在能源产业中，间接投资同样根据参与者的身份而有所不同。当能源企业作为投资者时，它们进行的间接投资表现为对外间接投资；当能源企业成为融资对象时，间接投资则体现为其他投资者对能源产业的间接资本投入。能源企业的对外间接投资主要通过购买其他企业的债券和股票来实现，以此获取利息和股息，实现资产的保值增值。

（二）融资方式

1．政策性融资

政策性融资是根据国家的政策，以政府信用为担保的。政策性银行或其他银行对一定的项目提供的金融支持，包括政策性贷款、政策性担保、财政贴息、专项扶持基金、政策性投资等。政策性融资在能源产业中发挥着重要作用。政府通过出资、政策扶持等方式充分利用自身资源和优势，引导社会资本参与到能源产业建设中来，以弥补市场机制的不足，推动清洁能源和可持续能源的发展，促进能源产业的转型升级。

常见的绿色债券融资和PPP（Public-Private Partnership，公私合作伙伴关系）模式也属于政策性融资的范畴。绿色债券是指募集资金专门用于支持符合规定条件的绿色产业、绿色项目或绿色经济活动。绿色债券作为绿色金融体系的重要组成部分，有助于推动能源产业低碳转型；PPP模式即政府和社会资本合作，是一种公私合作的投融资模式，适用于大型基础设施和项目建设。近几年，PPP模式被广泛应用于新能源项目，能有效解决项目的融资难题并提供政府支持。

2．银行贷款融资

银行贷款融资是指企业向银行申请贷款，以获取资金用于企业的投资、经营或发展。这种融资方式是企业获取资金的主要途径之一，通常涉及一系列的借贷手续和协议，包括贷款金额、利率、还款期限、抵押物等条件。银行作为金融机构，通常为能源企业提供贷款和融资。无论是传统的煤炭、石油和天然气产业，还是新兴的太阳能、风能和生物能产业，银行都在为其提供资金支持。银行通过与能源企业签订贷款协议，在还款期限和利率等方面与其达成一致并为其提供所需的资金。这种金融支持不仅能够满足能源企业的资金需求，还可以推动能源产业的发展。

3．股权融资

股权融资是指企业的股东愿意让出部分企业所有权，通过企业增资的方式引进新的股东，同时使总股本增加的融资方式。对股权融资所获得的资金，企业无须还本付息，但新股东将与老股东同样分享企业的盈利。能源企业可以通过私募股权或上市来获取资金支持。股权融资的优势在于企业能够获得大额资金，并且可以与投资者共享项目的风险和回报。然而，股权融资也可能意味着失去一定的控制权和股权。此外，股权融资需要满足特定的法律和监管要求，并且可能需要支付相关的费用。

4．其他融资方式

资产证券化是将企业的资产转化为可交易的证券，再通过市场发行和交易来融资的方式。在新能源项目的投融资中，资产证券化是其常用的融资方式，通过将项目的未来收益权或其他资产进行打包和切割，获得所需的资金。近年来，资产证券化在能源领域的普及速度呈现出加快趋势，特别是在可再生能源领域，资产证券化已经成为一种重要的融资手段。

众筹融资是指通过网络平台为项目发起人筹集从事某项创业或活动的小额资金，并且由项目发起人向投资人提供一定回报的融资模式。目前能源产业已实现的众筹融资项目相对较少，较为典型的案例是联合光伏与国电光伏和网信金融（众筹网）等共同启动光伏互联金融战略合作，通过互联网众筹模式在深圳前海联合开发 1MW 的分布式太阳能电站项目。

三、能源产业投融资的收益与风险

（一）能源产业投融资的收益

能源产业投融资产生的收益基本上指的是投融资的经济收益，通常包括资本收益、股息收益、利息收益、租金收益及分红收益。

1．资本收益

资本收益是投资者投资行为的一种回报，它是指投资者在投资中所获得的超额收益，包括资本增值收益和其他以资本为基础的收益，也包括由持有资本资产而获得的各种非现金性利益。资本收益通常以资本收益率为衡量指标，用以反映企业运用资本获得收益的能力。能源产业投融资的资本收益主要来自投资能源项目的盈利、能源资产增值及资本市场交易等多个方面。

2. 股息收益

股息收益是指股份公司从提取了公积金、公益金的税后利润中按照股息率派发给股东的收益，可以通过股息收益率来计算。股票买进后价格的变动并不影响现有持有者的收益率，但会改变新购买者可得到的股息收益。能源产业投融资的股息收益是指投资者持有能源公司股票所获得的收益。能源公司通常会将其盈利的一部分作为股息分配给股东，以示对其投资的回报。以兖矿能源为例，2021 年、2022 年和 2023 年的股息率分别为 12.8%、8.5% 和 9.9%，累计派现超过 699 亿元。

3. 利息收益

利息收益是指持有债券、存款、理财产品等金融资产所获得的利息收入，也指借款人支付给出借人的报酬。在能源产业投融资中，利息收益通常指的是投资者通过购买能源公司发行的债券所获得的利息收入。能源公司可能会通过发行债券来筹集资金并用于资本支出、项目开发或其他经营活动，持有这些债券的投资者将会获得相应的利息收益。例如，宁德时代 2023 年全年利息收入高达 83 亿元，从 2023 年 12 月 31 日宁德时代的负债及所有者权益结构来看，公司的资本引入战略以经营负债为主，同时结合金融负债，形成了协同驱动的多元化资本结构。

4. 租金收益

租金收益通常指的是通过出租或租赁房地产或其他资产而获得的收益。租金收益的确认，一般应于租金已经收到或取得了获取租金收入凭证时，确认租金收入的实现。在能源产业投融资中，租金收益通常指的是投资者通过租赁能源相关设施或资产而获得的收益。这可能包括租赁石油、天然气或其他能源资源的采掘权，租赁发电厂、输电线路或其他能源设施，以及与租赁相关的设备和技术等。能源产业中的租金收益可以涉及多种形式的租赁安排，包括长期租赁、轮换租赁、融资租赁等。例如，截至 2023 年年末，兴业金租围绕风电光伏新能源累计投放绿色租赁业务规模超过 2 000 亿元，绿色租赁业务余额约 450 亿元，约占公司总融资租赁资产的 40%。

5. 分红收益

分红收益是股份公司每年在盈利中按股票份额的一定比例支付给投资者的红利。红利虽然也是公司分配给股东的回报，但它与股息的区别在于：股息的利率是固定的，特别是对优先股而言；而红利数额通常是不确定的，它随着公司每年可分配盈余的多少而上下浮动。在能源产业投融资中，红利收益和股息收益都是投资者通过持有能源公司股票而获得的收益，但前者强调公司实际分配给股东的利润部分，而后者则注重投资者投入资金所获得的回报率。例如，2024 年 5 月，中煤能源股份有限公司发布公告，提议实施特别分红和 2024 年度中期分红，每股派发含税现金红利 0.113 元，合计 15 亿元。

（二）能源产业投融资的风险

能源产业投融资风险是指投融资者从事能源相关的投融资活动时，由于政治、经济、环境和资源等因素引发的不确定性事件，导致投融资收益不及预期，甚至产生损失的可能性。能源产业投融资主要面临政策、市场、技术、环境和地缘政治等方面的风险。

1. 政策风险

政策风险是指政府有关政策发生重大变化或是有重要的举措、法规出台，引起市场的波动，从而给市场主体带来的风险。政策风险往往会受到广泛的环境变动的影响：第一，政府的更迭、政党在权力结构中的地位变动、国内外政治关系的变化等都可能导致政策风险的波动；第二，经济增长率、通货膨胀率、失业率等宏观经济指标的变动可能会促使政府调整相应的产业政策；第三，对环保、可持续发展的重视程度可能会导致相关政策的调整，从而影响到能源产业的发展方向。

政策变动可能会给能源产业链上的各个主体带来不同的风险和机遇：政府能源政策的调整可能会影响项目的盈利能力；市场准入和监管环境的变化可能会增加投融资成本；政治风险和国际市场政策的不确定性也会对投融资造成影响。

2. 市场风险

市场风险是指未来市场价格的不确定性对企业实现其既定目标的影响，可以分为利率风险、汇率风险、股票价格风险和商品价格风险。能源产业投融资所面临的市场风险大致涉及以下方面。首先是宏观经济环境带来的风险，包括通货膨胀、利率波动、国际贸易政策等因素对能源市场的影响。其次是需求波动的风险。由于经济周期、政策变化或新技术的推动，市场需求波动导致能源产业投融资的回报不确定性增加。最后是价格波动带来的风险。受到供需关系、生产成本、国际竞争等因素的干扰，能源价格会产生波动。

3. 技术风险

技术风险是指在技术开发、应用或实施过程中可能发生的各种不确定因素，可能影响项目进度、成本和质量的风险。技术风险首要的是技术更新迭代风险。新技术发展导致传统能源技术过时，投资项目存在技术淘汰风险。再者是运营风险。设备故障、安全事故等因素都会对生产运营产生影响。能源技术的不断创新和进步，无疑为投资者带来了机遇，但也伴随着一定的技术风险。能源产业项目往往需要依靠尖端技术和设备才能实现高效能源转化和利用。

4．环境风险

环境风险指的是企业或投资者在经营活动中，由于自然环境变化或人类活动对环境造成的影响而可能发生的风险。能源产业投融资所面临的环境风险主要包括以下几个方面。一是碳排放约束风险。随着全球对气候变化关注的增加，能源产业将面临碳排放约束的风险。二是环境监管风险。能源产业投资项目需要遵守各种环境保护法规和标准，包括大气污染、水污染、土壤污染等方面的限制。三是资源开采影响的风险。能源资源的开采和利用可能会对当地生态环境造成负面影响。四是生态修复责任风险。能源产业在资源开采过程中可能会对当地生态环境造成损害，需要承担相应的生态修复责任。若未能履行生态修复义务，企业可能会面临法律诉讼和声誉受损风险。

5．地缘政治风险

地缘政治风险是指由地缘位置、政治制度、战争和其他法律因素引起的无法预测的政治、经济、社会活动的风险。首先，能源产业往往会受到国际地缘政治紧张局势的影响，例如，国家之间的冲突、制裁或贸易战可能会导致能源市场价格波动，增加投资和融资的不确定性；其次，许多能源生产国都存在政策不确定性，政府可能会调整针对外资、合作伙伴的政策，以及资源开采的相关政策，这种政策变化可能会对投资者和融资方造成损失。其他需要注意的是能源运输通道的安全问题，能源从生产地到消费地需要通过各种运输通道，包括海上运输、管道运输等，这些通道的安全会受到地缘政治风险的影响。

第二节　能源产业投融资的影响因素

一、能源产业投融资的影响因素——宏观角度

（一）政策和法规

政策和法规通过设定能源产业的操作框架和标准来影响能源产业投融资。政府制定科学合理的政策和法规，能够为能源产业投融资提供良好的环境和条件。一方面，国家能源政策的稳定性和连续性变化可能会导致投资者对能源项目的预期收益和风险进行重新评估，进而影响投资决策；另一方面，政府的税收政策和融资政策将直接影响企业的融资成本。优惠的税收政策可以降低企业的税收负担，增加企业的盈利空间；政府提供的融资支持和担保措施可以降低企业的融资难度和成本，提高企业的融资能力。

（二）宏观经济环境

宏观经济环境通过影响能源需求、投资回报预期和能源价格来间接影响能源产业投融资。宏观经济的增长不仅会带动能源需求的增加，还会带来更高的投资回报预期，吸引更多的资本进入能源领域。这有助于能源企业筹集资金，扩大生产规模及提高能源供应能力。随着国际能源市场的不断发展和完善，中国能源价格将逐渐与国际市场接轨，从而反映真实的能源供需关系和价格水平，为能源产业投融资提供更准确的市场信号。

（三）市场需求

市场需求对能源产业投融资的影响体现在 3 个方面。第一，市场需求增长推动能源产业投融资增长。市场需求的增长决定了能源市场的规模，市场规模越大，能源产业投融资的潜力就越大。第二，市场需求变化影响能源产业投融资方向。随着全球气候变化和环境保护意识的增强，清洁能源的市场需求持续增长，并吸引了大量资本进入清洁能源领域，以满足市场需求的变化。第三，市场需求稳定性影响能源产业投融资的风险。市场需求波动较大，企业可能面临原材料供应不足、产品销售不畅等问题，进而影响项目的投资回报率，提高投融资的风险。

（四）技术进步

随着技术的进步，清洁能源如太阳能、风能等逐渐具备了商业化条件，减少了人们对传统能源的依赖。科技创新还推动了能源产业的数字化转型，通过大数据分析和人工智能等技术，能源企业可以更好地监测和管理能源使用，降低能源浪费和环境污染。能源企业因此获得更好的环保评价和税收优惠，从而提高能源项目的投资回报率。虽然技术进步为能源产业投融资带来了机遇，但也伴随着一定的风险。新能源技术迭代速度加快，可能会导致前期投资的传统技术项目面临技术落后和被市场淘汰的风险。除此之外，技术进步可能会导致市场需求的快速变化。在评估能源项目时，投资者需要密切关注市场动态并及时调整投资策略，以降低产能过剩等问题。

（五）国际合作与贸易

国际合作与贸易能够通过提升能源投资产品和服务的市场开放性，推动能源投资方式的多元化发展和分散能源投融资风险来影响能源产业投融资。第一，能源企业打破地理壁垒进入国际市场，可以促进可再生能源产品的市场份额扩大，从而吸引资本进入能源投资领域；第二，除了直接投资外，能源企业还可以通过购买国际能源企业的股票、债券、基金等金融产品进行投资，以及利用能源期货、期权等衍生品进行风险管理；第三，通过在国际市场上进行多元化投资，能源企业可以减少对单一市场或项目的依赖，降低能源供应中断、价格波动等风险，提高整体投资组合的稳定性，维护能源产业投融资市场的安全。

二、能源产业投融资的影响因素——微观角度

（一）企业规模

经济学理论认为，在一定的范围内，企业规模的扩大会带来边际收益的增加，从而产生规模效应，摊薄融资成本。另外，大规模企业拥有雄厚的资本实力和完善的管理体系及多样化的融资渠道，使得其在能源产业投融资竞争中处于优势地位。具体来说，雄厚的资本实力和完善的管理体系等资源，可以帮助大规模企业更好地应对市场波动和政策变化带来的风险，以保持自身业务的稳定性，并提高投资者的投资信心。融资渠道多样化意味着其更容易从银行、投资者或其他金融机构获得资金支持，以满足庞大的资金需求。

（二）企业经营能力

企业经营能力对能源产业投融资的影响体现在资金利用效率、信用评级、风险控制能力和盈利机制 4 个方面。第一，经营能力强的企业通常拥有较高的资金利用效率，为其能源产业投融资项目提供稳定的现金流支持；第二，经营能力越强的企业信用评级越高，在借贷和发行债券时能够享受更低的融资成本，有利于企业扩大融资规模，以支持其能源项目的实施；第三，经营能力强的企业往往风险控制能力较强，能够更有效地识别、评估和管理项目风险，确保项目的顺利实施和收益的成功实现；第四，在能源产业投资中，投资者更倾向于选择具有稳定盈利机制和可持续发展潜力的企业，以实现长期稳定的投资回报。

（三）企业资本结构

企业资本结构对能源产业投融资的影响体现在企业偿债能力、企业再融资能力及企业产权归属 3 个方面。第一，企业资本结构中的债务比例反映了企业的偿债能力。一旦市场环境发生变化或企业经营状况出现波动，偿债压力较大的企业就会降低投资者对企业的信心，进而阻碍能源产业投融资项目的顺利进行。第二，资本结构在一定程度上决定了企业的再融资能力。对于能源产业投融资项目来说，再融资的成功与否直接关系到项目的持续发展和投资回报的顺利实现。第三，资本结构决定了企业的产权归属和不同投资主体的权益。股权资本与债权资本的比例反映了股东和债权人之间的权益分配和风险承担情况，合理的资本结构可以平衡股东和债权人的利益诉求，提高能源产业投融资项目的成功率。

（四）企业创新和研发能力

企业创新和研发能力的提升可以推动能源技术的进步和产品的创新，快速响应市场变化和消费者需求，并及时开发出具有市场竞争力的产品和服务，以提高项目的整体价值，带来潜在的投资高回报，从而降低项目的运营风险和市场风险。此外，企业还可以利用专利、商标等成果进行知识产权质押，进一步拓宽融资渠道，以获得银行贷款、风险投资等外部资金支持，增强投资者对项目的信心，提高投融资的成功率。

第三节　能源产业投融资现状

一、能源投资现状

（一）国际能源投资现状

1. 传统能源投资

在国际方面，整体来看，2015—2022 年全球能源产业投资总额呈现上升的趋势。如图 3-1 所示，2015—2020 年全球能源产业投资金额较为平稳，2020—2022 年，全球能源产业投资金额直线上升，由 2020 年的 2.1 万亿美元大幅增长至 2022 年的 2.8 万亿美元，同比增长 33.03%，行业投资热情持续高涨。

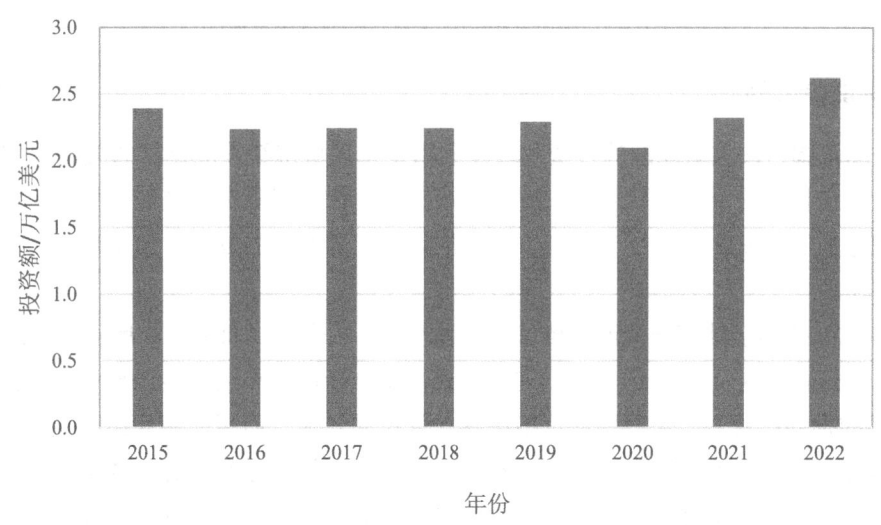

数据来源：World Energy Investment 2023

图 3-1　2015—2022 年全球能源产业投资总额

2015—2022 年全球传统能源投资情况如图 3-2 所示。2015 年至 2019 年，由于气候变暖日益严重及能源转型的需要，全球传统能源投资整体呈现下降的趋势。2020 年至 2022 年，全球传统能源投资出现小幅度的上升，部分原因是碳捕集、利用与封存（CCUS）技术的发展，以及传统能源 "压舱石" 的作用。发展新能源是大势所趋，是能源转型的必然。但是，传统能源和新能源并不是非此即彼，而是一种互补的关系，传统能源具有长期支撑和兜底的作用，在未来相当长的一段时间内仍将发挥保障能源安全的基石作用。

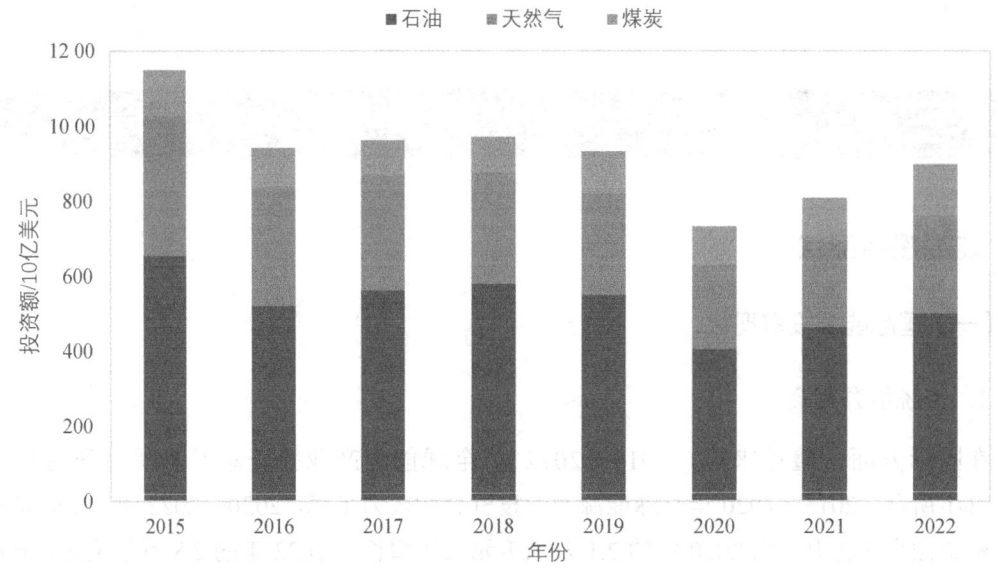

数据来源：World Energy Investment 2023

图 3-2　2015—2022 年全球传统能源投资情况

2．新能源投资

在全球范围内加大新能源的投资和开发利用是实现可持续发展目标的关键，也是实现《巴黎协定》预定目标的重要举措之一。随着应对气候变化的国际努力及能源低碳化逐渐成为共识，越来越多的国家积极出台了政策措施以推动新能源产业的发展，使全球新能源投资的规模不断增加。

2015—2023 年全球清洁能源投资情况整体呈现上升趋势，如图 3-3 所示。2023 年，全球清洁能源投资总额为 1 740 亿美元。宏观来看，全球新能源和清洁能源投资增长主要来自以下 3 方面的推动：首先，化石燃料价格高涨，且波动较大，而新能源和清洁能源的成本逐渐降低；其次，随着气候问题日益严重，各国将气候问题与能源安全目标紧密结合，积极给予新能源和清洁能源产业政策支持；最后，随着新能源和清洁能源的发展，各国工业都在进行转型升级，积极在新能源和清洁能源中寻求经济增长点。另外，近年来新能源和清洁能源的成本总体呈现连续下降的趋势，这是新能源和清洁能源投资增长的最关键因素。

1）太阳能投资

2023 年上半年，全球太阳能投资同比增长 43%，达到 2 390 亿美元，创下新高。其中，中国约占所有大型和小型太阳能投资的一半，占主导地位的原因包括组件价格下跌、屋顶光伏市场的强劲发展，以及中国能源大基地的投用。美国作为太阳能第二大投资国，2023 年上半年在大型和小型太阳能领域的投资额达到 255 亿美元，比 2022 年上半年增长 75%。此外，德国、波兰和荷兰的投资额也创下了历史新高，并且欧洲能源危机扩大了这些国家在太阳能方面的需求。得益于专用于氢气生产的 NEOM 光伏电站的实现，沙特阿拉伯在太阳能投资方面也实现了令人瞩目的增长。

但是，机遇往往与挑战并存。虽然全球市场预期稳定向好，但是全球光伏发电新增装机仍面临不确定性。受当地因素限制，如电网接入、土地和劳动力获取问题等，各国推进光伏发电项目落地仍存在挑战。

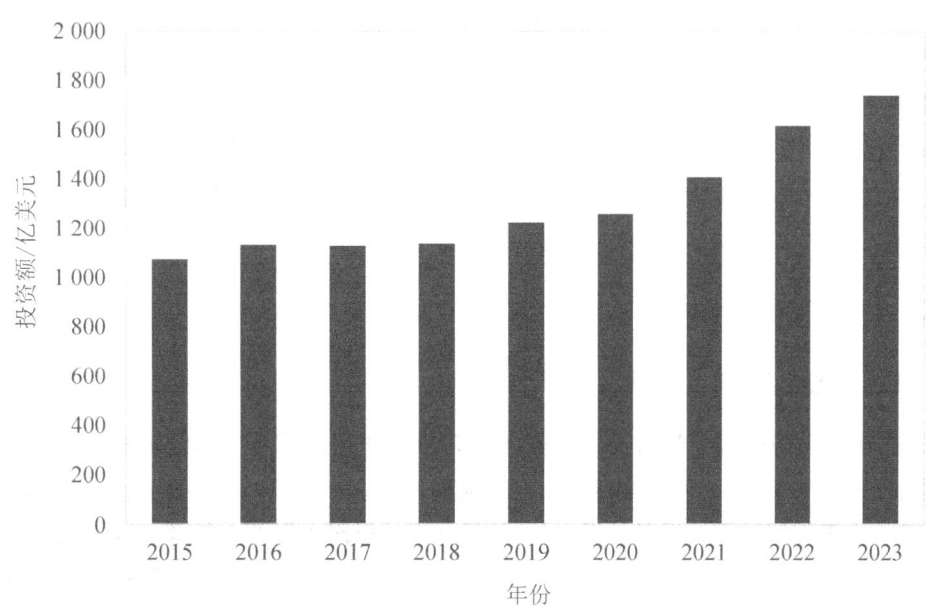

数据来源：World Energy Investment 2023

图 3-3　2015—2023 年全球清洁能源投资情况

2）风能投资

目前，风力发电也是新能源体系的重要组成部分。风是一种没有公害的能源，利用风力发电十分环保，且能够产生的电能非常巨大。因此，越来越多的国家开始重视风力发电。

2023 年，全球风电新增装机容量达到 117 吉瓦，创历史新高，比 2022 年增长了 50%。2023 年，全球风电累计装机容量突破了 1 太瓦，同比增长 13%。其中，2023 年全球陆上风电新增装机容量达到 106 吉瓦，同比增长 54%。中国和美国是全球最大的两个陆上风电新增市场，其次是巴西、德国和印度。

2023 年，全球海上风电总投资创历史新高，达到 590 亿美元，其中欧洲地区的投资总额为 330 亿美元，规模高于全球其他地区。同时，各国风力发电的重点正转向海上。2023 年全球海上风电装机容量新增 10.8 吉瓦，同比增长 24%，总装机容量达到 75.2 吉瓦。中国 2023年新增装机容量达到 6.3 吉瓦，连续 6 年在海上风电开发方面处于领先地位。

3）核能投资

核能是一种清洁、低碳、高效、运行稳定的能源形式，人类自 20 世纪中叶和平利用核能以来，核能在保障能源安全、推动能源转型、助力碳达峰碳中和及气候目标实现中发挥着重要作用。

在气候问题带来的能源转型需求及能源供应危机下，全球多国开始重新审视核能的作用，制定了一系列核能发展战略并开展了诸多行动。俄罗斯明确了核能作为绿色能源的地位，计划建造小型核电厂、建立无废物能源技术平台、开拓核技术市场并研发新型核燃料；美国确定了保持现有反应堆持续运行、启动先进反应堆部署、开发先进核燃料循环系统、保持核能领域领导地位等目标；法国为现有核电机组延寿、兴建第二代欧洲先进压水堆、开发创新型核反应堆进行部署；日本将重启核反应堆，并且计划以新一代反应堆替代决定报废的反应堆。

截至 2023 年年底，全球在 32 个国家和地区共运行 413 台核电机组，总装机容量 37 151 万千瓦。2023 年全球核能发电投资达到了 630 亿美元，比 2022 年增加了 100 亿美元，并仍在持续增长。

（二）国内能源投资现状

1. 传统能源投资

中国在塑造全球能源趋势方面发挥着举足轻重的作用，随着中国经济增长放缓、结构调整及新能源使用的增长，这种影响力也在不断提高。在过去 10 年中，中国占全球石油使用量增长的近 2/3，占天然气使用量增长的近 1/3，并且一直是煤炭市场的主导者。2015—2022 年中国能源投资总额不断攀升，如图 3-4 所示。2023 年，全国建设及开工的能源重点项目完成投资额约 2.8 万亿元，同比增速较 2022 年高出 1.6 个百分点。

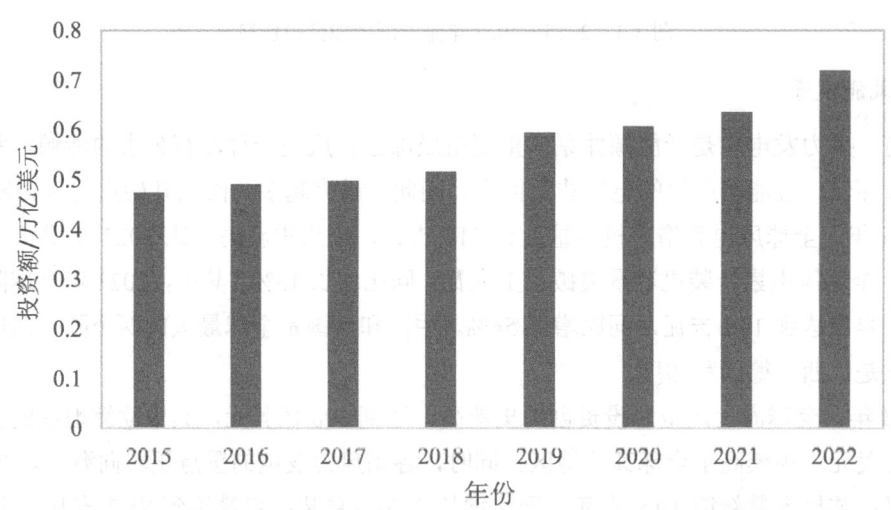

数据来源：World Energy Investment 2023

图 3-4　2015—2022 年中国能源投资总额

在传统能源方面，2020—2022 年中国传统能源投资情况呈现上升趋势，如图 3-5 所示，与全球传统能源投资变动趋势相同，这一增长主要得益于国家对能源安全的重视及煤炭作为主要能源的战略地位。不同的是，全球传统能源投资以石油为主，而中国传统能源投资以煤炭为主。这主要是因为中国能源消费与生产以煤炭为主导，煤炭消费量占能源消费总量的半数以上。煤炭有"压舱石"功能，可以保障能源稳定供给，但同时也有产煤地区集中、产品质量参差不齐，以及污染严重的问题。近年来，伴随中国石油炼制产业日益发展壮大，中国已经成为全球第二大石油炼制国，但也存在着石油生产与消耗量不匹配，成品油过剩的问题。中国天然气行业起步较晚，其开采技术水平无法满足相应的需求，因而天然气消费更多依赖进口，能源投资总额较为稳定。

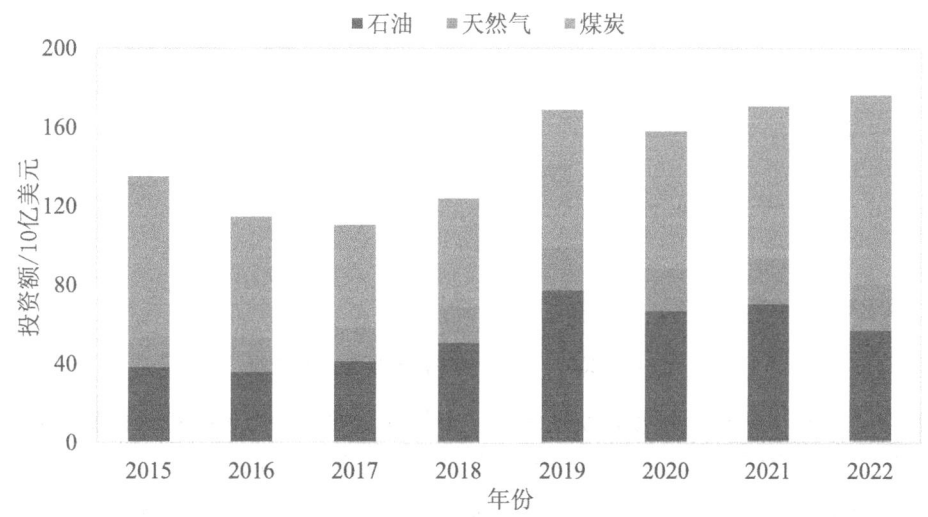

数据来源：World Energy Investment 2023

图 3-5　2015—2022 年中国传统能源投资情况

2. 新能源投资

中国传统能源产业已发展 40 余年，为积极应对减碳的政策，能源生产与消费结构不断优化。能源产业作为碳减排的重点领域之一，对中国实现"双碳"目标影响深远，在此背景下，新能源产业的发展成为不可阻挡的趋势。2009—2019 年中国新能源投资情况整体呈现上升趋势，如图 3-6 所示。近年来，中国新能源投资快速增长，2023 年新能源完成投资额同比增长超过 34%。从地域分布来看，新能源产业投资资金分布区域主要在内蒙古、新疆、江苏、广东与安徽，这 5 个地区总体占比约为 47.1%。

此外，中国已在积极参与全球治理、加强国际合作、引领全球可再生能源发展等方面做出了重大贡献，并且不断鼓励社会各界加入绿色低碳发展的行动中。近年来，中国参与新能源海外投资的积极性不断提高，特别是以光伏和风电为主的海外项目开发与投资已初具规模，遍布南亚和东南亚、欧洲、大洋洲及拉丁美洲等重点区域。

1）太阳能投资

中国在能源领域具有技术、成本优势和长期稳定的政策环境，在推进全球能源革命尤其是降低全球太阳能发电成本方面发挥了重要作用，是全球太阳能领域的领跑者。全球太阳能电池板的制造能力越来越多地从欧洲、日本和美国转移到中国，中国在太阳能电池板领域中的投资和创新也一直处于领先地位。

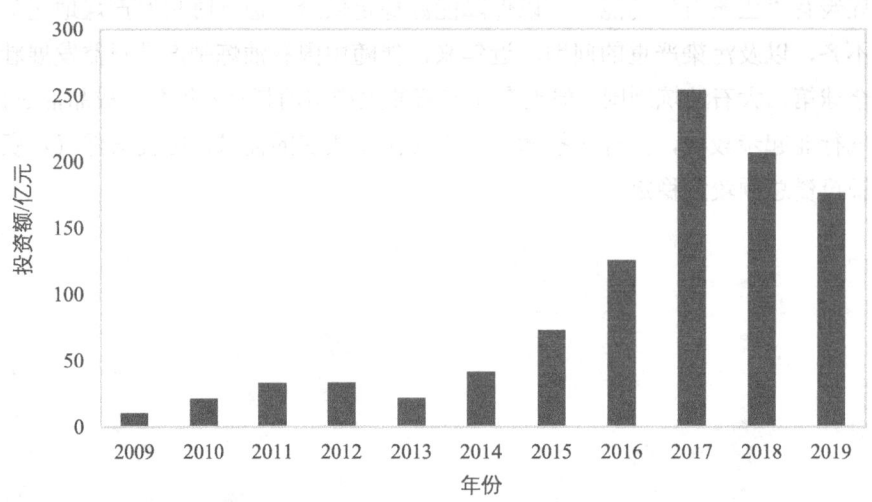

数据来源：前瞻产业研究院

图 3-6　2009—2019 年中国新能源投资情况

2023 年，中国太阳能领域投资快速增长，市场的主要驱动力包括对可再生能源和电力的需求不断增长、温室气体排放减少的要求及太阳能光伏系统成本的下降。2023 年，中国太阳能发电完成投资额超过 6 700 亿元，云南、河北、新疆等 3 个省（自治区）集中式光伏完成投资额同比增速均超过 100%。

中国太阳能潜力十分巨大，目前，中国的太阳能装机容量已经超过世界上其他任何国家。2023 年上半年，中国集中式光伏新增装机 3 746.0 万千瓦，分布式光伏新增装机 4 096.3 万千瓦，户用光伏新增装机 2 152.2 万千瓦。截至 2023 年 6 月底，中国光伏累计装机已达到 4.7 亿千瓦。

此外，中国是全球太阳能发电产品的主要供货方。2023 年 1 月至 11 月，中国太阳能发电产品出口规模同比增长 33%，欧洲市场、亚太市场、美洲市场、中东市场的需求均持续提升。

2）风能投资

在风能领域，中国在全球市场上占据主导地位。目前，中国在风能领域的投资正在快速增长，2023 年风电完成投资额超过 3 800 亿元，辽宁、甘肃、新疆 3 个省（自治区）陆上风电投资加快释放，广东、山东 2 个省新建大型海上风电项目投资集中释放。

中国的风电主要以华北地区、西北地区及华东地区为主。2022 年，中国华北地区风电装机 8 819 万千瓦，占比 26.9%；西北地区紧随其后，风电装机 7 505 万千瓦，占比 22.8%；华东地区风电装机 6 440 万千瓦，占比 19.6%。

同时，随着全球海上风机大型化的推进，中国风电行业也逐渐向海上风电发展。海上风电与陆上风电相比，存在稳定性高、风速大、易消纳的特点。2021 年中国海上风电单机容量平均约为 5 700 千瓦，欧洲则达到了 8 500 千瓦，相较于海上风电发展成熟的欧洲国家，中国海上风电单机容量目前仍然较低。因此，中国的风能领域投资仍有较大的发展空间。

３）核能投资

核电作为一种安全、清洁且高效的能源，是中国能源供给体系的重要分支。相比水、风、光等能源形式，核能能量密度高、无供电间歇性，并且在清洁制氢、区域供热、海水淡化、同位素生产等领域有着巨大的应用潜力。因此，发展核能已成为中国现阶段保障能源安全和实现能源转型的必然选择。

2023年中国新核准5个核电项目，新开工5台核电机组。目前，中国在建核电机组26台，总装机容量3 030万千瓦，持续位居全球第一。同时，中国核电发电量也在持续增长，2023年达到4 333.71亿千瓦时，位居全球第二。相较于燃煤发电，2023年中国核电发电相当于减少燃烧标准煤超过1.3亿吨。2019年至2022年，中国核电工程建设投资完成额依次为335亿元、378亿元、538亿元、677亿元。2023年中国核电投资总额达到949亿元，创下历史新高。

然而，尽管中国核电发电量居全球第二，但发电量占比却较低。2022年，中国核电装机总量占全国电力装机总量的2.2%，发电量为4 177.8亿千瓦时，同比增加2.5%，约占全国总发电量的4.7%，远低于全球平均约10%、经合组织成员国平均约18%的水平，可见中国核电发电仍有较大的发展空间。

二、能源融资现状

（一）传统能源融资

目前，中国传统能源产业的融资模式主要包括银行贷款融资、股权融资、债权融资等。2023年中国煤炭行业融资需求降低，债券发行规模明显减小，这主要受益于2022年煤炭价格大幅上涨环境下企业效益的明显改善。2023年1月至11月，中国煤炭企业发行的债券金额合计2043亿元，较2022年同期减少431.57亿元。中国石油行业融资事件数量整体呈现上升趋势，从2016年的9起增加到2022年的16起；中国天然气行业仍处于早期发展阶段，2016—2022年中国天然气行业融资事件数量较少，均小于10起，如图3-7所示。在金额方面，2020年和2021年连续两年融资规模超过1 000亿元，其余年份融资金额规模相对较小。

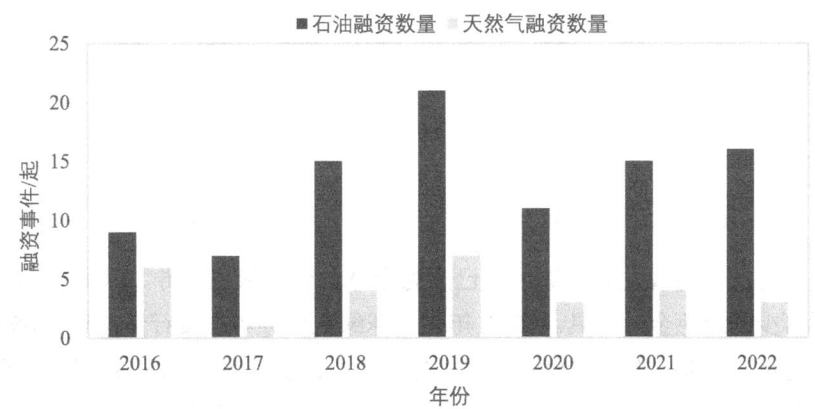

数据来源：前瞻产业研究院

图3-7　2016—2022年中国石油、天然气行业融资情况

随着科技的不断进步，传统能源产业需要进行技术创新和数字化转型，以提高效率和降低成本。这也为企业带来了新的融资机会，如绿色金融和科技创投等。正确选择融资渠道，把握新的融资机会，将有助于传统能源产业保持竞争优势，实现可持续发展。

（二）新能源融资

新能源产业和清洁能源产业的创新要求高，资金投入量大且周期长，因此需要长期的大额资金作为发展的支撑，主要的融资方式有股权融资、债权融资、供应链融资和融资租赁等方式。

在股权融资方面，2013—2022年中国新能源产业一级市场股权融资情况呈现波动上升趋势，如图3-8所示，从融资事件来看，2016—2020年融资事件在一定区间内波动上升，从2021年开始，中国新能源产业投融资事件呈现直线上升，年均融资事件超过250起。从融资金额规模来看，近年来中国新能源领域的融资金额总体呈现波动增长的趋势，高峰期发生在2022年，共有24起单起10亿元以上的大额事件发生，其中单起融资最高达182.94亿元，行业投资热情持续高涨。

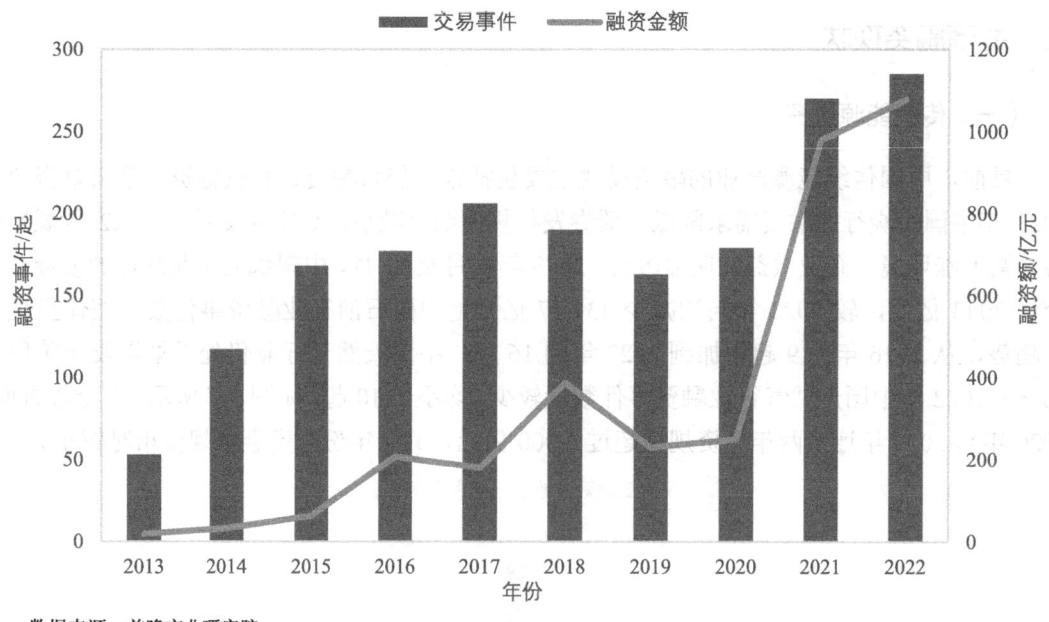

数据来源：前瞻产业研究院

图3-8 2013—2022年中国新能源产业一级市场股权融资情况

在债券融资方面，随着发展低碳经济已成为全球共识，绿色债券、气候债券已经成为新能源领域必不可少的绿色金融工具。2021年，全球绿色债券年度发行量超过5 000亿美元，达到5 130亿美元。美国、中国和德国处于领先地位，2021年绿色债券发行量分别为835亿美元、682亿美元和633亿美元。2023年中国在境内及离岸市场发行了总额为0.94万亿元人民币的绿色债券，连续两年成为世界最大的绿色债券发行市场。

第四节　能源产业投融资发展趋势

一、能源产业投融资研究发展趋势

能源产业投融资作为推动能源产业特别是新能源产业发展的关键因素，已经成为学术界研究的热点。学者们通过深入分析和探讨这些问题，为能源企业制定科学合理的投融资策略提供了理论支持和实证依据，能源产业投融资领域正呈现出多元化和深入化的发展趋势。

（一）能源产业投融资影响因素备受关注

能源产业投融资影响因素的相关研究为能源产业的健康发展提供了理论支持和实践指导，促进能源结构的优化和产业的升级，逐渐成为理论界的热点话题。最初学者们更多的是从宏观的政府补贴（Lach，2002）、市场竞争程度（Nielsen，2002；杨兴全等，2009）等因素对能源产业投融资进行探讨。随着研究的不断深入，学者们开始从经济政策的不确定性（李凤羽等，2015）、环境规制（Liu 等，2021）的角度来探究能源企业投融资的影响机理。面对能源转型，能源产业投融资的研究则更关注企业产权（喻坤等，2014）和企业高层管理者的能力（潘前进等，2015）等微观因素的研究探讨。

（二）能源产业投融资策略成为研究热点

随着全球性环境问题的加剧，碳中和成为国际热点问题，学术界对能源产业投融资策略的整体研究方向从传统能源产业领域转向新能源产业领域。主流研究阐述了"双碳"战略目标下新能源的投资逻辑选择（徐进等，2021；陈威等，2024），旨在对未来新能源产业的投资策略进行指导（赵细康，2021）。在碳中和背景下，有学者结合行业发展现状和政策环境，以储能科技企业的融资策略（周莹等，2022）和电力企业的投资策略（Zhang 等，2024）等为研究对象，深入探讨能源企业的投融资策略问题。

（三）能源产业投融资研究日益聚焦于投融资效率

学术界对能源产业投融资效率的关注度日益提高，学者们正不断探索政府政策（Kumbhakar 等，2009；陈德球等，2017；宋杰，2018）、融资约束（连玉君等，2009；应千伟等，2012）和企业的腐败行为（申宇等，2016）等多方面因素对企业投融资效率产生影响的机制。自"企业融资效率"命题提出（曾康霖，1993）以来，研究多采用模糊综合评价法（魏开文，2001）、灰色关联分析法（伍装，2005）和 DEA 方法（刘力昌等，2004；翟华云，2012）测度能源企业的融资效率，而对能源投资效率的测算则使用双边随机前沿模型（赵国浩等，2015）。

（四）能源产业投融资风险研究进展愈发显著

学术界对能源产业投融资风险问题的研究具有实际的市场需求和应用价值。因此，如何识别投融资风险、明确风险的评价方法、构建有效的风险管理体系，进而提高能源项目的投资效率和成功率成为学术界关注的焦点。首先，学者们从企业自身的资本结构和国家政策的变动与市场情绪（Kuta，2003）、政策盈利能力及技术（王良，2010）等角度进行能源投融资风险的识别；然后，运用主成分分析法和 Logistic 回归方法建立信用风险评价模型（熊熊等，2009）、层次分析法结合专家打分（徐宁等，2019）等方法对能源投融资风险进行评价；最后，通过以替代采用回收阈值（Jackson，2010）、建立对外投资风险控制体系（王健刚，2013）等措施实现能源投融资风险的管理。

二、能源产业投融资实践发展趋势

（一）能源产业投融资规模扩大

随着全球对可再生能源和清洁能源的需求不断增长，能源产业投融资市场的规模预计将持续扩大。2022 年，全球低碳能源转型投资总额首次突破万亿美元（约为 1.1 万亿美元），较上年增加 2 610 亿美元，增幅达 31%。政府政策的支持、社会资本的参与及国际合作的增加都将推动投融资规模的增长。各国、各地区推出大量政策、法案助力本土清洁能源供应链建设，推动能源转型发展，助力能源产业投融资规模的扩大。

（二）能源产业投融资结构优化

绿色金融产品和工具不断创新，如绿色债券、绿色基金等为能源产业的绿色转型提供了资金支持。绿色投资在能源产业投融资结构中的占比逐渐增加，清洁能源产业大额投资事件频发。能源产业的投资主体和融资渠道更加多样化。投资主体不仅有国有企业，还有民营企业、外资企业及风险投资基金等。在传统的银行融资基础上，能源类企业也正在构建包含政策融资、外商投资、权益融资、内源融资等多样化的融资渠道。

（三）政策环境改善

各国政府为应对气候变化和推动能源转型，纷纷出台了一系列支持可再生能源发展的政策，包括税收优惠、补贴、绿色信贷、风险补偿机制等，规范了能源市场的运行秩序，为能源产业投融资提供了法律保障和更为明确和稳定的政策环境。例如，美国发布《保护供应链以实现清洁能源转型战略》并颁布《通胀削减法案》，欧盟通过《重新赋能欧盟计划》和《绿色协议工业计划》等。

（四）风险意识提升

投资者和金融机构对能源产业投融资风险的认识日益加深，开始建立和完善风险管理制度，借助现代信息技术手段对技术的可靠性、经济效益及潜在的技术替代风险进行全面评估，旨在帮助企业和投资者精准地识别、预警、评估和管理能源产业投融资中的各类风险，及时发现潜在风险并采取相应措施进行应对，以降低技术风险带来的损失。

（五）新能源发展方兴未艾

随着世界能源形势的变化和人们环保意识的增强，新能源产业迎来了历史性的发展机遇。新能源技术的不断提升和成本的不断降低，使新能源企业的利润和市场份额不断攀升，特别是在风能、太阳能、储能等领域的新能源企业进步飞速。得益于政策环境的支持、市场需求的提高和技术创新的提升，新能源已经成为全球经济可持续发展的重要组成部分，因而其市场需求将继续增长。2023 年，新能源完成投资额同比增长超过 34%，显示出市场对新能源领域的投资热情持续高涨。

（六）国际合作深化

在"一带一路"等国际合作框架下，各国政府纷纷发布政策文件，如《能源发展战略行动计划》《能源生产和消费革命战略》等，明确提出拓展能源国际合作、构筑连接世界的能源合作网，这为能源产业投融资国际合作提供了有力的政策支撑。中国已经与 90 多个国家和地区建立了政府间能源合作机制，与 30 多个能源类国际组织和多边机制建立了合作关系，参与双多边能源合作机制近百项，签署了 100 多份能源合作文件，这些机制和文件的建立，为能源产业投融资提供了稳定的国际合作平台。

参考文献

[1] LACH S. Do R&D subsidies stimulate or displace private R&D? Evidence from israel. The Journal of Industrial Economics，2002，（4）：369-390.

[2] NIELSEN M J. Competition and irreversible investments. International Journal of Industrial Organization，2002，20（5）：731-743.

[3] 杨兴全，吴昊旻. 行业特征、产品市场竞争与公司现金持有量. 经济评论，2009，（01）：69-76.

[4] 李凤羽，杨墨竹. 经济政策不确定性会抑制企业投资吗？. 金融研究，2015，（4）：115-129.

[5] LIU L，ZHAO Z，ZHANG M. The effects of environmental regulation on outward foreign direct investment's reverse green technology spillover: crowding out or facilitation? Journal of Cleaner Production，2021，284：124689.

[6] 喻坤，李治国，张晓蓉，等. 企业投资效率之谜：融资约束假说与货币政策冲击. 经济研究，2014，（5）：106-120.

[7] 潘前进,王君彩. 管理层能力与资本投资效率研究:基于投资现金流敏感性的视角. 中央财经大学学报,2015,(2):90-97.

[8] 徐进,董达鹏. "双碳"战略目标下新能源的投资策略与逻辑选择. 新能源科技,2021,(12):5-9.

[9] 陈威,罗文,梁开荣,等. 基于非合作:合作两型博弈的新能源投资策略研究. 系统科学与数学,2024.

[10] 赵细康. 新能源的替代演化路径与投资策略. 新经济,2021,(04):12-15.

[11] 周莹,李治燕,周松. "碳中和"背景下储能科技企业融资策略研究:以张家口可再生能源研究院储能产业化公司为例. 财会通讯,2022,(22):149-155.

[12] ZHANG M,SONG W,LIU L. Optimal investment portfolio strategy for carbon neutrality of power enterprises. Renewable and Sustainable Energy Reviews,2024,189:113943.

[13] KUMBHAKAR S C,PARMETER C F. The effects of match uncertainty and bargaining on labor market outcomes:evidence from firm and worker specific estimates. Journal of Productivity Analysis,2009,(31):1-14.

[14] 陈德球,陈运森,董志勇. 政策不确定性、市场竞争与资本配置. 金融研究,2017,(11):65-80.

[15] 宋杰. 经营不确定性与公司税收激进度相关性研究:基于内部信息环境视角. 财会通讯,2018,(24):116-120.

[16] 连玉君,苏治. 融资约束、不确定性与上市公司投资效率. 管理评论,2009,21(01):19-26.

[17] 应千伟,罗党论. 授信额度与投资效率. 金融研究,2012,(5).

[18] 申宇,赵静梅. 吃喝费用的"得"与"失":基于上市公司投融资效率的研究. 金融研究,2016,(03):140-156.

[19] 曾康霖. 怎样看待直接融资与间接融资. 四川金融,1993,(11):21-21.

[20] 魏开文. 中小企业融资效率模糊分析. 金融研究,2001,(6):67-73.

[21] 伍装. 中国中小企业融资效率研究. 软科学,2006,(1):132-137.

[22] 刘力昌,冯根福,张道宏,等. 基于 DEA 的上市公司股权融资效率评价. 系统工程,2004,(1):54-59.

[23] 翟华云. 战略性新兴产业上市公司金融支持效率研究. 证券市场导报,2012,(11):20-24.

[24] 赵国浩,杨毅,朱莉莉. 中国能源投资效率的测度分析. 数量经济技术经济研究,2015,32(02):99-112.

[25] 熊熊,马佳,赵文杰,等. 供应链金融模式下的信用风险评价. 南开管理评论,2009,12(04):92-98+106.

[26] 王健刚. 构建国有企业对外投资风险控制体系的管理模式研究. 上海管理科学,2013,35(02):87-89.

第四章

能源虚拟金融

本章导读

在当今这个能源转型和金融创新并行的时代，能源虚拟金融作为一种新兴的交叉领域，正在逐渐展现出其独特的价值和潜力。目前，能源虚拟金融的研究重点是能源金融工具，尤其是能源金融衍生工具。本章从介绍能源虚拟金融的发展历程开始，带领大家一起进入能源虚拟金融的世界。首先，辨析能源虚拟金融的概念、剖析其内涵，在此基础上认识能源金融衍生工具；然后，放眼世界，站在全球视角分析和理解能源金融衍生工具市场的发展，认识主要的合约、交易所；最后，将目光聚集到中国，介绍中国能源金融衍生工具市场的发展现状，结合中国实际情况对未来发展进行展望。本章旨在为读者提供一个全面的视角，深入探讨能源虚拟金融的基本概念、发展历程、市场现状及其未来趋势。

第一节　能源虚拟金融概述

能源与金融的融合是能源产业资本与金融资本不断整合的结果，两者的不断优化聚合，体现出能源虚拟金融的特征与趋势。能源虚拟金融是能源与金融深度融合的必然方向，也是经济发展的客观必然。

一、能源虚拟金融的定义

在通常情况下，金融被定义为资金的融通，在此基础上可以将虚拟金融定义为虚拟货币资金的融通，即人们出于风险转移或信用创造等动机将货币或有价证券当作商品进行交易。金融的虚拟化是从金融工具的虚拟化开始的，支票的出现意味着资金融通无形化的开始，常见的衍生工具，如期货、期权及远期等都属于虚拟金融的一部分（曾康霖，2018）。佘升翔等

（2007）将能源虚拟金融定义为：能源市场主体在与能源有关的资本市场上进行能源实物、期货、期权、债券、汇率等金融资产的套期保值、组合投资或投机交易。何凌云（2014）认为能源虚拟金融是随着能源金融一体化而衍生出的一种形式，同时又在一定程度上促进了能源与金融一体化，虚拟化的能源金融本身就是市场化的金融。

综合各方观点，本书认为能源虚拟金融的本质是市场化的能源金融，其核心在于通过金融工具在能源金融市场上进行套期保值以规避现货交易风险或进行投机套利。目前，能源虚拟金融的主体集中在能源金融衍生工具市场，尤其是能源期货和期权市场。

二、能源金融衍生工具

能源金融衍生工具是一种新型金融产品，其基本标的包括石油、原油、天然气、煤炭等能源产品，通过金融工具进行即期和远期金融衍生交易。能源金融衍生工具市场的发展不仅有助于吸纳社会闲散资金、拓宽投融资渠道，还对企业风险管理具有重要意义，尤其在市场经济条件下。此外，它对于各国的能源安全、金融安全和政治安全同样具有不可忽视的作用。

能源金融衍生工具主要包括能源期货、能源期权、能源远期和能源互换等 4 类。在这些衍生工具中，能源期货和能源期权的发展规模最大，成熟度也最高。

（一）能源期货

期货交易是指在期货交易所内集中买卖期货合约的交易活动。期货合约是指由期货交易所统一制定的、规定在将来某一特定的时间和地点交割一定数量和质量商品的标准化合约。根据合约标的物的不同，期货合约可以分为金融期货和商品期货，而能源期货就属于商品期货的一种。能源期货是指以能源产品为标的的期货合约。根据标的商品不同又可将其分为石油期货、天然气期货、电力期货等。能源期货具有价格发现、套期保值和风险规避的功能。

石油期货合约是最具代表性和最重要的能源期货合约。第一份原油期货合约是纽约商品交易所（NYMEX）于 1983 年推出的轻质低硫原油期货合约，这种原油被称为西得克萨斯中间基原油（WTI）。WTI 原油期货合约是世界上流动性最好、交易最为活跃的原油期货合约之一，也是全球石油市场受欢迎的交易方式之一。这个合约的推出标志着金融衍生品在能源市场的成功推广，为能源产业提供了重要的风险管理工具。

（二）能源期权

期权是市场经济发展到高级阶段的产物。正式的期权交易产生于 20 世纪 70 年代，芝加哥期权交易所建立后第一次出现了标准化的期权合约，但有期权性质的交易可以追溯到几千年以前。根据标的资产不同，期权分为股票期权、股票指数期权、外汇期权、利率期权、金融期货期权和商品期货期权。能源期权属于商品期货期权的一种，其交易的是能源期货合约的买卖权。目前世界上交易的能源期权合约包括原油期权、天然气期权、电力期权及燃料油期权等。期权具有对冲控制风险、提供投机机会、度量市场波动风险、推动市场创新的作用。通过购买期权，投资者能够对冲不利的价格变动，同时保持受益于价格有利变动的潜力，例如，发电商可能购买看跌期权以保护自身免受价格下跌的影响。

（三）能源远期和能源互换

远期合约是最基本的衍生品之一，是指在确定的将来时间按照确定的价格购买或出售某项资产的协议。目前，能源远期合约最主要的是电力远期合约。

能源互换合约和金融互换合约类似，合约双方在一段时间内交换支付固定和浮动价格。能源互换合约一般不涉及实际能源的交换，只做金融结算。以电力互换合约为例，如图 4-1 所示，假设电力用户①和电力用户②分别向各自的电力供应商购电。其中电力用户①需要支付 1 元/千瓦时的变动价格，而电力用户②需要支付 2 元/千瓦时的固定价格。在这种情况下，两个电力用户就可以签订互换协议。电力用户①支付电力用户②1.5 元/千瓦时的固定价格，虽然多支付了 0.5 元/千瓦时，但是规避了价格风险；电力用户②支付电力用户①1.5 元/千瓦时的变动价格，这样，电力用户②通过承担价格风险，减少了 0.5 元/千瓦时的支付。通过互换协议，合同双方根据自身的风险偏好和风险承担能力，可以各取所需，实现共赢。

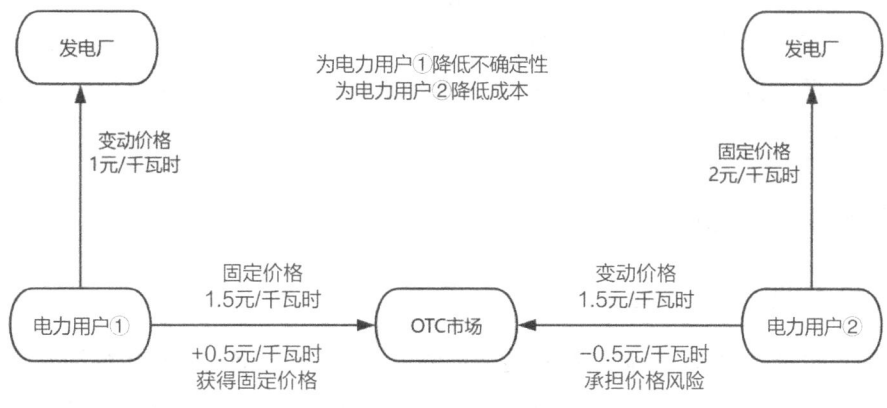

图 4-1 电力互换合约

三、能源虚拟金融的作用

能源虚拟金融在能源领域的作用广泛而深远。在国际主流能源市场上，由虚拟金融市场所推动的虚拟能源交易量远远超过实体金融与实体能源的交易量。发展能源虚拟金融可以减轻实体金融的压力，同时逼迫能源产业走完的市场化之路和创新之路。发展能源虚拟金融是中国能源金融化的必经之路，而所谓虚拟化的能源金融，本质就是市场化的能源金融。

第一，能源虚拟金融具有显著的风险规避功能。能源期货通过套期保值业务帮助生产经营者有效地回避、转移或分散现货市场的价格波动风险。套期保值策略涉及在期货市场买进或卖出与现货数量相等但交易方向相反的商品期货。当期货合约临近交割时，现货价格与期货价格趋于一致，使得投资者在一个市场出现亏损时，能在另一个市场获得盈利，从而有效地规避了价格风险。

第二，能源虚拟金融具有价格发现功能。能源期货通过其公开、公正、高效和竞争的交易机制，生成真实、预期、连续和权威的价格。期货交易所汇聚了大量的买家和卖家，他们在此分享关于某种商品供求关系及其变动趋势的信息。这种集中的信息使得期货价格能够准确地反映真实的供求状况及其价格变动趋势，为公众所广泛接受。期货价格还具有示范作用，有助于形成合理的现货市场价格。

第三，能源虚拟金融可以优化能源产业结构和拓宽投融资渠道。能源产业是一个资本技术密集、投资回报周期较长的重点行业。能源的勘探使用、技术创新、产业升级等过程都需要大量的资金投入，能源企业常常面临"资金缺口"，所以金融支持就尤为重要。一方面，能源期货可以发挥金融杠杆的调节作用，通过信贷支持能源产业建设，利用信贷结构调整来引导资金流向，从而优化能源产业结构；另一方面，也可以通过证券市场、资本市场，或应用能源衍生工具来提供多元化的支持，引导能源企业利用现代金融市场来拓宽投融资渠道。

第四，能源虚拟金融可以为政府宏观经济政策的制定提供重要参考，增强国际贸易中的定价能力。它可以丰富金融产品的种类，为投资者提供多样化的投资组合选择和策略。总体而言，能源虚拟金融是现代经济体系中不可或缺的组成部分，对促进经济发展和稳定具有重要作用。

四、能源虚拟金融的风险

（一）能源虚拟金融风险定义

在能源虚拟金融领域，风险是指在能源金融市场上，由于各种不确定性因素导致经济损失或收益波动的可能性。这类风险通常与能源产品的价格波动、交易对手的信用状况、市场的流动性，以及宏观经济和政策变动等因素紧密相关。能源虚拟金融涉及的是金融衍生品市场，这些衍生品的复杂性和市场的波动性也带来了特有的风险，包括但不限于价格风险、信用风险、流动性风险和环境风险等。

（二）能源虚拟金融风险类型

1. 价格风险

价格风险指的是由于能源市场供需变化、市场预期调整、投机行为、国际政治和地缘政治事件等引起的能源价格的不确定性变动，导致投资者在金融市场持有的能源相关金融资产（如期货、期权、股票等）价值出现波动，从而可能产生损失的风险。

能源产品的价格，特别是原油，已经越来越多地受到金融市场因素的影响，而除基于供需关系的基础价格之外，还包括基于期货市场交易的金融溢价。如果期货市场上的交易者对某些宏观经济指标或政策变化做出过激反应，那么可能会导致能源价格的剧烈波动。

2. 信用风险

信用风险主要指在能源金融市场交易中，市场信息的不透明或不对称导致投资者对交易对手的信用状况评估不准确，或者由于交易对手财务困难、破产或其他原因无法按照合约条款进行支付或交割，履行其财务义务，进而给投资者带来损失的风险。在能源虚拟金融化过程中，当市场出现极端价格波动时，交易对手违约的可能性就会增大，从而导致信用风险增加。

3. 流动性风险

流动性风险指的是在能源金融市场上，由于交易量不足，能源金融产品数量和种类有限，价格透明度太低，导致市场参与者无法在短时间内以合理成本将持有的金融资产转换为现金或其他支付手段，从而可能遭受损失的风险。

4. 环境风险

环境风险主要指由于气候变化影响能源生产和供应、自然灾害导致能源生产设施损坏或运输中断等环境因素，对能源金融市场造成的潜在影响。环境风险可能影响能源项目的投资回报、能源供应的稳定性，以及能源金融产品的市场表现。例如，洪水、干旱或飓风可能会破坏能源基础设施，影响能源公司的运营和财务状况。

除了以上风险，在能源虚拟金融中还存在以下风险：技术风险，如技术故障或安全漏洞可能导致交易中断、数据丢失或资金被盗；政策和监管风险，如税收调整、环境法规更新或金融监管加强，可能影响能源企业的运营成本和盈利模式，进而影响相关金融资产的表现；碳市场风险，碳市场的发展为能源市场带来了新的交易机制和风险，碳价格波动也可能影响能源企业的成本和盈利能力；能源转型风险，能源低碳转型可能会导致传统能源需求的减少，相关资产面临贬值的风险，同时新能源项目的投资也存在技术和市场接受度的不确定性。

（三）能源虚拟金融风险应对

1. 加强市场监管

制定或更新相关法律法规，明确能源虚拟金融市场的监管框架、市场参与者的权利与义务，以及违规行为的法律后果，同时建立或强化专门的监管机构，负责监督能源虚拟金融市场的运行，确保市场活动符合法律法规要求。例如，中国在推出原油期货时，上海国际能源交易中心（INE）制定了详细的交易规则和监管措施，包括对交易者的资金要求、持仓限制、保证金比例等，以防市场被操纵和过度投机。

2. 完善风险管理体系

首先，识别能源虚拟金融市场中可能面临的各种风险，包括市场风险、信用风险、流动性风险、操作风险、法律风险等；其次，对识别的风险进行评估，确定风险的可能性和影响程度，并对风险进行分类和排序，以确定风险管理的优先级；最后，制定风险控制措施，包括风险避免、风险转移（如通过保险或衍生工具）、风险减轻和风险接受等策略。

3. 采取多元化投资策略

通过多元化投资策略来分散风险，减少对单一能源市场或金融产品的依赖，提高整体投资组合的抗风险能力。投资者将资金分配到股票、债券、现金等不同的资产类别中，以减少单一资产类别的波动对整体投资组合的影响。同时，在不同行业（如能源、科技、医疗保健、金融等）之间分配投资，以减少特定行业风险的影响。

4. 增强市场透明度

通过要求能源企业和金融机构提供更全面、更及时的财务报告和业务运营信息，包括但不限于财务状况、盈利能力、风险敞口和风险管理措施。公开能源虚拟金融市场的交易数据，包括交易量、价格波动、主要交易者的身份等，确保投资者能够获取准确、及时的市场信息，增强市场参与者的信心，以做出更为明智的投资决策，促进市场稳定、健康的发展。

第二节　国际金融衍生品市场发展

一、国际能源期货市场发展

（一）国际能源期货市场的发展历程

1978 年，纽约商品交易所（NYMEX）成功推出了取暖油期货合约，这标志着能源期货市场正式诞生；1983 年，纽约商品交易所推出了西得克萨斯中间基原油（WTI）期货合约，目前西得克萨斯中间基原油期货合约已成为全球最重要的大宗商品合约；1988 年，伦敦国际石油交易所推出布伦特原油期货，欧洲原油期货市场正式出现；1989 年 2 月，新加坡国际金融交易所（SIMEX）推出亚洲首个石油期货合约，以此满足新加坡燃料油市场的需求。

1990 年，纽约商品交易所推出的亨利港（Henry Hub）天然气期货合约（目前被认定为全球天然气交易的基准），标志着全球天然气期货市场正式诞生；1997 年，伦敦国际石油交易所发布了首份天然气期货合约，欧洲天然气期货市场也开始出现；2003 年，荷兰 TTF 天然气推出期货合约。

1996 年，挪威引入了世界第一份电力期货合约，电力期货市场诞生；2014 年，新加坡交易所（SGX）上市了电力季度基荷合约，成为亚洲第一个推出电力期货的交易所。

2001 年，纽约商品交易所推出了以中部阿巴拉契亚动力煤为基准品的动力煤期货合约，这一合约标志着煤炭期货市场的初步形成。

（二）主要能源期货市场

1. 纽约商品交易所

纽约商品交易所主要石油衍生产品是西得克萨斯中间基原油期货合约，此外还交易取暖燃料、天然气、煤炭、电力和丙烷等期货和期权合约，于 2008 年被芝加哥商品交易所收购。

纽约商品交易所的西得克萨斯中间基原油轻质低硫原油期货（交易代码 CL）是世界上交易最为活跃的原油期货合约，日成交量为近百万手。目前纽约商品交易所已上市了超过 300 多份电力合约（单位 5MW，交割方式为现金结算）。2023 年，全球能源期货种类交易量前 15 名里，纽约商品交易所占据两种：西得克萨斯中间基原油期货（第 8）和亨利港天然气期权（第 8）。截至 2024 年 4 月，芝加哥商品交易所能源期货交易总量为 165 百万手。以下是近年纽约商品交易所部分能源期货交易量（见图 4-2、图 4-3）。

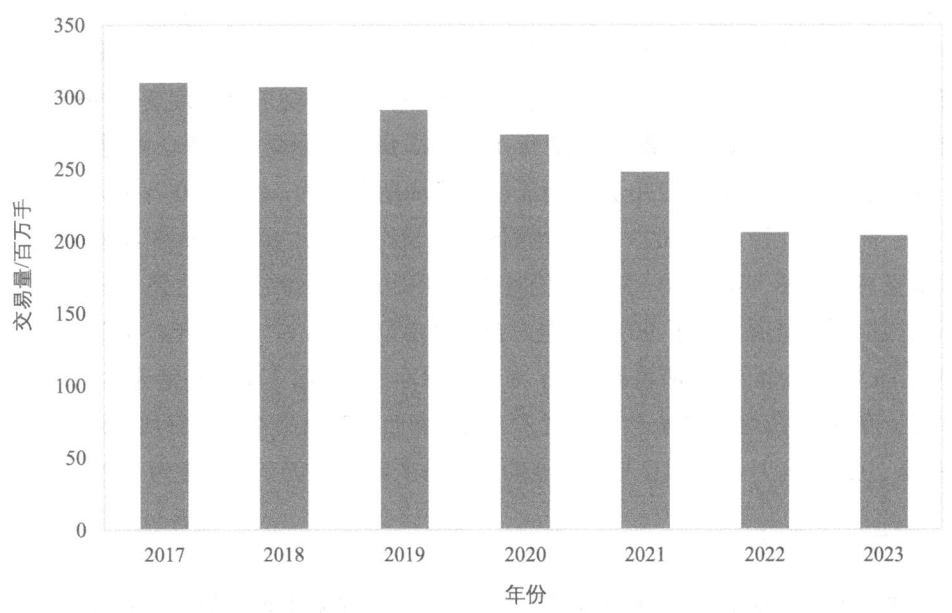

数据来源：2022 Annual ETD Volume Review

图 4-2　近年纽约商品交易所西得克萨斯中间基原油期货交易量

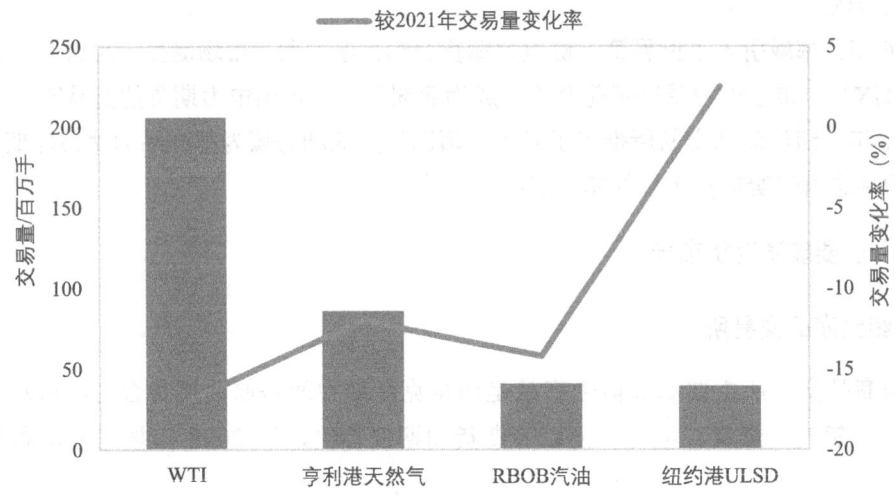

数据来源: 2022 Annual ETD Volume Review

图 4-3 2022 年纽约商品交易所主要能源期货交易量

2. 洲际交易所

洲际交易所（ICE）成立于 2000 年 5 月，2001 年 6 月收购了伦敦国际石油交易所后，洲际交易所将其业务扩展到期货交易领域。洲际交易所的经营范围包括期货、场外（OTC）能源和商品合约及衍生金融产品。洲际交易所交易的产品包括原油、成品油、天然气、电力、煤炭、碳排放、利率、股指期货和期权等合约。原油基准之一的布伦特原油期货合约和全球超过 50%的原油和成品油期货，都在洲际交易所进行交易。随着能源期货合约规模的扩大，洲际交易所持仓量屡创新高，截至 2023 年 12 月 13 日，洲际交易所持仓量创纪录达到 8 600万手，刷新最高纪录，其中 5 270 万手为能源期货和期权合约，约 2 000 万手为天然气衍生品合约。大宗商品和能源产品 2023 年持仓量同比增长约 20%。2022—2023 年洲际交易所主要能源期货交易量如图 4-4 所示，其中布伦特原油期货成交量创纪录地达到 268 百万手。洲际交易所美国期货交易所上市了 90 多个电力合约（单位 1MW）。2023 年，全球能源期货种类交易量前 15 名里，洲际交易所占据 5 名：布伦特原油期货（第 2）、亨利港天然气期货（第 7）、柴油期货（第 10）、荷兰 TTF 天然气期货（第 12）和西得克萨斯中间基轻质低硫原油期货（第13）。截至 2024 年 4 月，洲际交易所欧洲期货交易所能源期货交易总量为 192 百万手。

3. 新加坡交易所

新加坡交易所（SGX）于 1999 年 12 月 1 日成立，是亚太地区第一家股份化和一体化的证券及衍生品交易所，同时也是亚洲石油定价中心和主要场外交易场所。身处亚洲能源枢纽的新加坡交易所提供了一系列燃油（380cst、180cst）、石化（盖芳烃、烯烃和甲醇）、电力和能源金融等风险管理工具，并且为能源衍生品、商品和货运衍生品交易提供清算服务。2023

年新加坡交易所总交易数量为 251 462 百万手、交易价值为 247 506 百万美元；其中石油、天然气交易数量为 94 117 百万手，占比 37.4%、交易价值为 24 486 百万美元，占比 9.89%。2023年新加坡交易所石油和天然气期货交易量如图 4-5 所示。

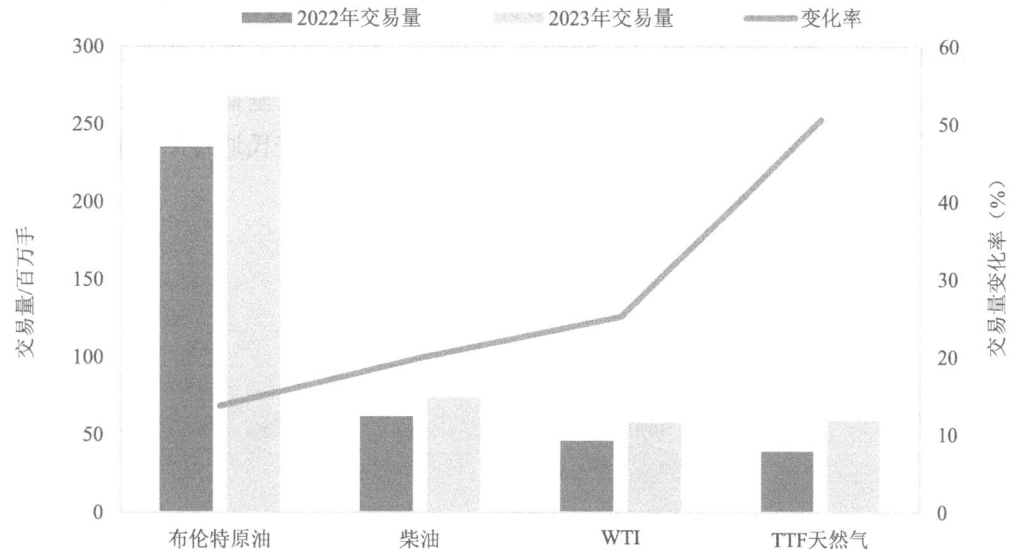

数据来源：2023 Annual ETD Volume Review

图 4-4　2022—2023 年洲际交易所主要能源期货交易量

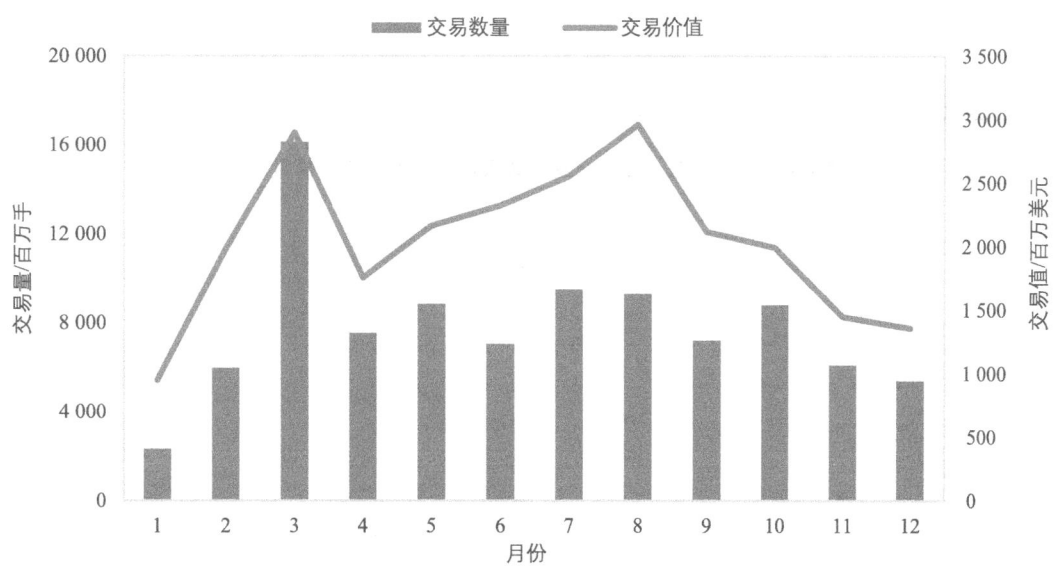

数据来源：新加坡交易所市场统计数据报告

图 4-5　2023 年新加坡交易所石油和天然气期货交易量

4．东京商品交易所

东京商品交易所（TOCOM）成立于 1984 年，由东京纺织品交易所、东京橡胶交易所和东京黄金交易所合并而成。东京商品交易所是日本最大的商品期货交易所，提供贵金属（黄金、白银、铂金和钯金）、能源（原油、汽油、煤油和瓦斯油）、天然橡胶和农产品（大豆、玉米和红豆）的期货和期权合约。2022 年，东京商品交易所原油期货合约总交易量为 2 460 572 手，相比 2021 年减少 37.6%；交易价值为 8 763 226 百万日元，未平仓合约 44 950 手（JPX Derivatives Market Highlights 2022）。2023 年，东京交易所推出的普氏迪拜原油期货交易数量为 1 737 724 手，价值 6 089 979 百万日元；西部地区基荷电力期货交易数量为 1 867 手，价值 1 603 百万日元。以下是近 5 年东京商品交易所普氏迪拜原油期货和西部地区基荷电力期货的交易量和价值（见图 4-6、图 4-7）。

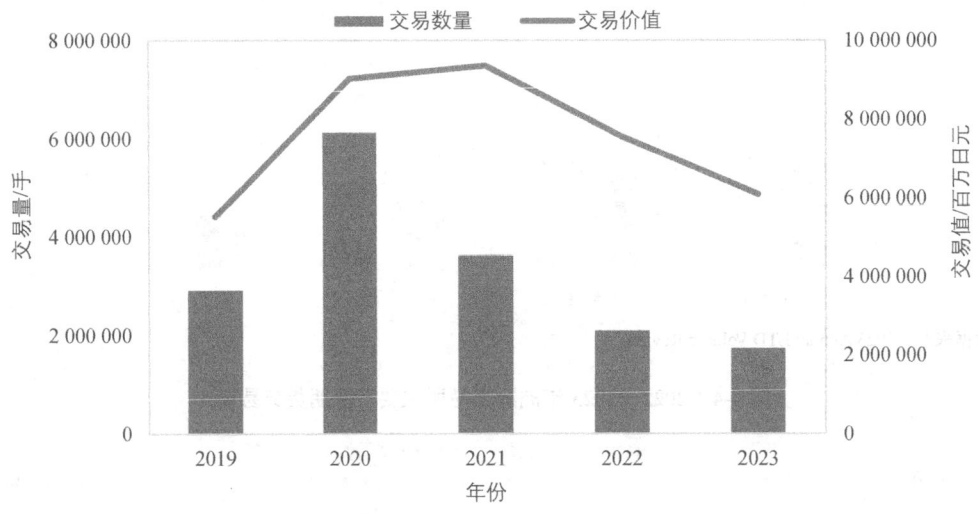

数据来源：JPX Derivatives Market Highlights

图 4-6　近 5 年东京商品交易所普氏迪拜原油期货交易量和价值

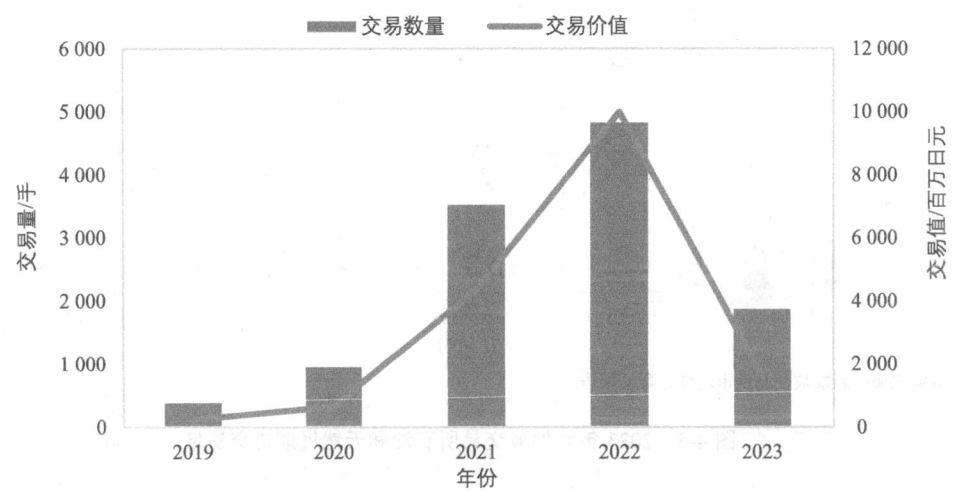

数据来源：JPX Derivatives Market Highlights

图 4-7　近 5 年东京商品交易所西部地区基荷电力期货交易量和价值

（三）主要能源期货合约

1．原油期货

原油期货是国际能源期货市场的重要组成部分，目前世界上重要的原油期货合约有 4 个：纽约商品交易所的轻质低硫原油即西得克萨斯中间基原油期货合约、高硫原油期货合约，洲际交易所的布伦特原油期货合约，新加坡交易所的迪拜酸性原油期货合约。其他石油期货品种有取暖油、燃料油、汽油、轻柴油等。国际原油期货市场代表性原油期货合约如表 4-1 所示。

表 4-1 国际原油期货市场代表性原油期货合约

交易所	期货合约	上市日期
纽约商品交易所（NYMEX）	西得克萨斯中间基原油期货	1983 年 3 月 30 日
洲际交易所（ICE）	布伦特原油期货	1988 年 6 月 23 日
东京商品交易所（TOCOM）	中东原油期货	2004 年 7 月 1 日
印度大宗商品交易所（MCX）	轻质低硫原油期货	2005 年 2 月 9 日
印度国家商品和衍生品交易所（NCDEX）	原油期货	2005 年 9 月 15 日
迪拜商品交易所（DME）	阿曼原油期货	2007 年 6 月 1 日
新加坡交易所（SGX）	中东迪拜石油期货	2002 年 11 月 2 日

2023 年布伦特原油期货交易数量约为 356.1 百万手，是第一大原油期货（占能源期货交易总量的 16.05%）、西得克萨斯中间基原油期货交易数量约为 292.2 百万手（占能源期货交易总量的 13.17%）、迪拜商品交易所（DME）阿曼原油期货合约自推出以来的交易总数为 20.8 百万手。

以下是近 5 年西得克萨斯中间基原油和布伦特原油期货交易量的变化情况（见图 4-8）。

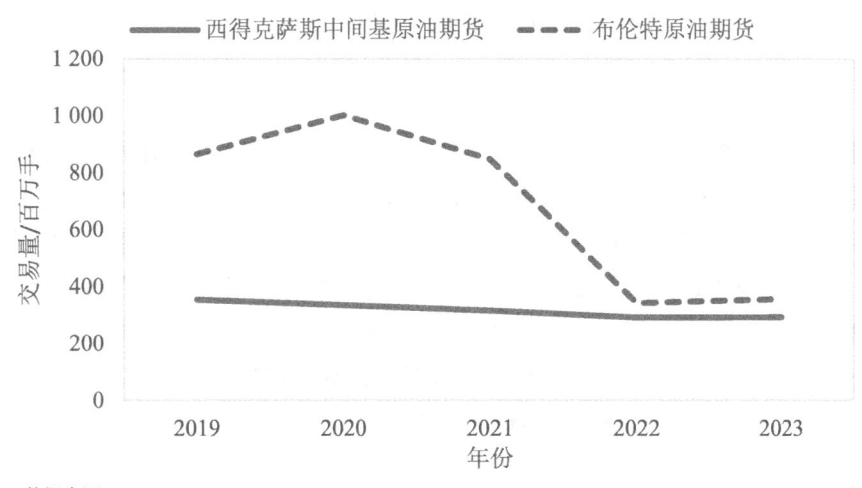

数据来源：FIA ETD TRACKER

图 4-8 近 5 年西得克萨斯中间基原油和布伦特原油期货交易量

2．天然气期货

目前国际上已经上市的天然气期货主要包括美国亨利港天然气期货、欧洲 TTF 天然气期货、英国 NBP 天然气期货及亚洲 JKM 天然气期货，市场交易活跃度较高的主要是美国亨利港天然气期货和荷兰 TTF 期货。亨利港天然气期货与现货市场挂钩，2023 年每天交易 40 万份合约，平均持仓量为 170 万份合约；TTF 天然气期货成交 59.2 百万手，同 2022 年相比增长约 5 成，并推动洲际交易所全球天然气业务收入创下同比增长 44% 的纪录。全球天然气期货交易总量达到 700.6 百万手，占全球能源期货交易总量的 31.58%。以下是 2019—2023 年全球天然气期货交易量的变化情况（见图 4-9）。

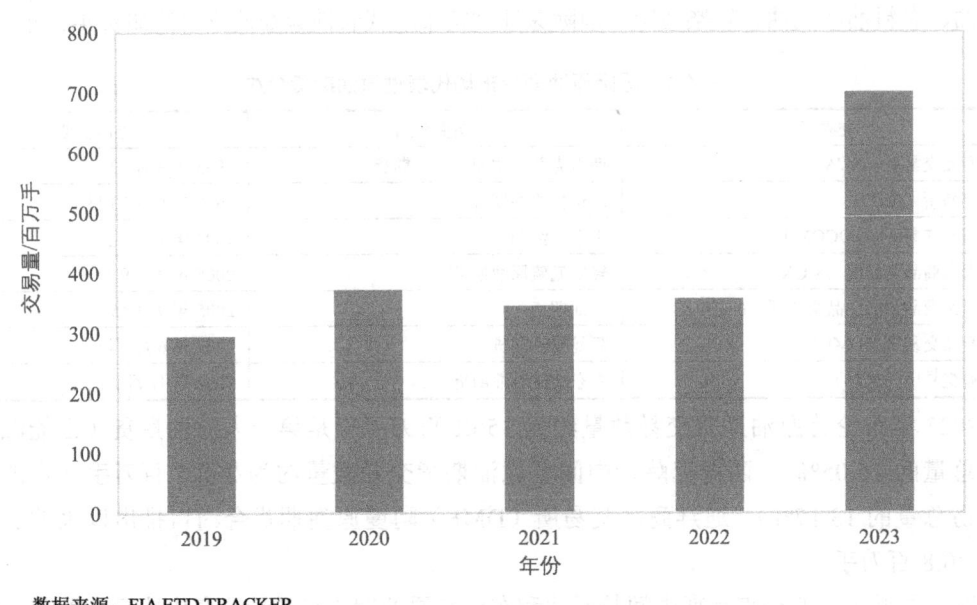

数据来源：FIA ETD TRACKER

图 4-9　全球天然气期货交易量

3. 煤炭期货

市场挂牌交易的煤炭期货合约主要有芝加哥商品交易所的 API2 ARA 和 API4 RB，以及在洲际交易所上市的 API2 鹿特丹、API4 RB 和 GC（纽卡斯尔、印尼、理查德湾）合约，交割方式分为实物交割和现金交割。芝加哥商品交易所阿巴拉契亚中心山脉（阿巴拉契亚中心山脉）动力煤期货合约是世界上仅存的实物交割动力煤期货。全球主要的煤炭期货合约是洲际交易所鹿特丹煤炭期货和洲际交易所纽卡斯尔煤炭期货，2023 年焦煤和动力煤期货交易量分别为 34.56 百万手和 7.8 百万手。虽然动力煤曾经是煤炭期货的主要交易种类，但是近两年交易量被焦煤反超。近 5 年焦煤和动力煤期货交易量的变化情况如图 4-10 所示。

4. 电力期货

目前交易最活跃的电力期货合约是 PJM 电力期货合约。截至 2021 年，纽约商品交易所已上市了 300 多份电力合约（单位 5 兆瓦，交割方式为现金结算）；洲际交易所上市了 90 多份电力合约（单位 1 兆瓦）；NFX（纳斯达克旗下）上市了 200 多份电力合约（单位 1 兆瓦）。2023 年电力期货合约交易总量为 27.8 百万手，占全球能源期货交易总量的 1.25%。图 4-11

是近 5 年电力期货交易量的变化情况。

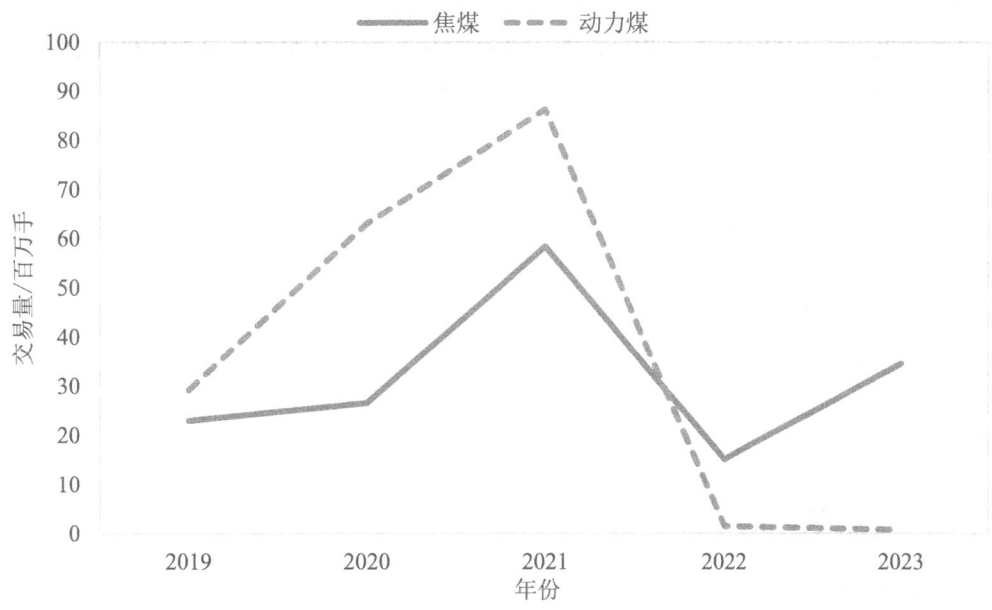

数据来源：FIA ETD TRACKER

图 4-10　近 5 年焦煤和动力煤期货交易量

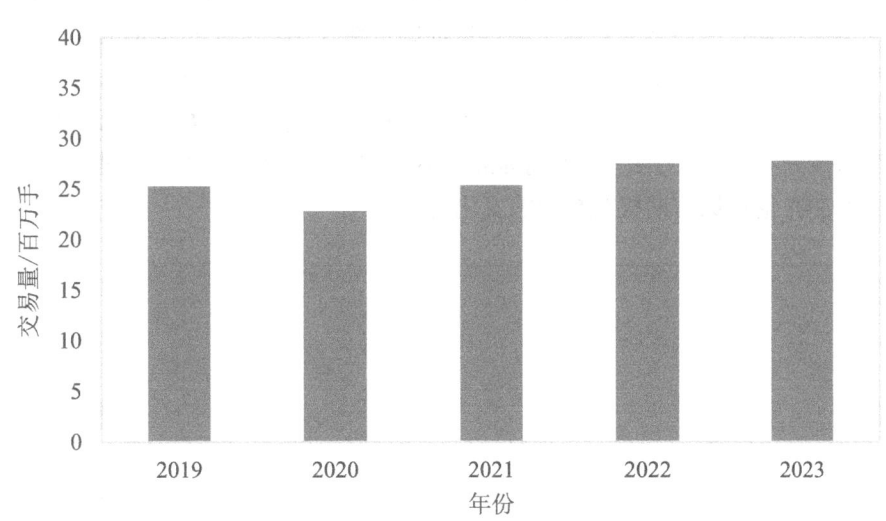

数据来源：FIA ETD TRACKER

图 4-11　近 5 年电力期货交易量

二、国际能源期权市场发展

（一）国际能源期权市场的发展历程

原油期权市场方面，纽约商品交易所和洲际交易所是当前国际上最重要的两个交易中心。

纽约商品交易所于 1986 年首次推出了西得克萨斯中间基原油期权，标志着原油期权市场的诞生。1989 年，伦敦国际石油交易所推出布伦特原油期权。

电力期权市场：1996 年 4 月 26 日，纽约商品交易所正式开始交易电力期权（Burke，1996），北欧市场于 1999 年也开始进行电力期权交易。目前进行电力期权交易的交易所有 Nord Pool、欧洲能源交易所和纽约商品交易所等。

天然气和煤炭期权市场：1990 年伦敦国际石油交易所推出天然气期权后天然气期权市场也正式诞生。2014 年 8 月新加坡交易所推出动力煤期货、焦煤期货期权合约后亚洲煤炭期权市场出现。

2023 年，全球能源期权交易量为 541 百万手，占全球期权交易量 0.5%。交易量位居前 3 名的能源期权种类为：原油、天然气和电力。其中原油期权交易量为 316.14 百万手（西得克萨斯中间基原油期权交易量为 41.95 百万手、布伦特原油期权交易量为 41.48 百万手）、天然气期权交易量为 129.78 百万手、电力期权交易量为 74.01 百万手。

（二）主要能源期权种类

1. 石油期权

石油期权包括布伦特原油期权、西得克萨斯中间基原油期权、柴油期权、低硫柴油期权等。原油期权与不同类型原油的价格挂钩：布伦特原油期权与布伦特原油的价格挂钩、西得克萨斯中间基原油期权与西得克萨斯中间基原油的价格挂钩。布伦特原油通常被认为是全球油价的基准。原油期权合约的交易单位是手，1 手原油期货合约是 1000 桶原油现货。2023 年布伦特原油期权交易量为 41.48 百万手（占全球能源期权交易量 7.66%）、西得克萨斯中间基原油期权交易量为 41.95 百万手（占全球能源期权交易量 7.75%）。图 4-12 是近 5 年西得克萨斯中间基原油和布伦特原油期权交易量的变化情况。

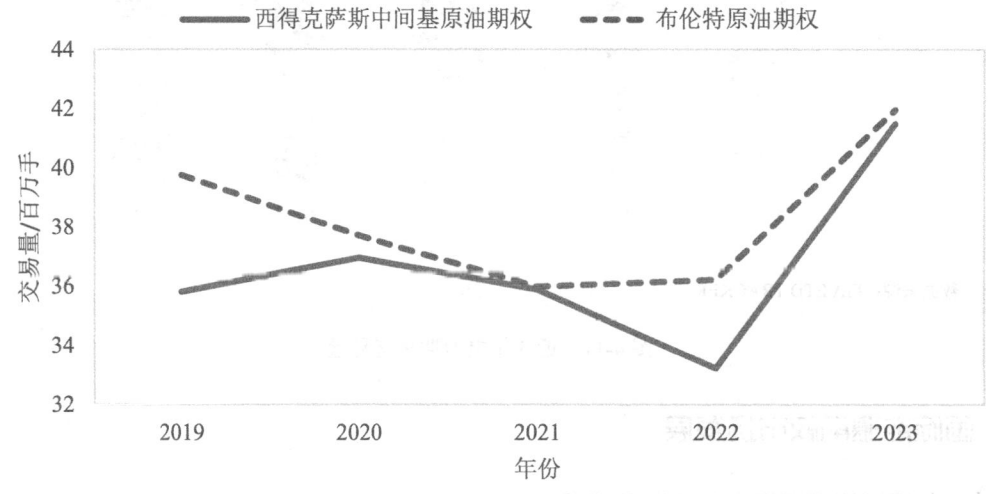

数据来源：FIA ETD TRACKER

图 4-12　近 5 年西得克萨斯中间基原油和布伦特原油期权交易量

2．天然气期权

2023 年，全球天然气期权交易量为 129.7 百万手，位于能源期权交易量第二位（占比 23.96%）。全球主要的天然气期权为亨利港天然气期权、荷兰 TTF 天然气期权，2023 年第 4 季度亨利港天然气期权日均成交量为 16.8 手（同比增长 85%）。表 4-2 是两所主要能源交易所推出的天然气期权交易种类。

表 4-2　两所主要能源交易所推出的天然气期权交易种类

交易所	合约名称
洲际交易所	荷兰 TTF 天然气 1st Line（USD/MMBTU） Average Pr 洲际交易所期权
	荷兰 TTF 天然气期权（Futures Style Margin）
	德国 THE Natural 天然气期权（Futures Style Margin）
纽约商品交易所	天然气（亨利港）Last-day Financial 3 Month Spread 期权
	天然气（亨利港）Last-day Financial 1 Month Spread 期权

数据来源：洲际交易所、芝加哥商品交易所官网

图 4-13 是近 5 年天然气期权交易量的变化情况。

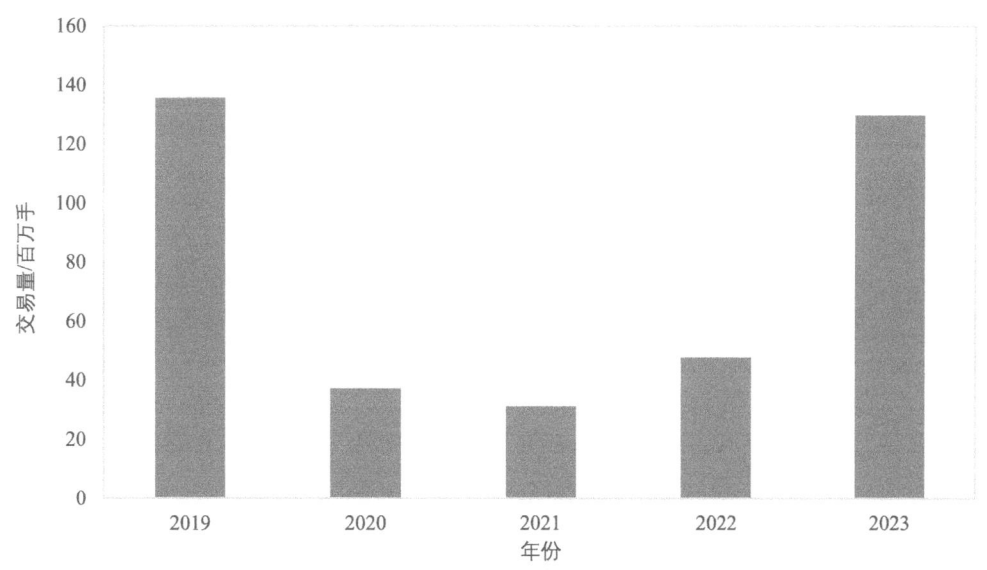

数据来源：FIA ETD TRACKER

图 4-13　近 5 年天然气期权交易量

3．煤炭期权

目前煤炭期权合约包括纽约商品交易所推出的阿巴拉契亚中心山脉动力煤期权合约和洲际交易所推出的基于鹿特丹、纽卡斯尔和理查兹湾煤炭期权合约。相比于其他能源期权（石油、天然气、电力），煤炭期权不是主要的期权交易种类，2023 年煤炭期权合约交易量只有 780 手，在能源期权种类中占比最低。表 4-3 是主要能源交易所交易的煤炭期权种类。

表 4-3　主要能源交易所交易的煤炭期权种类

交易所	合约名称
纽约商品交易所	Coal（API 2）cif ARA（Argus/McCloskey）　Future-Style Margined Option on Calendar Futures Strips
洲际交易所	API2 Rotterdam Coal Average Pr ICE Options　（Futures Style Margin）
	API4 Richards Bay Coal Cal 1x Options　（Futures Style Margin）
	Global COAL Newcastle Coal Cal 1x Options　（Futures Style Margin）

数据来源：洲际交易所、芝加哥商品交易所官网

4. 电力期权

2023 年全球电力期权交易量为 74 百万手，位列不同种类能源期权交易量的第 3 名（占比 13.67%）。近年来，电力期权交易量规模持续上升，相比 5 年前规模扩大了 198.7%。图 4-14 是近 5 年电力期权交易量的变化情况。

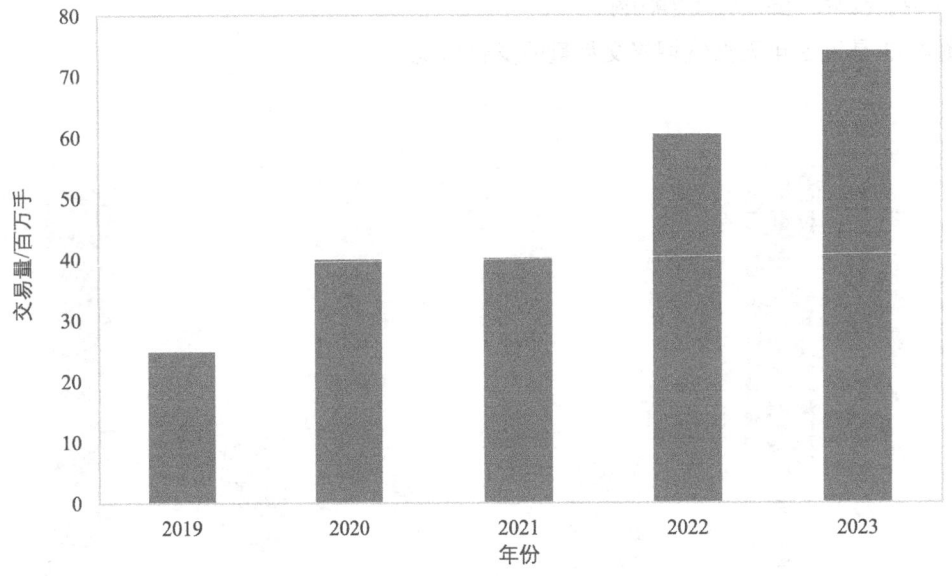

数据来源：FIA ETD TRACKER

图 4-14　近 5 年电力期权交易量

表 4-4 是纽约商品交易所和洲际交易所推出的电力期权种类。

表 4-4　纽约商品交易所和洲际交易所推出的电力期权种类

交易所	合约名称
纽约商品交易所	Coal（API 2）cif ARA（Argus/McCloskey）　Future-Style Margined Option on Calendar Futures Strips
洲际交易所	French Power Financial Base Options
	German Power Financial Base Options
	Italian Power Financial Base Options

数据来源：洲际交易所官网

第三节　国内能源金融衍生品市场发展

一、国内能源金融衍生品市场的发展历程

中国国内能源金融衍生品市场的发展历程反映了中国经济和金融市场逐步开放和成熟的过程。以下将从初期探索、规范发展、快速扩张和国际化 4 个阶段，详细介绍国内能源金融衍生品市场的发展历程。

（一）初期探索阶段

20 世纪 80 年代末至 90 年代初是国内能源金融衍生品市场的初期探索阶段。1978 年改革开放后，中国内地开始逐步探索市场经济体制。在这个阶段，内地市场机制不成熟，市场参与者和产品种类都非常有限，同时法律法规不完善，投资者教育和市场推广不足。此阶段的交易量较小，市场流动性有限，风险管理工具匮乏。

在此背景下，内地金融市场开始萌芽，期货市场的概念也逐渐被引入。能源作为国家经济发展的重要支柱，对价格波动风险管理的需求日益迫切。1990 年，郑州商品交易所成立，这是内地最早的期货交易市场。尽管初期主要为农产品期货，但这一时期为能源衍生品市场的探索提供了宝贵的经验。1993 年，上海期货交易所成立，开始了对期货交易的系统性探索。

（二）规范发展阶段

20 世纪 90 年代中期至 2000 年是国内能源金融衍生品市场的规范发展阶段。在这个阶段，随着中国市场经济体制的逐步建立，市场开始逐步扩展，政府对期货市场的监管也逐步加强。1994 年，中国证监会成立，承担起对期货市场的监管职责。上海期货交易所在 1993 年推出了国内首个能源期货品种——原油期货。然而，由于市场机制不完善、参与者经验不足等原因，原油期货在 1995 年暂停交易。这次尝试虽然短暂，但为后续能源衍生品的推出积累了经验。

（三）规范和完善阶段

2000 年至 2010 年是国内能源金融衍生品市场的规范和完善阶段。在这个阶段市场逐渐成熟，产品种类增加，交易量逐步上升，市场机制逐步完善，国内期货市场进入了规范化发展的新阶段。2007 年，中国证监会发布《期货交易管理条例》，为期货市场的健康发展提供了法律保障。2011 年，大连商品交易所推出了焦炭期货，这是中国第一个成功上市并持续交易的能源期货品种。2013 年 9 月 26 日，郑州商品交易所推出了动力煤期货，进一步丰富了国内能源期货品种。这一时期，上海期货交易所、大连商品交易所和郑州商品交易所（CZCE）

成为中国期货市场的主要交易平台。交易所基础设施的完善和交易机制的改进为能源衍生品市场的发展奠定了坚实基础。

（四）快速扩张阶段

2010 年至 2018 年是国内能源金融衍生品市场的快速扩张阶段。在这个阶段，国内市场机制逐步成熟，参与者类型多样化，国际化进程加快。

2013 年上海国际能源交易中心成立，同年，上海期货交易所推出了燃料油期货，这是中国第一个真正意义上的能源期货品种。2014 年，上海期货交易所推出了石油沥青期货，同年，原油期货上市并获得了中国证监会的批复。上海期货交易所能源中心在 2017 年 5 月发布了《上海国际能源交易中心章程》《上海国际能源交易中心交易规则》。2018 年 3 月 26 日中国原油期货在 INE 正式挂牌上市交易。这是世界上第一个用人民币结算的原油期货合约，也是第一个允许境外交易者和经纪机构参与的境内国际化期货品种。随着市场品种的增加和市场机制的完善，中国能源衍生品市场的交易量和交易额也在显著增长。

（五）国际化阶段

2018 年至今是国内能源金融衍生品市场的国际化阶段。在这个阶段，市场加快了国际化步伐，引入外资参与，产品种类进一步丰富，交易规模和市场影响力显著提升。

2018 年 3 月，上海国际能源交易中心正式推出人民币计价的原油期货合约，这是中国首个对外开放的能源期货品种。原油期货以人民币计价，允许境外投资者参与交易。自推出以来，原油期货吸引了大量国际投资者的关注和参与，显著提升了市场的国际影响力和流动性。在原油期货取得成功的基础上，上海期货交易所、大连商品交易所和郑州商品交易所继续推出新的能源期货品种和期权工具，2020 年推出了低硫燃料油期货，进一步满足市场的多样化需求。低硫燃料油期货上市以来，逐渐发展为重要的燃料油衍生品交易市场之一，全球首创的"境内交割+境外提货"模式为产业客户在亚洲、中东地区提供了更为便利的国际化交割服务。

总的来说，国内能源金融衍生品市场经历了从无到有、从探索到规范、再到快速发展的过程，如今正向国际化迈进。政策支持、市场需求和国际化进程共同推动了市场的发展，为全球能源市场提供了更多的选择和机会。随着中国经济的持续发展和能源市场的进一步开放和创新，国内能源金融衍生品市场有望迎来更广阔的发展空间。国内能源金融衍生品市场将继续发挥重要作用，助力全球能源市场的稳定和繁荣。

二、国内能源金融衍生品市场的发展现状

近年来，中国国内能源金融衍生品市场取得了显著的发展，其在市场参与者数量、交易量、交易额、品种丰富程度及国际影响力等方面均呈现出积极态势。

（一）市场参与者数量

近年来国内能源衍生品市场吸引了越来越多的市场参与者，包括国内外投资者、能源生产企业、消费企业、金融机构和投资基金等。尤其是原油期货推出后，国际投资者的参与显著增加。

（二）交易量和交易额

国内能源衍生品市场的交易量和交易额快速增长。以上海国际能源交易中心的原油期货为例，自 2018 年推出以来，交易量和交易额稳步增长。根据上海期货交易所的数据，2020年原油期货的累计成交量超过 1 亿手，累计成交额超过 10 万亿元人民币。此外，其他能源期货品种如燃料油、动力煤、焦炭、焦煤、石油沥青等的交易量也呈现稳步增长的态势。大连商品交易所和郑州商品交易所的能源衍生品交易也表现活跃。

（三）品种丰富程度

目前国内能源衍生品市场涵盖了多个主要能源品种，包括原油、燃料油、动力煤、焦炭、焦煤、石油沥青等。这些品种的推出和成功交易不仅丰富了市场品种，也为市场参与者提供了更多的风险管理工具和投资机会。

（四）国际影响力

随着原油期货的国际化，国内能源衍生品市场的国际影响力显著提升。原油期货以人民币计价，允许境外投资者参与，这不仅增强了人民币在国际能源市场的地位，也吸引了大量国际资金流入。此外，国际能源巨头和大型金融机构也开始参与中国的能源衍生品市场交易。

（五）市场基础设施

国内能源衍生品市场的基础设施不断完善，包括交易所、清算所、监管机构和市场服务机构等。上海期货交易所、大连商品交易所和郑州商品交易所等主要交易所都在积极推动市场基础设施建设，确保市场的透明、公平和高效运行。

国内能源金融衍生品市场在国家宏观经济层面发挥着重要作用。首先，能源金融衍生品市场有助于资源的有效配置。通过市场价格信号，能源资源可以更有效地分配到需求最强烈的地方，从而提高整个经济体系的资源利用效率。这对于中国这样一个能源消费大国尤其关键，有助于保障能源供应的稳定性和可持续性。其次，能源金融衍生品市场的健康发展有助于深化金融市场创新。能源衍生品交易涉及复杂的金融工具和策略，推动了金融市场的发展和金融工具的创新，提高了市场的深度和广度。再次，国内能源金融衍生品市场通过提供期货和期权等工具，帮助市场参与者对能源资产进行风险管理和价格发现，从而促进了能源资产的有效定价和市场稳定。

另外，能源金融衍生品市场通过配合人民币汇率与利率的市场化改革和"一带一路"倡议，能够进一步增加人民币在国际市场上的流动性，加速推进人民币成为国际能源结算与计价货币，助力人民币国际化进程。

总之，中国国内能源金融衍生品市场在多个维度上取得了显著进展，为市场参与者提供了丰富的金融工具和策略，有助于企业和政府更好地应对市场波动和风险，促进了能源产业和经济的稳定发展。

参考文献

[1] DONG F, LI Z C, HUANG Z H, et al. Extreme weather, policy uncertainty, and risk spillovers between energy, financial, and carbon markets. Energy Economics, 2024, （137）: 107761-107761.

[2] SCHRÖDER L A, ANDERSON H L, RONČEVIĆ I. Evaluating the interactions between vibrational modes and electronic transitions using frontier orbital energy derivatives. Chemical Communications（Cambridge, England）, 2024.

[3] BEHERA P, BEHERA, SETHI N. Assessing the impact of fiscal decentralization, green finance and green technology innovation on renewable energy use in European Union countries: What is the moderating role of political risk? Renewable Energy, 2024, （229）: 120715.

[4] KARTAL M T, PATA U K, ALOLA A A. Energy security risk and financial development nexus: Disaggregated level evidence from South Korea by cross-quantilogram approach. Applied Energy, 2024, （363）: 123135.

[5] GAO W, WEI J J, ZHANG H W, et al. Does climate policy uncertainty exacerbate extreme risk spillovers between green economy and energy metals? Resources Policy, 2024, （911）: 04946.

[6] WANG W J, LORENTE D B, ANWAR A, et al. Shaping a greener future: The role of geopolitical risk, renewable energy and financial development on environmental sustainability using the LCC hypothesis. Journal of Environmental Management, 2024, （357）: 120708-120708.

[7] WANG J H, BAO G Q, WANG P Z, et al. A collaborative approach to integrated energy systems that consider direct trading of multiple energy derivatives. Global Energy Interconnection, 2023, 6（4）: 418-437.

[8] 史亚荣，赵爱清."双碳"目标下我国能源稳定与金融安全的耦合协调机理研究. 经济纵

横，2023，（07）：43-54.

[9] PEI Z，MAO Y Z，SHAO Y H，et al. Analytic high-order energy derivatives for metal nanoparticle-mediated infrared and Raman scattering spectra within the framework of quantum mechanics/molecular mechanics model with induced charges and dipoles. The Journal of Chemical Physics，2022，157（16）：164110-164110.

[10] SERKAN S，YELIZ Y，AHMET S，et al. Energy Trading on a Peer-to-Peer Basis between Virtual Power Plants Using Decentralized Finance Instruments. Sustainability，2022，14（20）：13286-13286.

[11] 孙秋枫，年综潜. "双碳"愿景下的绿色金融实践与体系建设. 福建师范大学学报（哲学社会科学版），2022，（01）：71-79.

[12] 陈国进，丁赛杰，赵向琴，等. 中国绿色金融政策、融资成本与企业绿色转型：基于央行担保品政策视角. 金融研究，2021，（12）：75-95.

[13] 龚旭，姬强，林伯强. 能源金融研究回顾与前沿方向探索. 系统工程理论与实践，2021，41（12）：3349-3365.

[14] MUHAMMAD U，RIZWAN Y M，RAKHSHANDA K，et al. Modeling financial development，tourism，energy consumption，and environmental quality：Is there any discrepancy between developing and developed countries？ Environmental Science and Pollution Research International，2021，28（41）：1-22.

[15] 肖卫国，黎凯辕，王怡. 构建我国能源金融体系的理论逻辑与现实路径. 南京社会科学，2021，（02）：27-35.

[16] 杨康. 能源金融产品在国际市场价格风险管控中的运用. 金融市场研究，2020，（02）：125-134.

[17] 汲昌霖，韩洁平. 能源金融的内涵、关联机制与风险传染研究：理论进展与评述. 经济体制改革，2018，（02）：107-111.

[18] 李丽红. 能源金融市场价格风险传导. 中国金融，2017，（06）：83-84.

[19] 王新霞，林晓霞，黄显林. 能源金融风险预警模型研究：基于 GABP 算法. 区域金融研究，2016，（07）：24-28.

[20] 俞岚. 绿色金融发展与创新研究. 经济问题，2016，（01）：78-81.

[21] 余力，赵米芸，张慧芳. 能源金融与环境制约的互动效应. 财经科学，2015，（02）：23-31.

[22] 娄庆波. 能源金融在石油行业发展中的作用研究. 财经界，2014，（23）：63-64.

[23] 梁雅琦. 金融衍生工具在能源风险管理中的应用研究. 中国市场，2014，（12）：36-37.

[24] 王博峰，李富有，王可. 金融结构与能源结构的关系研究. 西安交通大学学报（社会科学版），2014，34（02）：22-26+42.

[25] 宁宇新，李静. 能源金融在石油行业发展中的作用研究. 会计之友，2011，（08）：27-29.

[26] 钱瑞梅. 能源金融衍生品市场的发展与风险特征研究. 特区经济，2007，（05）：65-67.

[27] 李畅，徐苏江. 结构性产品在国际金融衍生品市场上的发展及其启示. 新金融，2007，（03）：56-59.

[28] 钱瑞梅，杨星. 能源金融衍生品市场的现状及其价格风险特征分析. 价格理论与实践，2007，（02）：58-59.

第五章

能源金融政策与计价

本章导读

能源金融是金融体系与能源体系相互耦合的系统，其本质是金融系统，但最终的归宿是能源系统。了解能源金融相关政策与计价理论，不仅有助于深化对能源金融内涵、特点和发展规律的认识，为能源金融的研究和实践提供理论支撑，还有助于把握市场趋势、优化资源配置、应对市场风险、推动金融创新、促进能源金融市场的健康发展、推动能源与金融的深度融合，以及提升国际竞争力。此外，能源金融政策与计价理论有助于中国更有效地参与国际能源市场的竞争与合作，提升中国在国际能源市场的话语权和影响力，为中国能源金融的国际化发展奠定坚实的基础。

第一节　能源金融政策演变

一、国际能源金融政策变化

受到全球经济形势、能源市场供需状况、环境保护需求及技术进步等多重因素的影响，国际能源金融政策在近年来经历了从单一目标到多元化目标、从传统金融工具到绿色金融工具、从单边行动到多边合作，以及政策调整与应对等一系列重要变化。这些变化反映了全球能源市场的发展趋势和各国政府对于能源转型和可持续发展的重视。近年来国际能源金融政策变化主要体现在以下 4 个方面。

（一）政策目标多元化

政策目标从单一能源安全扩展到综合能源安全。一般来说，能源政策的主要目标是确保能源供应的安全稳定。然而，随着全球气候变化的严峻挑战和能源转型的加速推进，政策目标逐渐扩展到包括能源安全、环境保护、经济效率和社会公平在内的多个维度。

另外，为了更好推进能源转型，各国政府纷纷出台政策，鼓励和支持可再生能源的发展，减少对传统化石能源的依赖。这些政策主要涉及：提供财政补贴、税收优惠、绿色信贷等激励措施，以及制定可再生能源发展目标，并建立配额制、绿色证书交易等市场机制。

（二）金融手段创新水平提升

为了支持能源转型和可持续发展，国际金融市场推出了多种绿色金融工具，如绿色债券、绿色基金、绿色贷款等。这些工具不仅为可再生能源项目提供了融资支持，还促进了资本向低碳环保领域的流动。

碳交易市场作为重要的碳定价机制之一，近年来在全球范围内得到了快速发展。通过设立碳排放权交易市场，政府可以设定碳排放总量限制，允许企业之间进行碳排放权的买卖，从而激励企业减少碳排放并投资于清洁能源项目。

（三）国际合作加强

第一，形成多边合作机制。为应对全球气候变化和能源转型的挑战，各国政府和国际组织加强了多边合作。例如，在联合国气候变化大会上，各国政府就减排目标、资金援助、技术转让等问题进行了广泛讨论和协商，并达成了多项重要协议。

第二，推进双边和多边金融合作。为支持发展中国家的能源转型和可持续发展，发达国家和发展中国家之间加强了双边和多边金融合作。例如，发达国家通过提供低息贷款、赠款和技术援助等方式，帮助发展中国家建设可再生能源项目和提升能源效率。

（四）政策调整与应对

第一，应对能源价格波动的政策。面对国际能源价格的波动，各国政府采取了不同的应对措施。例如，一些国家通过设立能源价格稳定基金、实施能源价格补贴等方式来保障能源供应和消费者利益；另一些国家则通过市场化改革来推动能源市场的竞争和效率提升。

第二，应对技术变革的政策。随着能源技术的不断进步和变革，各国政府也在积极调整政策以应对这些变化。例如，一些国家通过制定技术标准和认证体系来推动清洁能源技术的创新和应用；另一些国家则通过提供研发资金、建设示范项目等方式来支持新技术的研发和推广。

二、中国能源金融政策变化

相比世界能源金融政策的改变，中国能源金融政策在近年来经历了显著的变化和发展。这些改变不仅体现了中国政府对能源转型和可持续发展的高度重视和坚定决心，也为能源企业和金融机构提供了更加广阔的发展空间和机遇。

（一）政策目标的多元化与深化

政策目标从传统、单一能源安全到全面、综合能源安全的改变。一方面，随着国内外能源形势的变化，中国能源政策的目标不再局限于保障能源供应安全，而是逐步扩展到涵盖能源安全、环境保护、经济效率和社会公平等多个方面。另一方面，为应对全球气候变化和实现"双碳"目标，全面推动绿色、低碳转型。中国政府高度重视绿色低碳转型，出台了一系列政策，以推动可再生能源的发展，减少对传统化石能源的依赖（见表5-1）。

表5-1 中国近些年出台的一系列绿色低碳转型的能源金融政策

政策领域	具体政策措施	目标与效果
财政政策	1. 设置污染防治资金 2. 设置生态系统保护修复资金 3. 设置绿色低碳技术与产业发展资金	支持环境治理与生态保护 推动生态系统修复与碳汇能力提升 促进绿色低碳技术和产业发展
产业发展	1. 传统产业绿色低碳改造 2. 绿色低碳产业培育	推动高耗能、高排放行业转型升级 提升绿色低碳产业在经济中的比重
能源结构	1. 化石能源清洁高效利用 2. 非化石能源发展 3. 新型电力系统构建	减少化石能源依赖，提升利用效率 扩大非化石能源规模，提高消费比重 构建安全、灵活、高效的电力系统
交通运输	1. 优化交通运输结构 2. 绿色低碳交通工具推广	降低交通运输领域碳排放 推动绿色低碳交通方式普及
绿色转型保障	1. 科技创新支撑 2. 全面节约战略 3. 绿色消费倡导	提供科技支撑和制度保障 促进资源全面节约和循环利用 推动绿色低碳的消费模式形成

（二）金融手段的创新与应用

近年来，中国不断推进绿色金融体系的建立与完善。中国的绿色金融体系主要包括绿色信贷、绿色债券、绿色基金等金融工具，旨在通过金融手段支持环境保护和可持续发展。

近年来，绿色金融市场规模快速增长，绿色信贷和绿色债券发行量显著增加。绿色信贷方面，随着金融机构对绿色项目支持力度的不断加大，其投放规模持续扩张，不仅覆盖了清洁能源、节能减排、环保治理等多个绿色领域，还积极助力传统产业向绿色低碳转型。这一趋势不仅促进了绿色金融产品的创新，也进一步激发了市场参与者对绿色投资的热情，推动了绿色金融市场深度与广度的双重发展。与此同时，绿色债券市场的发行量也呈现出井喷式增长态势。越来越多的企业和政府利用绿色债券这一金融工具，为低碳环保项目筹集资金，既满足了项目融资需求，又实现了投资者对社会责任和环境效益的双重追求。绿色债券的快速发展，不仅丰富了资本市场的产品结构，也为全球应对气候变化、实现可持续发展目标提供了强有力的金融支持。

金融机构在应对能源企业纷繁复杂的融资需求时，展现出了卓越的创新能力，持续精进金融产品和服务的边界。他们精心设计了一系列旨在精准对接新能源项目特性的定制化融资方案，不仅深度契合了项目的独特发展需求，还通过引入"固贷+"综合服务模式，为企业构建了全方位的金融支持体系。这些创新举措不仅聚焦于降低企业的融资成本，通过优化融资结构来减轻企业负担，更致力于提升资金使用的灵活性与效率，助力企业有效扩大再投资能力，加速资金周转，进而显著提升整体投资效率。在此过程中，金融机构不仅成为能源企业绿色转型道路上的坚实后盾，更携手推动了绿色金融市场的繁荣发展，共同绘制出一幅可持续、高效、共赢的金融生态蓝图。

（三）政策支持的强化与细化

中国政府为大力促进可再生能源产业的蓬勃发展，显著加强了财政补贴与税收优惠政策的实施力度。这一系列精心设计的政策措施，包括慷慨的财政补贴与广泛的税收减免优惠，犹如强心剂般有效削减了可再生能源项目的投资门槛与成本负担，极大地提升了项目的经济吸引力与可行性。此举不仅激发了市场主体的投资热情，加速了技术创新与产业升级的步伐，更为构建绿色低碳、可持续发展的能源体系奠定了坚实的基础。

与此同时，中国政府致力于构建健全而高效的市场机制与价格政策体系，以全面赋能可再生能源项目的稳健发展。具体而言，通过精心打造可再生能源电力消纳保障机制，确保了市场需求的稳定与持续，为项目提供了坚实的市场支撑。同时，进一步完善并优化了可再生能源电价补贴政策，确保了项目在市场化进程中能够获得合理且稳定的收益预期，为投资者吃下了一颗"定心丸"。这一系列举措，不仅促进了可再生能源电力的高效利用与优化配置，还极大地提升了项目的经济性与竞争力，为推动中国能源结构绿色转型、实现可持续发展目标注入了强劲动力。

（四）国际合作与交流的加强

中国正以积极而开放的姿态，深度参与并引领国际绿色金融标准的制定与合作进程，旨在加速绿色金融的全球化普及与主流化趋势。这一战略举措不仅彰显了中国作为全球绿色金融领域重要参与者和贡献者的角色，更通过贡献中国智慧与经验，推动了国际绿色金融标准体系的不断完善与升级。在此过程中，中国绿色金融市场的国际影响力与竞争力得到了显著提升，为全球绿色金融市场的健康发展树立了典范，促进了各国在绿色金融领域的深度合作与共赢发展。

（五）政策调整与应对

针对能源价格的动态波动，中国政府展现出高度的敏锐性与前瞻性，紧密跟踪国际能源市场的价格走势，灵活运用关税调整、战略储备调节等多元化手段，构建起一套高效应对机制，有效缓冲了外部价格冲击对中国市场稳定的影响，保障了能源供应的连续性与安全性。

面对能源技术的日新月异，中国政府更是以前所未有的力度，主动拥抱技术变革的浪潮。通过大幅增加对新能源技术研发的财政支持，不仅激发了创新活力，加速了科技成果的转化与应用，还同步完善了技术标准和认证体系，为新技术、新产品的市场推广构建了坚实的制度保障。这一系列政策调整，不仅引领了中国能源产业向更加清洁、高效、可持续的方向迈进，也为全球能源转型贡献了中国力量与智慧。

第二节 能源金融计价理论

能源和金融的深度融合是能源金融发展的重要趋势。了解能源计价理论与相关政策、方法，有助于促进能源产业与金融产业的良性互动和协调发展，推动能源金融产品的创新和应用，为能源产业的转型升级和可持续发展提供有力支持。

一、能源金融计价理论

在能源金融的计价方面，金融资产的计价理论是当代金融理论的核心，资金的时间价值和风险的量化是金融资产计价的基础。金融资产价格由资金时间价值和风险共同决定。计价方法包括现金流贴现法（DCF）、投资组合理论（MPT）、资本资产计价理论（CAPM）、套利计价理论（APT）、期权计价理论等。这些理论和方法为能源金融产品的计价提供了理论基础和实践指导。下文将从能源资源的计价原则、方法、影响因素等 4 个方面进行介绍。

（一）计价原则

了解能源计价的计价原则对于确保市场公平与效率、保障企业可持续发展、促进能源政策制定与实施、为能源金融投资和风险管理提供参考，以及推动能源产业的创新与发展等方面都具有重要意义。

1. 市场供需原则

能源产品的价格首当其冲地受到市场供需关系的微妙调控。在供需的天平上，当能源供应趋紧而需求持续攀升时，价格自然水涨船高，成为市场供需失衡的直接反映。反之，若供应充裕而需求萎靡，价格则顺势回落，以寻求新的市场平衡点。因此，市场供需关系构成了能源计价不可或缺的基石。

2. 成本覆盖原则

在能源产品的计价策略中，全面覆盖其开采、加工至运输等全链条成本是确保企业稳健运营与可持续发展的关键。这涵盖了固定成本，如设备折旧与维护、人员薪酬，以及变动成本，如原材料采购、能源消耗等多个维度，旨在为企业构建一个坚实的成本支撑体系。

3. 合理利润原则

在成本之上，能源产品的计价还需融入对企业合理利润空间的考量。这一利润水平的设定，需综合考量市场竞争态势、企业规模优势、技术创新实力等多重因素，以在保障企业健康发展的同时，促进市场的良性竞争与资源的优化配置。

4．政策调控原则

政府作为能源市场的重要调控者，通过一系列政策工具（如税收杠杆、补贴政策及价格监管措施）对能源产品价格实施有效调控。这些政策旨在引导市场行为向节能减排、环境保护等社会目标靠拢，同时维护市场的公平竞争秩序与长期稳定发展。政府的政策调控，如同一只无形的手，调节着能源市场的温度与方向。

（二）计价方法

现有的常见能源计价方法多种多样，这些方法综合考虑了市场供需、成本、政策调控，以及能源资源的稀缺性等多个因素。以下是一些主要的能源计价方法及其解释说明。

1．现金流贴现法

能源金融计价理论中的现金流贴现法，是一种重要的评估工具，它特别适用于能源项目、企业乃至整个能源产业的价值评估。该方法的核心思想是将企业未来特定时间内的预期现金流量还原为当前现值，以此来评估企业的内在价值或项目的投资价值。

现金流贴现法的基本原理基于以下两点。第一，企业价值的核心在于其未来盈利能力。只有当企业具备未来盈利的能力，其价值才会被市场认同。因此，通过预测并贴现企业未来的现金流量，可以较为准确地评估其当前价值。第二，资金具有时间价值。未来的现金流量在当前的价值会受到时间因素的影响，即需要按照一定的折现率进行贴现。折现率的选择通常基于对企业未来风险的判断。

1）现金流贴现法的基本公式

现金流贴现法的基本公式可以表示为：

$$P = \sum_{t=1}^{n} \frac{CF_t}{(1+r)^t}$$

其中：

P 表示企业的评估值或项目的投资价值；

n 表示资产（企业）的寿命或项目的投资期限；

CF_t 表示资产（企业）在 t 时刻产生的现金流，即第 t 年的预期现金流量；

r 表示反映预期现金流的折现率，通常根据企业未来风险的判断来确定。

2）现金流贴现法的优缺点

优点：第一，现金流贴现法分析了公司的整体情况，既考虑了资金的风险，也考虑了资金的时间价值，是理论上最完善的估值方法；第二，估值结果接近股权的内在价值，贴现现金流法通过对公司未来的自由现金流计算得出公司价值，不完全基于历史财务数据，因此计算出的价值更加贴近公司的内在价值；第三，充分反映公司的经营战略，好的估值模型可以充分反映公司采购、生产及销售等各个业务环节，从而反映公司的经营战略；第四，受市场短期及周期性变化的影响较少，预测期较长，可以完全覆盖掉市场短期情况或者行业周期性变化对估值的影响。

缺点：第一，估值方法复杂，工作量大，贴现现金流估值模型的结构复杂，需要对行业和公司的情况有充分的理解，并且模型的建立和调整都需要大量的工作；第二，估值区间的范围大，估值结果可用性有限，估值结果对于公司未来发展速度及市场走势的假设很敏感，得到的估值区间可能很大，因此估值结果的参考价值有限；第三，较难捕捉短期盈利机会，贴现现金流法无法应用在短期投资上的估值，可能使投资者错过股票短期上涨的盈利机会。

2. 投资组合理论

马科维茨投资组合模型是投资学中一种重要的科学理论模型。它通过对所有资产的历史数据进行分析，在保证风险水平不变的同时获取最高的收益，为投资人提出了具有科学依据的量化资产配置的方案。

1952 年，Markowitz 首次提出利用均值-方差模型量化计算投资者的资产组合问题。马科维茨投资组合理论的基本原理为：利用概率论的基本思想，假定所有资产的收益呈正态分布，用资产收益的历史均值衡量投资回报率，用资产收益的历史方差衡量投资风险。

投资组合理论的基本假设为：第一，投资者具有风险规避倾向，其投资目标是追求期望效用的最大化；第二，投资者根据收益率的期望值与方差来选择投资组合；第三，所有投资者处于同一单期投资期。

1）投资组合理论的基本公式

投资组合理论的基本公式可以表示为：

$$\min \delta^2\left(r_{\mathrm{p}}\right) = \sum\sum w_i w_j \mathrm{cov}\left(r_i, r_j\right)$$
$$E\left(r_{\mathrm{p}}\right) = \sum w_i r_i$$

其中：

r_{p} 表示组合收益；

r_i 和 r_j 表示第 i 种、第 j 种资产的收益；

w_i 和 w_j 表示资产 i 和资产 j 在组合中的权重；

$\delta^2(r_{\mathrm{p}})$ 表示组合收益的方差，即组合的总体风险；

$\mathrm{Cov}(r_i, r_j)$ 表示两种资产之间的协方差。

2）投资组合理论的优缺点

优点：第一，投资组合理论强调了风险和收益的权衡，提供了一个框架来评估和选择投资组合；第二，该理论引入了资产之间的相关性概念，说明了不同投资组合可以降低整体风险。第三，该理论提供了有效边界（Efficient Frontier）的概念，能够帮助投资者在风险和收益之间找到最佳平衡点；第四，该理论为投资决策提供了数学模型和量化分析方法，增加了投资决策的客观性和科学性；第五，该理论的发展促进了资本资产计价模型和套利计价理论等后续金融理论的发展。

缺点：第一，投资组合理论依赖于历史数据来预测未来，但历史表现并不总是未来表现的可靠指标；第二，该理论假设市场是有效的，但市场可能会受到非理性行为和异常现象的影响；第三，该理论要求估计资产相关性，但在实践中准确估计资产之间的相关性可能很困难，尤其是在市场动荡时期；第四，投资组合理论模型通常不考虑交易成本和税收对投资组合回报的影响，忽略了交易成本和税收影响；第五，该理论主要使用方差或标准差作为风险的度量，但风险实际上是多维的，可能包括流动性风险或信用风险等。

此外，投资组合理论在中国证券市场的应用也存在争议。投资组合理论提供了利用不同证券收益的相关性分散风险的思路，但由于中国证券市场的特殊性，该理论是否完全适用还需要进一步的研究和实践验证。

3. 资本资产计价模型

资本资产计价模型是金融经济学中的一个核心理论模型，主要探讨在均衡条件下风险与预期收益率之间的关系，特别是在证券市场中，解释了资产的预期收益率如何与其所承担的风险相关联。该理论是现代金融市场价格理论的支柱，广泛应用于投资决策和公司理财领域。

资本资产计价模型认为投资者在面对风险时会要求更高的回报，因此风险较高的资产预期会有更高的回报率。此外，资本资产计价模型区分了系统性风险和非系统性风险两种风险。系统性风险是指影响整个市场的风险，如经济衰退、利率变动等，这种风险无法通过分散投资来消除；非系统性风险是指只影响个别资产或公司的风险，如公司管理层变动、产品失败等，这种风险可以通过投资组合的多样化来降低。

1）资本资产计价模型的基本公式

资本资产计价模型的基本公式可以表示为：

$$E(R_i) = R_f + \beta_i \times \left[E(R_m) - R_f \right]$$

其中：

$E(R_i)$ 表示资产 i 的预期收益率；

R_f 表示无风险利率，通常以短期国债的利率来近似替代；

β_i 表示资产 i 的 Beta 系数，用于衡量资产的系统性风险（风险相关的风险），Beta 系数大于 1 表示资产的风险高于市场平均风险，小于 1 表示资产的风险低于市场平均风险；

$E(R_m)$ 表示市场的预期收益率，通常用股票价格指数收益率的平均值或所有股票的平均收益率来代替。

2）资本资产计价模型的优缺点

优点：第一，资本资产计价模型将资产的预期回报与系统性风险直接关联，提供了一个直观的框架来评估投资的风险和回报；第二，能够帮助投资者和金融专业人士在考虑市场风险的基础上，对不同金融资产进行比较和选择；第三，资本资产计价模型的普及和应用促进了金融理论和实践的发展，为现代投资组合理论提供了基础，并且在资产估值、资金成本预算及资源配置等方面发挥了重要作用。

缺点：尽管资本资产计价模型在理论上具有吸引力，但在实际应用中存在一些局限性。第一，资本资产计价模型的一些基本假设在现实市场中难以完全成立，例如，市场是完全竞争的、投资者可以无限制地以无风险利率借贷等；第二，Beta 系数的确定往往依赖于历史数据，可能无法准确反映未来的市场行为；第三，资本资产计价模型没有考虑到公司资本结构、财务状况、行业特性等其他可能影响资产计价的因素。因此，尽管资本资产计价模型是一个有力的分析工具，但在应用时要谨慎，并结合其他模型和市场信息进行综合判断。

4．套利计价理论

套利计价理论是一种资产计价模型，它扩展了资本资产计价模型，通过引入多个风险因素来解释资产的预期收益率。套利计价理论模型认为，在均衡状态下，市场价格是由套利行为决定的。如果市场未达到均衡状态，就会存在无风险套利机会。套利计价理论模型用多个因素来解释风险资产的收益，并且根据无套利原则，得到风险资产预期收益与多个因素之间的线性关系。

套利计价理论认为资产的预期回报率是由多个宏观经济因素驱动的，而不是单一的市场风险，这些因素可能包括经济增长率、通货膨胀率、利率水平、工业生产指数等。套利计价理论基于"一价定律"，即在没有套利机会的市场中，资产的价格应该反映其真实价值。如果市场存在价格不一致的情况，理性的投资者会进行套利交易，即买入被低估的资产和卖出被高估的资产，直到价格回到均衡水平。

1）套利计价理论模型的基本公式

套利计价理论模型的基本公式可以表示为：

$$E\left(R_i\right) = R_\mathrm{f} + \sum_{j=1}^{n} \beta_{ij}\left(R_j + R_\mathrm{f}\right)$$

其中：

$E\left(R_i\right)$ 表示资产 i 的预期收益率；

R_f 表示无风险利率；

β_{ij} 表示资产 i 对因素 j 的敏感度，即 β 系数；

R_j 预期收益率；

n 表示考虑的风险因素数量。

套利计价理论模型的基本公式表明，资产的预期收益率由无风险利率和各个风险因素的敏感度及其预期收益率共同决定。通过引入多个风险因素，套利计价理论模型提供了比资本资产计价模型更广泛的解释范围，能够更好地反映现实中的资产计价情况。

2）套利计价理论模型的优缺点

优点：第一，套利计价理论提供了一个更为全面的资产计价框架，它通过考虑多个风险因素来评估资产的预期回报；第二，套利计价理论的优势在于其多因素模型，能够更准确地捕捉现实世界中影响资产价格的多种经济变量；第三，套利计价理论强调套利机会的重要性，促使资产价格与内在价值保持一致；第四，套利计价理论还支持投资组合多元化，帮助投资者通过分散特定风险来管理投资风险。

缺点：第一，确定和识别合适的风险因素可能具有主观性，并且可能因研究者而异。第二，准确估计与这些因素相关的系数和风险溢价可能存在困难，尤其是在数据有限的情况下。套利计价理论没有指定一个明确的市场组合作为基准，这可能使得模型在实践中的应用变得复杂；第三，套利计价理论的普遍适用性受到质疑，因为它可能不适用于所有类型的资产和市场环境；第四，套利计价理论模型的构建和验证需要大量的历史数据，这可能在某些市场或资产类别中难以获得。

5. 期权计价理论

期权计价理论是金融学中用于确定期权合约合理价格的一套方法和模型。期权是一种衍生金融工具，它赋予持有者在未来某个时间以特定价格买入或卖出某种资产的权利，但不是义务。期权计价理论的核心在于评估这种权利的当前价值。

期权计价理论的基本原理可以概括为以下两点。第一，风险中性计价。假设市场上的所有投资者都是风险中性的，即他们对未来的不确定性不感到担忧，只关心预期收益。在风险中性世界中，资产的预期收益率等于无风险利率。第二，无套利原则。期权的价格应该设定在一个范围内，使其没有套利机会存在。如果期权计价不合理，就会出现无风险套利机会，即投资者可以无成本地建立一个头寸，无论未来资产价格如何变动，都能获得无风险利润。

1）期权计价理论的基本公式

现阶段，应用最广泛的期权计价模型分为解偏微分方程的 Black-Scholes（B-S）模型、动态规划的二叉树模型两类。

① B-S 模型

$$C = S \times N(d_1) - Ke^{-r(T-t)} \times N(d_2)$$

其中：

C 表示欧式看涨期权价格；

S 表示标的资产的价格；

r 表示无风险利率；

K 表示欧式期权买方行权时的执行价格；

$N(\cdot)$ 表示标准正态分布的概率函数。

② 二叉树模型

$$C = \frac{pC_u + (1-p)C_d}{1+r}$$

其中：

　　C 表示欧式期权价格；

　　P 表示风险中性的概率；

　　r 表示无风险利率；

　　C_u 和 C_d 表示当期欧式期权买权的最高价格和最低价格。

2）期权计价理论的优缺点

优点：第一，期权计价理论为期权的价值评估提供了一个数学上的统一框架，使得期权计价更加科学和系统化；第二，该理论能够帮助投资者更好地评估和管理期权头寸的市场风险；第三，期权计价理论是现代金融衍生品市场发展的基础，它使得期权和其他衍生品的交易变得更加透明和高效；第四，期权计价理论基于无套利原则，确保了期权价格的合理性和市场的有效性；第五，期权计价理论包含多个模型，如二叉树模型和蒙特卡洛模拟，可以适应各种不同类型的期权和市场条件。

缺点：第一，期权计价理论通常基于一系列理想化的市场假设，例如，市场是无摩擦的、投资者可以自由借贷、不存在交易成本等，这些假设在现实中往往难以实现；第二，期权计价模型中的波动率通常假设为恒定的，但实际市场中波动率是随时间变化的，这可能导致模型预测得不准确；第三，对于一些复杂的期权计价模型，如蒙特卡洛模拟，需要大量的计算资源和时间，这可能限制了它们在实时交易中的应用；第四，期权计价模型对市场条件的变化非常敏感，如利率变动、股息发放等，这些因素的变化可能会影响期权价格；第五，期权计价理论通常忽略了市场参与者的心理和行为因素，而这些因素在实际市场中可能对期权价格产生重要影响。

综上所述，现有的能源计价方法多种多样，每种方法都有其特点和适用范围。在实际应用中，需要根据能源市场的实际情况和政策要求来选择合适的计价方法或综合多种方法来确定价格。

（三）影响因素

计价方法的选择会受到以下相关因素的影响。

1）国际市场价格的波动

国际市场价格的微妙变动，作为一股不可忽视的力量，深刻影响着国内能源产品的价格走势。这一动态过程，根植于国际市场的供需微妙平衡、政治经济风云的变幻莫测之中，任何细微的涟漪都可能激起国内市场的价格波澜，实现跨市场的紧密联动。

2）政策调控的深远影响

政府作为市场的重要参与者，其政策调控对能源产品价格具有直接且深远的塑造作用。

这些调控手段，包括但不限于税收政策的调整、补贴政策的导向及价格管制的实施，旨在精准调控市场，平衡各方利益，实现既定的社会经济发展目标。它们如同市场的"调节阀"，灵活应对市场变化，确保能源市场的稳健运行。

3）能源资源稀缺性的价值体现

能源资源的稀缺性，作为自然赋予的宝贵属性，直接决定了其在市场中的价值定位。随着全球经济的蓬勃发展，能源需求持续攀升，而可供开采的资源却日益减少，这种供需矛盾的不断加剧，进一步推高了能源产品的价格。稀缺性已成为衡量能源产品价值的重要标尺，也是驱动其价格长期上涨的关键因素。

4）开采与加工成本的关系

在能源产品价格的构成中，开采与加工成本占据着举足轻重的地位。这些成本涵盖了从设备购置与维护到人工雇佣与管理，再到原材料采购与消耗等方方面面，它们构成了能源产品价格的坚实底座。任何成本的变动，无论是设备技术革新带来的效率提升，还是劳动力市场波动导致的成本增减，都将直接反映在能源产品的最终定价上，影响着市场的价格水平与竞争格局。

5）能源金融计价还受到汇率变动的影响

特别是当能源交易涉及跨国结算时，汇率的波动会直接影响到交易双方的成本和收益。因此，能源企业和金融机构需要密切关注汇率市场的动态变化，合理规避汇率风险，确保交易的安全和稳定。

（四）市场机制

市场机制通过供需关系、市场竞争、价格发现机制、风险管理机制，以及政策调控与市场机制的互动等多个方面对能源计价产生具体影响。这些影响共同作用于能源市场，促进了资源的优化配置和经济的可持续发展。

市场竞争机制作为能源产品计价的核心驱动力之一，其活力在于激发企业间的激烈角逐。在这一机制下，企业不得不通过精细化的价格策略与卓越的客户服务来争夺有限的市场份额与宝贵的客户资源。这一过程不仅促进了资源的优化配置，还极大地推动了能源产品的技术创新与产业升级，为行业的持续繁荣注入了不竭动力。

价格发现机制作为市场经济的精髓所在，其智慧体现在通过高效的交易活动精准地揭示并确定能源产品的市场价格。在现货与期货市场的广阔舞台上，买卖双方以敏锐的洞察力与果断的决策力，通过频繁的交易互动共同绘制出市场供需关系的动态图谱，前瞻性地预测未来价格走势。这一过程不仅体现了市场的智慧与效率，更为企业提供了宝贵的决策依据。

面对能源市场固有的价格波动风险与供应不确定性，建立健全的风险管理机制显得尤为重要。这一机制通过引入多样化的衍生品工具进行风险对冲，为企业提供了一道坚实的防护屏障。同时，建立灵敏的风险预警系统，实时监测市场动态，确保企业能够迅速响应并有效应对潜在风险。在风险管理机制的稳健保障下，能源市场得以在复杂多变的环境中保持平稳运行，为经济的持续健康发展贡献力量。

综上所述，能源金融计价理论是一个复杂而多维度的领域，在实际应用中，需要根据具体情况选择合适的计价方法和策略，以实现企业的可持续发展和社会的和谐稳定。

二、能源计价理论的作用

（一）把握市场趋势

能源计价理论深刻剖析了能源产品价格构建的内在逻辑与核心驱动要素，全面涵盖了市场供需的动态平衡、生产成本的多维度考量及政策调控的深远影响。洞悉这些理论与政策框架，不仅能够精准捕捉能源市场价格波动的脉络，预测其未来走向与趋势变化，更为能源金融领域的投资决策与风险管理提供了不可或缺的参考坐标。投资者与风险管理者据此能够制定出更加科学合理、前瞻性的策略，以应对能源市场的复杂多变，确保资产的安全增值与风险控制的有效性。

（二）优化资源配置

能源作为经济社会持续发展的基石，其价格形成机制对于资源配置效率具有重要影响。深入掌握能源计价理论，有助于我们以更加科学严谨的态度制定能源价格政策，从而优化资源配置，促进资源的高效与合理利用。这一过程不仅能够提升能源使用的经济效益，还能够有力推动能源产业朝着更加绿色、可持续的方向发展，为经济社会的长期繁荣奠定坚实基础。

（三）应对市场风险

能源市场面临着包括价格波动与供应不确定性在内的多重风险挑战。深入理解能源计价理论的精髓及其相关政策与方法论，为企业与金融机构提供了强大的工具库，以更精准地识别、量化并管理这些潜在风险。这不仅促进了风险应对策略的制定与实施，确保其在复杂多变的市场环境中能够灵活应对，还极大地增强了能源金融体系的稳健性与可持续性，为行业的平稳运行与繁荣发展保驾护航。

（四）推动金融创新

随着能源市场的持续演进，能源金融产品的创新浪潮亦不断翻涌，展现出蓬勃的生命力。深入洞悉能源计价理论的精髓及其配套政策与方法，不仅为金融产品的匠心设计与创新实践注入了强劲动力，更为能源金融市场的蓬勃发展铺设了坚实的基石。这一融合过程不仅加速了金融产品的多元化与差异化发展，满足了市场日益增长的多元化需求，还极大地拓宽了能源金融市场的边界，促进了市场的繁荣与深化，为能源与金融两大领域的深度融合与共赢发展开辟了广阔前景。

第三节　能源金融计价结算

能源金融计价结算体系，作为能源市场运作的核心框架，其影响深远且广泛，涵盖了从交易前价格磋商到资金最终清算的全过程，并且贯穿其中的风险管理策略与合规性保障。

一、能源金融计价结算的意义

能源金融计价结算的重要意义体现在多个方面，对于能源市场、金融市场及全球经济都具有深远的影响。

（一）促进能源市场的稳定发展

能源金融计价结算体系，特别是期货市场和期权市场，具有显著的价格发现功能。这些市场通过汇集供求信息，形成具有前瞻性的价格信号，为能源市场参与者提供重要的参考依据。这有助于市场更好地调节供求关系，减少价格波动，促进稳定发展。

能源金融计价结算为能源企业提供了多样化的风险管理工具，如期货、期权等金融衍生品。企业可以利用这些工具进行套期保值，锁定未来的成本或收益，有效对冲价格波动风险。这不仅降低了企业的经营风险，还增强了企业的市场竞争力。

（二）推动金融市场的创新与融合

能源金融计价结算的发展推动了金融产品的创新。金融机构根据能源市场的特点和需求，设计出更多符合市场需求的金融产品，如能源期货、能源 ETF 等。这些创新产品不仅丰富了金融市场的产品线，还满足了投资者多样化的投资需求。

能源金融计价结算的发展促进了金融与能源产业的深度融合。金融机构通过为能源企业提供融资、投资、风险管理等金融服务，加强了与能源产业的联系和合作。这种融合不仅提升了金融服务的效率和水平，还推动了能源产业的转型升级和可持续发展。

（三）提升国家能源安全与国际地位

能源金融计价结算体系的建立和完善有助于国家更好地掌握能源市场的动态和趋势，为制定科学合理的能源政策提供有力支持。同时，通过与国际能源市场的接轨和合作，国家可以更有效地保障能源供应的稳定性和安全性。

能源金融计价结算的发展还有助于提升国家在国际能源市场中的话语权和影响力。随着中国等新兴市场国家在能源消费和进口方面的快速增长，其在国际能源市场中的地位逐渐提升。通过建立和完善能源金融计价结算体系，这些国家可以更好地参与国际能源市场的竞争和合作，提升自身的国际地位和影响力。

（四）促进人民币国际化

能源金融计价结算的发展还有助于促进人民币的国际化进程。随着中国在能源市场的地位逐渐提升，越来越多的能源交易开始采用人民币进行计价和结算。这不仅有助于扩大人民币在国际市场中的使用范围，还提升了人民币的国际地位和影响力。同时，通过与国际能源市场的接轨和合作，中国可以推动人民币在能源贸易中的广泛应用，进一步促进人民币的国际化进程。

能源金融计价结算在促进能源市场稳定发展、推动金融市场创新与融合、提升国家能源安全与国际地位，以及促进人民币国际化等方面都具有重要意义。随着全球能源市场的不断发展和变革，能源金融计价结算的重要性将日益凸显。

二、能源金融计价结算的内容

（一）能源金融计价结算的机制

能源金融计价机制，作为能源金融计价结算体系的核心支柱，深刻塑造着能源产品交易的价格生成逻辑。它不仅是一个简单的计价过程，更是汇聚了能源市场供求关系的微妙平衡、国际能源价格波动的宏观趋势及各国能源政策导向的深远影响，共同编织成一幅复杂而精细的价格图谱。

在这一机制的精妙运作下，各种影响因素被细致入微地分析、权衡与融合，旨在生成既具前瞻性又秉持公正性的能源产品价格。这些价格不仅反映了当前市场的实际状况，还蕴含着对未来趋势的敏锐洞察，为市场参与者提供了可靠的交易基准与决策依据。

通过能源金融计价机制，市场得以在公平、透明、高效的环境中运行，促进了资源的优化配置与高效利用。同时，它也为金融机构与能源企业的深度融合搭建了桥梁，推动了金融创新在能源领域的广泛应用，进一步增强了能源市场的活力与韧性。

（二）能源金融结算平台

能源金融结算平台作为能源交易双方资金流转与结算的坚实基石，扮演着至关重要的角色。该平台以卓越的安全性与稳定性构筑起一道坚不可摧的防护网，确保每一笔交易的资金安全无虞，为交易的顺利进行保驾护航。在这一平台上，交易双方依据事先签订的交易合同，精确无误地按照约定的价格与数量执行资金划拨与结算操作。整个流程高效顺畅，信息透明度高，有效降低了交易风险与不确定性，使得交易的最终完成变得既可靠又便捷。能源金融结算平台不仅是一个技术先进的交易工具，更是推动能源市场规范化、标准化发展的重要力量。它促进了交易双方之间的信任与合作，为能源市场的繁荣与稳定奠定了坚实的基础。

（三）能源金融结算工具

能源金融结算工具作为支撑能源交易双方资金流转与结算的精密金融装置，其多样性与灵活性为交易过程注入了强大的动力。这些工具广泛涵盖了多种货币形态、信用证、汇票等，每一种都如同精心设计的齿轮，紧密咬合于交易流程的各个环节之中。通过精心挑选与匹配最适合的结算工具，交易双方能够显著降低交易过程中的潜在风险，如同为航船铺设了平稳的航道，确保了资金安全地抵达彼岸。同时，这些工具的运用也极大地提升了交易效率，使得资金流转更为迅速，市场响应更为敏捷。更为重要的是，能源金融结算工具为金融机构开辟了通往能源市场的新路径，赋予了它们深度参与并推动能源产业发展的宝贵机会。金融机构凭借其在风险管理、资金融通等方面的专业优势，与能源产业实现了深度融合，共同绘制出了一幅金融与能源交相辉映、相互促进的壮丽画卷。

（四）能源金融结算流程

能源金融结算流程这一精心编排的序列，详尽地勾勒出能源交易从初步意向萌芽至资金成功交割的完整旅程。它不仅是一场商业合作的生动演绎，更是对信任、效率与安全追求的极致体现。此流程始于交易双方就交易条件展开的深入磋商，通过智慧的碰撞与利益的平衡，最终达成共识并庄重地签订交易合同。这份合同作为双方权益的守护者与见证者，明确了交易的各项条款与义务。随后，双方携手步入履行合同的实质性阶段，每一步都遵循着严谨的规则与诚信的原则。当交易条件逐一满足，便是进行资金划拨与结算的关键时刻。此环节如同整个流程的压轴大戏，需要较高的精确度与周密的安排，以确保资金准确无误地流转至指定账户，从而实现交易的圆满落幕。在整个结算流程中，安全防线的构筑尤为关键。通过引入先进的风险识别与防控机制，严格监控每一环节的进展，有效遏制欺诈、违约等风险事件的滋生。这不仅是对交易双方权益的负责，更是对能源市场健康稳定发展的承诺。

（五）能源金融结算的风险管理

能源金融风险管理，作为能源金融计价结算体系中不可或缺的关键环节，其重要性不言而喻。鉴于能源市场价格的剧烈波动性，交易双方时常需直面显著的市场风险挑战，这犹如波涛汹涌的海面考验着航船的稳健与坚韧。

为了在这片不确定的海洋中稳健前行，交易双方积极采取多元化的风险管理策略与工具，犹如配备了一系列精密的导航设备与稳定器。其中，套期保值与期权等金融衍生品交易更是成为应对市场风险的得力助手。它们如同精巧的避风港，为交易双方提供了有效的风险对冲机制，使其在面对市场风暴时，能够保持航向的稳定，并确保收益得以保全。

通过这些风险管理工具与方法的巧妙运用，交易双方不仅能够有效降低市场风险，还能够在一定程度上增强对市场波动的适应能力与应对能力。这不仅有助于保障交易双方的切身利益，更促进了能源金融市场的长期健康发展与繁荣稳定。

另外，由于计价货币可能涉及不同国家之间的货币兑换，因此存在汇率风险。为了降低汇率风险，可以采取货币对冲、使用稳定货币计价等措施。交易双方需要评估对方的信用状况，以降低信用风险。可以通过信用评级、担保等方式来增强交易的信用保障。利用期货、期权等衍生品工具进行风险管理。这些工具可以帮助交易双方锁定价格、规避风险等。

未来，随着全球能源市场的不断发展和变化，能源计价结算货币的选择将更加多元化。人民币等新兴市场货币在能源计价结算中的地位有望进一步提升。

参考文献

[1] 陆静. 后京都时代碳金融发展的法律路径. 国际金融研究，2010，（08）：34-42.

[2] 陈志斌，钱利珍. 能源计价结算货币选择和货币国际化. 统计与决策，2012，（05）：151-154.

[3] 杨长湧. 国际货币体系的现状及发展趋势分析. 经济研究参考，2010，（38）：2-9.

[4] 张小婉. 石油贸易的结算货币研究：基于能源安全. 西部金融，2023，（03）：47-51.

[5] 胡杨，韩晓宇. 石油人民币战略与人民币国际化. 中国金融，2019，（12）：90-91.

[6] 张明，高卓琼. 原油期货交易计价与人民币国际化. 上海金融，2019，（06）：44-49.

[7] 陈宇，陈志恒. 全球石油贸易结算体系的脆弱性及中国对策. 国际贸易，2017，（08）：42-44.

[8] 蔡宇宁，黄创霞，蔡圣华，等. 人民币国际化与能源价格互动关系研究. 经济数学，2015，32（04）：36-46.

[9] 张从军. 经济应用模型. 上海：复旦大学出版社，2008.

[10] Brooks C. 金融计量经济学导论. 四川：西南财经大学出版社，2005.

[11] 陈静阳，许若宁. 现代投资组合理论发展综述. 中国高新技术企业，2011（10）：16-18.

[12] 姜晓兵，温小霓. 现代投资组合理论中风险测度方法的比较分析. 价值工程，2006（05）：122-123.

[13] SHARPE W F. A Simplified Model for Portfolio Analysis. Management Science，1963（2）.

[14] HARRY M. Portfolio Selection. The Journal of Finance，1952（1）.

第六章

煤炭金融

本章导读

在全球能源结构加速转型和煤炭产业发生深刻变革的背景下，煤炭金融不仅为煤炭产业链提供了坚实支撑，还为推动煤炭行业走向可持续发展提供了关键力量。本章旨在全面系统地介绍煤炭金融的基本理论、实践应用及前沿动态。通过本章的学习，读者将深刻把握煤炭金融的基本概念及发展脉络，深入了解煤炭市场的价格形成机制及风险管理策略，熟悉煤炭金融市场的实践运用与前沿动态，充分认识到煤炭金融在支持煤炭产业发展、推动能源结构转型中的关键作用。

第一节 煤炭金融的内涵

一、煤炭金融的定义

煤炭金融指围绕煤炭生产过程和经营管理而产生的一系列金融产品和金融服务。煤炭金融旨在借助金融业的力量推动煤炭产业的转型升级和风险防范，通过金融市场为国际煤炭市场提供一个更加完善、有效、透明的定价基准，促进国际煤炭市场的价格发现与风险规避，从而建立较为完善的煤炭市场机制，以更好地发挥金融服务于实体经济的作用。

二、煤炭金融的投融资分析

（一）煤炭金融工具

随着煤炭产业与金融市场的深度融合发展，煤炭金融工具的种类和形式日益丰富多样。与一般金融工具相比，煤炭金融工具的差异化特征体现在其行业的专属性、风险评估的特殊性、融资期限的匹配性、政策支持的针对性等方面上（见表 6-1），这些特征使得煤炭金融工具能够更好地满足煤炭行业的特殊需求，促进了煤炭行业的可持续发展。

表 6-1　煤炭金融工具与一般金融工具的区别

特征	煤炭金融工具	一般金融工具
行业专属性	专为煤炭行业设计，满足其特殊需求	适用于多个行业，较为通用
风险评估	煤炭市场的特殊风险	市场一般风险
融资期限	煤炭项目有长期性，融资期限通常较长	可长可短，根据具体需求而定
政策支持	享受政府针对煤炭行业的特殊政策支持	根据国家宏观经济政策而定
环保要求	更加注重环保和可持续发展，满足绿色融资要求	环保要求因具体金融工具而异

（二）煤炭投融资影响因素

1. 煤炭企业角度

从企业内部来看，煤炭企业自身的状况对其投融资起着至关重要的作用。第一，企业财务状况。煤炭企业具备强劲的盈利能力、良好的偿债能力及合理的资产结构等健康的企业财务状况，更容易吸引投资者以获得融资支持。第二，经营管理水平。煤炭企业经营管理水平的高低直接决定着企业运营的效率和效益，影响着煤炭企业投融资的难易程度。第三，技术水平和创新能力。先进且不断推陈出新的煤炭技术能够有力保障煤炭企业的竞争力和发展前景，并对煤炭企业投融资产生积极的影响。

从企业外部来讲，影响煤炭企业投融资的因素涉及相关政策法规、宏观经济形势、煤炭市场行情、行业竞争态势和地缘政治因素等方面。第一，相关政策法规。环保和能源政策的调整不仅会对煤炭企业的发展带来约束，也会为煤炭企业的发展创造机遇，进而对煤炭企业的投融资产生影响。第二，宏观经济形势。经济的繁荣或衰退会改变煤炭的需求量，进而影响煤炭企业的投资吸引力。第三，煤炭市场行情。煤炭价格的起伏及市场供需关系的变化，直接与煤炭企业的收益预期紧密关联，进而影响煤炭企业的投融资决策。第四，行业竞争态势。行业竞争的激烈程度决定煤炭企业在市场中的地位，进而影响煤炭企业投融资的难易程度。第五，地缘政治因素。地缘政治的不稳定会给煤炭企业的投融资带来诸多不确定性。

2. 煤炭投资者角度

投资者在进行煤炭金融投资决策时，需综合分析煤炭行业的市场趋势、政策走向、技术动态及企业状况。第一，价格波动和供需关系等市场动态是影响投资者收益预期的关键因素。当煤炭市场供过于求时，煤炭价格下跌，进而影响投资收益。反之，则会为投资者带来更高的回报。第二，环境法规与能源政策等政策走向对煤炭投融资具有深远影响。随着全球对环境保护和可持续发展的重视，政府对煤炭行业的政策可能会发生变化。这些政策通过改变煤炭市场的供需关系影响投资者的决策。第三，开采技术和替代能源技术等技术动态也是投资者必须关注的重要因素。技术进步可能会提高煤炭开采效率，降低生产成本，但同时也可能会导致替代能源的发展，进而减少对煤炭的依赖。第四，财务状况、运营效率及管理能力等企业状况是投资者评估煤炭投资项目可行性和风险的重要依据。良好的财务状况、高效的运营能力和优秀的管理团队是煤炭投资项目成功的关键。

（三）煤炭投融资策略

1. 煤炭类企业投融资策略

煤炭类企业在进行煤炭投融资时应当综合考虑内外部因素，内部应依托企业的财务状况、管理效率和技术实力，外部要密切关注宏观经济走势、行业政策变化及国际市场动态，及时调整投融资方式，以应对潜在的市场风险。通过这种内外结合、灵活应变的投融资策略，煤炭类企业可积极响应国家能源结构调整和环保政策，探索清洁能源和低碳技术的投资机会，以提高企业的社会形象并满足市场的需求，促进煤炭类企业的持续发展和行业竞争力的显著提升。

2. 煤炭金融投资者投资策略

投资者在考虑投资煤炭金融时，应综合评估市场供需关系、价格波动趋势、环境法规与能源政策走向、技术进步动态，以及目标企业的财务状况和管理能力。首先，要密切关注全球能源政策和气候变化协议，因为这些因素可能会对煤炭行业的前景产生重大影响；其次，评估煤炭公司的财务状况、生产成本和市场竞争力，以确定其拥有持续产生稳定收益及保持增长潜力的能力等长期投资价值；再次，考虑多元化投资组合，以降低单一行业风险；最后，投资者还应关注技术创新和替代能源的发展，因为这些变化可能会影响煤炭行业的长期需求。投资者根据随机变动的煤炭投融资影响因素制定投资策略，既要在市场景气时抓住增长机会，又要在市场低迷时注重风险管理，以确保投资组合的稳健和投资回报的最大化。

第二节 煤炭金融市场

一、煤炭金融市场发展历程概述

（一）国际煤炭金融市场发展历程

国际煤炭金融市场开展期货交易的时间较晚。2001 年 7 月，纽约商品交易所（NYMEX）率先推出以产于阿巴拉契亚中心山脉 12 000 英热单位/磅动力煤为基准品的动力煤期货合约，标志着煤炭期货合约的诞生。目前纽约商品交易所、洲际交易所及澳大利亚证券交易所累计上市 15 种煤炭期货合约。其中，澳大利亚证券交易所与纽约商品交易所推出过两种实物交割的期货合约。以现金结算的煤炭期货合约共有 13 种，且多为指数期货合约。由于煤炭具有不易储存、易质变的特点，为实物交割带来了困难。而现金结算的期货合约能够避免实物交割的不便与风险，不仅能降低交易成本，还能使交易量快速增长。下面主要从煤炭金融衍生品的角度对国际煤炭金融发展历程进行梳理。

1. 美国煤炭金融市场

美国是全球煤炭资源储量最丰富的国家，拥有大量优质冶金煤和动力煤，是重要的煤炭净出口国。起初，美国的煤炭资源除工业生产和出口贸易之外，主要用于火力发电，出于规避煤炭价格会受电力市场波动影响的风险，美国的煤炭金融市场开始萌芽并不断发展。

随着煤炭市场供需关系的变化，特别是供应链中的不确定性，企业和投资者面临着更大的风险。因此，市场萌发了利用煤炭期货进行风险管理的需求。纽约商品交易所目前已成为世界最大的能源期货交易所。该交易所于 2001 年 7 月 12 日上市了中部阿巴拉契亚煤炭期货，对合约标的、交割地点、交割方式等进行了严格规定。合约每手 1550 吨，通过 ClearPort 平台进行几乎全天 24 小时交易。在煤炭金融场内市场稳步发展的同时，场外市场也在逐渐兴起。2010 年 9 月，芝加哥商品交易所推出针对 ARA 地区煤炭 CIF 价格与 API2 指数的互换期货、期权合约和针对理查德湾 FOB 价格和 API4 的互换期货、期权合约。

2. 欧洲煤炭金融市场

欧洲作为工业革命的始发地，其财富积累很大程度上依赖于以煤炭资源为基础的工业生产，煤炭金融市场也随之逐步发展。2006 年 7 月，ICE 欧洲期货市场引入针对欧洲市场的两种煤炭期货合约。与之前煤炭期货不同的是，这两种合约以现金结算的方式结算到期日未平仓的期货合约，主要定价基准为煤炭咨询公司汇总报告的月度煤炭价格指数。2008 年，洲际交易所和环球煤炭电子交易平台（GlobalCoal）合作开发了亚太区域煤炭期货合约。

欧洲国家众多且分散，各国煤炭资源差异较大。基于此，欧洲的煤炭金融市场设立在煤炭集中地，煤炭期货放松了对煤炭规格、品质的严格限定。2006 年 7 月，欧洲煤炭金融市场推出了以南非理查德湾的煤炭离岸价格为标的物，以 API4 指数为现金清算标准的期货合约；以荷兰鹿特丹港的煤炭到岸价格为标的物，以 API2 指数为现金清算标准的期货合约。2008 年 12 月，欧洲煤炭金融市场推出了以纽卡斯尔港的煤炭离岸价格为标的物，以 NEWC 指数为现金清算标准的期货合约。2011 年，洲际交易所又集中上市 4 个以现金结算的煤炭期货合约。欧洲的煤炭场外金融衍生产品中最为活跃的是煤炭互换合约。互换合约的交易品种是动力煤，交易方式以固定价格和浮动价格之间的差价互换为主。通过互换合约可以有效规避煤炭现货市场价格波动带来的风险。

（二）国内煤炭金融市场发展历程

中国的煤炭金融市场不同于国际煤炭金融市场，金融更多地为煤炭产业的发展提供融资支持而非进行风险的管理。按照煤炭企业融资工具的发展历程，中国煤炭金融市场大致可以划分为以下 4 个阶段（见表 6-2）。

表 6-2 中国煤炭金融市场发展阶段

阶段	表现
1990—2002 年	煤炭金融市场的金融工具以传统信贷为主。煤炭采选业、煤气生产和供应、采掘服务业通过资本市场融资总额仅 117 亿元,其余均为信贷融资
2003—2009 年	煤炭金融市场的金融工具以股权融资为主。煤炭投资主体发生转变,由国家转变为煤炭企业和个人。煤炭企业股权融资占资本市场总额的 60%左右
2010—2015 年	煤炭金融市场的金融工具以债券融资为主。煤炭企业通过债券发行的融资占资本市场比重超过 90%,并且以中期和短期债券的发行为主
2016 年至今	煤炭金融市场金融衍生工具逐渐发达。2016 年至今以来,除了传统的信贷、股权和债券融资,期货、远期等金融衍生工具也逐渐发展起来

中国在 20 世纪末就曾设立煤炭期货市场,但由于交易环境不完善,运行一段时间后暂时关闭。2011 年,大连商品交易所首次推出了焦煤期货合约,标志着中国煤炭期货市场的重启。2013 年 3 月,煤炭期货合约在大连商品交易所上市,同年 9 月,动力煤期货在郑州商品交易所正式挂牌交易。2023 年,郑州商品交易所期货成交量为 304 456.62 万手,相比 2022 年同期增长了 80 721.99 万手,同比增长 36.08%。2019—2023 年郑州商品交易所动力煤期货成交量如图 6-1 所示。

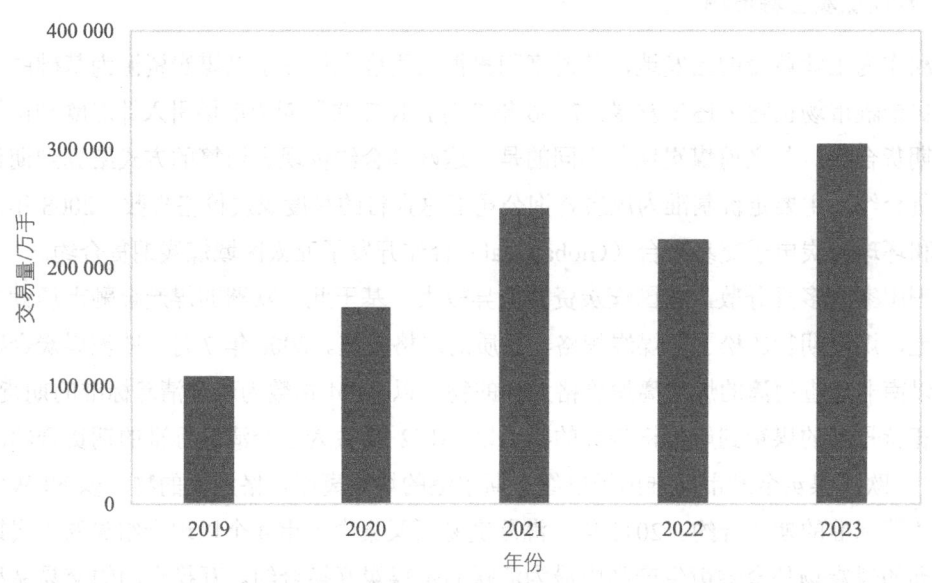

数据来源:中国证券监督管理委员会官网

图 6-1 2019—2023 年郑州商品交易所动力煤期货成交量

二、煤炭价格的形成机制

(一)煤炭价格的影响因素

煤炭的价格受到多方面因素的影响。本章将影响煤炭价格的因素分为宏观环境和微观环境两个方面，其中宏观环境包括政策、市场及国际环境；微观环境包括煤炭的资源分布情况、煤炭的价格及新兴能源的发展情况。

1．宏观环境影响

1）政策环境

煤炭资源价格变动比较容易受到宏观政策环境的影响，煤炭行业的稳定发展需要市场和政府的双向调节。以中国为例，2022 年 2 月 24 日发展和改革委员会出台了《关于进一步完善煤炭市场价格形成机制的通知》，该通知旨在规范和完善煤炭市场的价格形成机制，通过引入更透明的价格制定流程、加强市场监管等措施，减少价格的异常波动，提升煤炭市场价格的稳定性，为维稳煤价提供了坚实的制度保障。为了维稳煤价，中国自然资源部不断完善矿业发展的法律法规和制度体系，努力实现对煤炭企业的储量管理、矿业权出让管理等方面的配套，促进煤炭市场的规范化、质量化发展。

2）市场环境

煤炭行业市场化程度直接影响了煤炭价格的波动。煤炭市场通常涉及广泛的供应链，包括矿山、运输、加工、能源发电等多个环节，这增加了信息不对称的可能性，导致市场上的投机行为增加，从而加大了价格的波动性。对于市场化程度高的煤炭市场，信息通常更加透明和公开，能够更及时地反映煤炭的供应和需求情况，以及其他市场因素的变化情况。这使得市场上的价格能够更加准确地反映实际的市场供求关系，避免因为信息不对称而引发价格扭曲，有效缓解了价格波动。市场参与者可以更清晰地了解市场的基本面和趋势，从而更理性地调整自己的行为，使得煤炭市场价格的波动更为稳定和可预测。

3）国际环境

第一，全球经济处于增长阶段时，会带动煤炭价格升高。工业用途是煤炭的主要消费领域之一，因此全球经济活动的增加通常会导致煤炭等能源的需求增加，从而推高煤炭价格，反之亦然。第二，国际经济形势的变化。全球供应链的稳定性和成本结构会影响煤炭价格。在物流成本上涨或供应链中断的情况下，煤炭等商品的运输成本可能会上升，煤炭的最终市场价格也会提高。第三，煤炭价格的变化会受到地缘政治因素的影响。煤炭主要生产国之间的紧张关系可能会导致贸易限制或出口管制，不利于煤炭资源供应，进而推高价格。同样，国家之间的战略联盟关系，会形成价格上的优惠。

2．微观环境影响

1）煤炭的资源分布情况

煤炭是目前全球储量最为丰富、分布最为广泛且使用最为经济的能源资源之一。截至 2020 年年底，全球已探明的煤炭储量为 1.07 万亿吨。从国家来看，美国是全球煤炭储量最丰富的国家，占全球资源的 23.2%，俄罗斯占比 15.1%，澳大利亚占比 14%，中国占比 13.3%，印度占比 10.3%，以上 5 个国家的煤炭储量之和占全球总储量的 76%。2020 年全球已探明煤炭储量前 10 位的国家如图 6-2 所示。

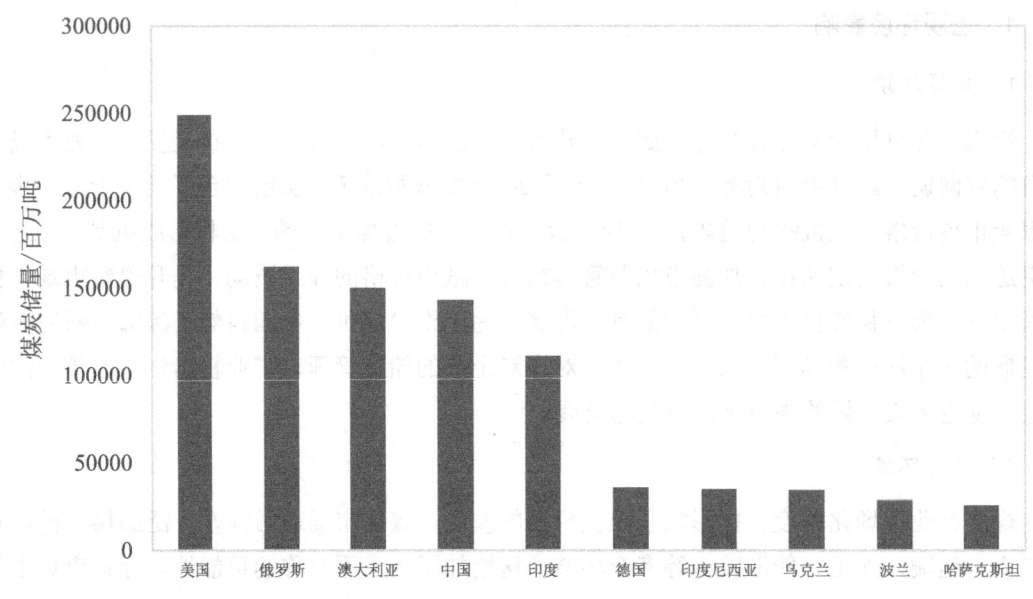

数据来源：BP 公司

图 6-2　2020 年全球已探明煤炭储量前 10 位的国家

煤炭资源的分布情况实际上反映的是煤炭资源在不同国家市场上的供需情况，通过影响不同市场煤炭生产和交易的成本，进而影响煤炭价格。拥有丰富煤炭资源的国家和地区，生产成本通常较低，因为开采和加工的固定成本可以分摊到更大的产量上。这种低成本生产使得这些国家或地区的煤炭价格相对较低。位于煤炭资源丰富地区的企业可以获得市场竞争优势，进一步压低全球或区域市场的煤炭价格。对于资源稀缺的国家或地区，煤炭的开采成本通常较高，包括勘探、开采、运输等环节成本的增加。这些成本的上升会导致该地区的煤炭价格相对较高。

2）煤炭的价格

煤炭的价格在核算过程中不仅需要核算上述的生产和交易成本，还需要计算生态环境的恢复和治理的成本。随着财税环境的向好和完善，各类环境税应运而生，如排污税、产品税等，都在一定程度上增加了煤炭企业的负担，并直接影响了煤炭的市场价格。

3）新兴能源的发展情况

随着新能源技术（如风能、太阳能、生物能等）的发展和成本的下降，这些新兴能源逐渐成为煤炭的替代选择。特别是在发达国家和一些新兴市场，政府和企业对新能源的支持和投资通常会减少煤炭的需求量，降低煤炭的市场份额，从而对其价格造成负面影响。新兴能源的发展促进了能源市场的多样化。虽然新兴能源正在高速发展，但它们仍然无法完全替代煤炭。在电力生产中，煤炭的市场占有率依旧较高，有利于维持其市场价格。2022 年全球发电量燃料占比如图 6-3 所示。

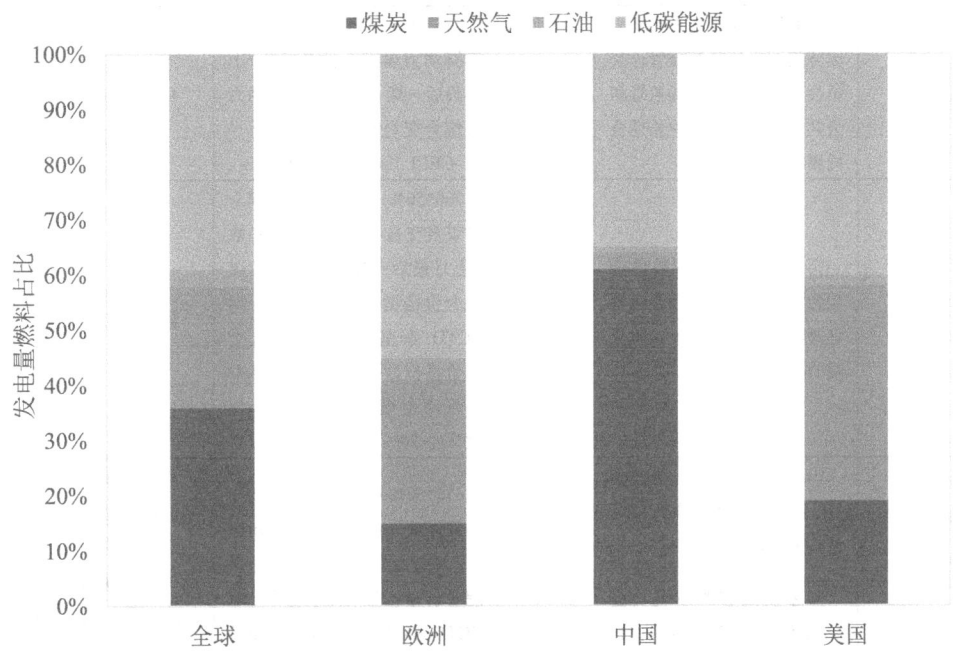

数据来源：Wind 数据库、Our World in Data、东亚期货研究院

图 6-3 2022 年全球发电量燃料占比

在一些国家和地区，政府可能会参与平衡新兴能源和传统能源的发展，包括实施对清洁能源的补贴或对高碳排放能源的税收或限制，让煤炭价格相对稳定。

（二）煤炭价格的定价方式

现代煤炭市场通常趋向于更加灵活和市场化的定价方式，以反映供求关系和市场变化。目前国际上主流的煤炭定价方式主要有 3 种，分别是长协定价、煤炭价格指数定价及煤炭期货合约定价。

1．长协定价

全球煤炭贸易大多采取长协定价的形式，长协定价是指煤炭供需双方约定的在一定执行期限内，明确煤炭数量和价格的购销方式。这是合同双方按周期进行煤炭交易的模式，它以煤炭期货市场价格为基准，并根据现货价格指数计算浮动价。长协定价对不同地区市场价格和未来供求关系有很强的引导作用，是市场定价重要的参考基础。中国如今采用新双轨制的煤炭定价形式，秉持保供稳价的政策，基准价由国家制定，长协定价占比超 95%。煤炭长协定价公式演变如表 6-3 所示。

表 6-3　煤炭长协定价公式演变

时间	政策文件	基准价	定价公式	煤价区间范围
2016 年 11 月	国家发展和改革委员会、国务院国有资产监督管理委员会《关于加强市场监管和公共服务保障煤炭中长期合同履行的意见》	535	535*50%+（上月最后一期环渤海动力煤综合价格指数+上月最后一期 CCTD 秦皇岛动力煤综合交易价格+上月最后一期 CECI 综合指数）/3×50%	470～600 元/吨
2021 年 12 月 31 日	国家发展和改革委员会《2022 年煤炭中长期合同签订履约工作方案（征求意见稿）》，未实施	700	700*50%+（上月最后一期全国煤炭交易中心综合价格指数+上月最后一期环渤海动力煤综合价格指数+上月最后一期 CCTD 秦皇岛动力煤综合交易价格指数+上月最后一期中国沿海电煤采购价格综合指数）/4×50%	550～850 元/吨
2022 年 2 月 24 日	国家发展和改革委员会《关于进一步完善煤炭市场价格形成机制的通知》	675	675*50%+（上月最后一期全国煤炭交易中心综合价格指数+上月最后一期环渤海动力煤综合价格指数+上月最后一期 CCTD 秦皇岛动力煤综合交易价格指数）/3×50%	570～770 元/吨。新增晋、陕、蒙三大产区出矿环节（坑口煤）长协价的合理区间：山西 370～570 元/吨、陕西 320～520 元/吨、蒙西 260～460 元/吨、蒙东 200～300 元/吨（350 千卡）
2022 年 2 月 23 日	国家发展和改革委员会《关于做好 2022 年煤炭中长期合同监管工作的通知》			

2. 煤炭价格指数定价

煤炭价格指数由现货合同价和报价总结计算得到，为现货合同、长协合同和期货合约提供价格参考的基准。当今全球主要的煤炭价格指数有 BJ 指数、普式指数、GC（GlobalCoal）指数、API 指数，以及美国、中国、印尼等围绕主产地的价格指数，根据现货合同或报价、询价情况评估而来，范围涵盖了全球主要煤炭贸易港口和产地，为全球不同地区煤炭价格提供参考基准。国内主流煤炭价格指数如表 6-4 所示。

表 6-4　国内主流煤炭价格指数

价格指数类型		编制单位	发布时间	指数对标	特点
产地价格指数	CTPI 太原煤炭交易价格指数	太原煤炭交易中心	2013 年 5 月 23 日开始发布，目前暂停发布	以山西为代表的主产地煤炭价格水平	
	OSPI 鄂尔多斯动力煤价格指数	内蒙古煤炭交易中心	2014 年 12 月 29 日起每周五发布	分为鄂尔多斯混煤价格指数和鄂尔多斯块煤价格指数，包括指数价、坑口价、车板价和港口指导价	
中转地价格指数	BSPI 环渤海动力煤价格指数	秦皇岛海运煤炭交易市场有限公司	2010 年 10 月 13 日开始，每周三 15 点发布，统计周期为上周三至本周二	环渤海港口动力煤离岸平仓价	长协交易居多，少量大宗交易和零散交易
	CCTD 秦皇岛动力煤综合交易价格指数	中国煤炭运销协会	采集上一周成交的港口平仓交货价格，每周五 17 点发布	秦皇岛港及周边港口主流品种动力煤的现货平仓价	兼有零散现货交易、大宗现货交易和长协交易

价格指数类型		编制单位	发布时间	指数对标	特点
中转地价格指数	CCI 中国煤炭价格指数	山西汾渭能源咨询有限公司	2015 年 8 月 3 日发布，每日发布	环渤海港口动力煤的离岸平仓价	样本容量较小，主要体现环渤海港口煤炭的零散现货交易，波动较大
	NCEI 国煤下水动力煤价格指数	全国煤炭交易中心	2021 年 12 月 31 日开始发布，每周五 15 点发布（遇节假日暂停发布）	沿海下水煤离岸平仓价	长协权重不低于 72%，比较稳定
消费地价格指数	CECI 中国沿海电煤采购价格中和指数	中国电力企业联合会	2017 年 11 月开始发布，每周四发布	电厂实际采购离岸的成交价格	更贴近市场报价，但波动较大

3. 煤炭期货合约定价

煤炭期货合约发源于价格指数，对市场价格和未来供求关系有很强的引导作用，是市场定价的重要参考基础。煤炭金融属性持续增强，现金结算的出现使得煤炭期货合约交易规模扩大，如今煤炭期货合约交易量已远超实物交割量。煤炭期货合约发源于价格指数，期货市场价格的变化会直接引起现货价格信号的变化，在一定程度上可以代表现货价格走势。市场挂牌交易的煤炭期货合约主要有芝加哥商品交易所的 API2 ARA 和 API4 RB，以及在洲际交易所上市的 API2 鹿特丹、API4 RB 和 GC（纽卡斯尔、印尼、理查德湾）合约，不同的地区合约对当地价格具有很强的指导性。

（三）煤炭价格波动规律

1. 全球煤炭价格周期性波动

煤炭是一种基础能源类的大宗商品，属于周期性行业。煤炭的价格波动受康波周期、产能周期、固定资产投资周期等多周期的叠加支配，形成大宗商品自身的商品超级周期，一个完整的煤炭商品超级周期包含上行期和下行期，约为 18 年至 20 年，最近一次的超级周期上行期为 2001—2010 年，一方面，工业化和城市化进程加快，煤炭的需求大幅上升，从而推高了煤炭价格；另一方面，在此阶段国际油价大幅上涨，使得相对便宜的煤炭成为更具吸引力的能源选择，从而提升了煤炭的需求和价格。下行期为 2011—2020 年，一方面，全球范围内对可再生能源的投资和应用显著增加，这些能源逐渐替代了部分传统燃料的使用，减少了对煤炭的需求；另一方面，许多国家和地区出台了更严格的环保法规，限制了煤炭的使用。2021 年左右，煤炭需求爆发、极端天气、地缘冲突及能源替代和联动等多重因素共同推动了煤炭价格的上涨，导致了 2021 年以来全球煤炭价格大幅上涨，同时标志着新的超级周期上行期的开始。图 6-4 为 1990—2020 年发电用动力煤平均价格。

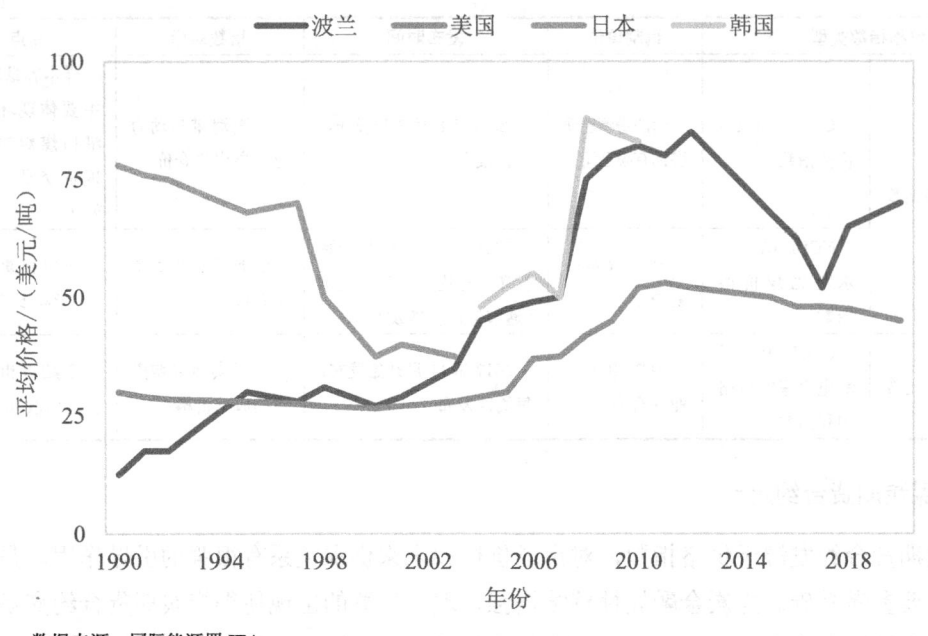

数据来源：国际能源署 IEA

图 6-4　1990—2020 年发电用动力煤平均价格

2. 国内煤炭价格季节性波动

以北方环渤海港口动力煤价格走势为例（见图 6-5），煤炭价格的季节性波动主要受以下 3 个因素影响。

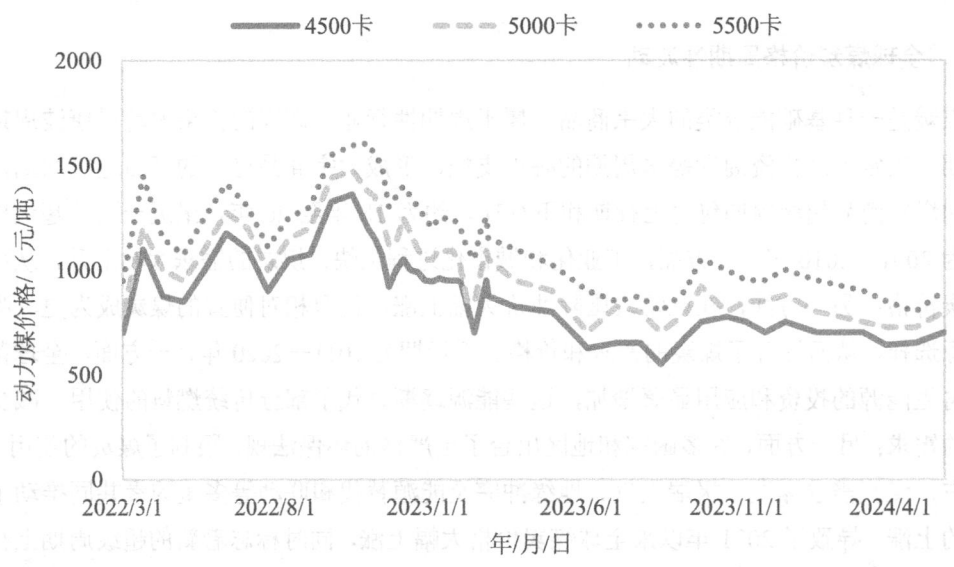

图 6-5　北方环渤海港口动力煤价格走势图

首先，受用电需求的影响。在冬季，特别是北方地区，取暖需求显著增加，导致煤炭作为主要取暖能源的需求量大幅上升。这种季节性需求峰值会直接推动煤炭价格的上涨。相反，在夏季需求通常较为平稳，导致价格相对稳定或略有下降。其次，受煤炭产量的影响。2 月通常处于产量低谷，3 月出现年内第一个产量高峰，4 月至 5 月会小幅回落，6 月出现第二个小高峰，7 月再次回落，8 月至 12 月又会缓慢回升。最后，煤炭价格存在重要的季节性时间窗口，是动力煤市场对气候变化、消费模式和工业活动等方面变动的反应。例如，动力煤价格走势有 3 个重要的季节性时间窗口，分别是每年 4 月前后、7 月前后和 1 月前后。4 月前后是全年产销最寡淡的阶段，7 月前后是验证夏季需求含金量的时期，1 月前后则是电厂为春节备货的时点，补库情况成为决定现货价格走势的关键时期。

三、煤炭金融的风险管理

（一）煤炭金融风险

煤炭金融领域的风险复杂多样，相比于其他行业，较为突出的有环保与社会责任风险和内控管理风险。此外，与其他能源金融相比，煤炭金融也会受政策风险、技术风险、流动性风险及价格波动风险等常见风险的影响。

1. 环保与社会责任风险

首先，煤炭燃烧释放的二氧化碳是主要的温室气体之一，直接影响到全球气候变化。因此，煤炭企业面临的碳排放管控与其他行业相比更为严格与复杂。政府限制煤炭产量和使用量，引导企业实施清洁能源转型。如果企业不能有效地实施节能减排措施，就可能面临生产成本增加、环境负担加重等风险。其次，煤炭开采和燃烧对环境的影响较为显著，包括空气污染、水资源消耗与污染、土地破坏等问题。相比之下，许多其他行业对环境的影响可能更容易保持在可控范围之内。再次，煤炭行业在社会上的影响较大，引发的社会反响和公众关注度也较高，环保组织、社区团体和公众对于煤炭项目的抗议和诉求，往往比其他行业更为激烈。最后，随着全球可持续发展和环保意识的增强，煤炭行业将面临越来越大的社会压力和环保责任，投资者可能将面临社会责任投资（SRI）方面的压力，如果煤炭企业不能有效管理其环境影响，就可能导致投资风险增加。

2. 内控管理风险

煤炭金融行业相对其他行业在内控管理的结算与安全方面存在着较大的隐患。煤炭企业在货权的管理上较为松散。一方面，煤炭货权的监管责任下放到了业务部门和子公司，缺乏专业化的物流监管服务团队；另一方面，对购销合同的审批不严，对货权可能出现的争议条款把控不够，容易造成货权不清晰的风险。举例来看，如果企业与供应商的货款结算方式为预付款，而对客户采用赊销的结算方式，那么当客户的履约意愿与履约能力下降时，企业就很容易面临"钱货两空"的风险；如果结算方式主要为信用证，而大多数大宗商品贸易合同签约时为临时价格，那么后续就会涉及第二次或多次结算的问题。这时一旦遭遇价格剧烈波动，企业就会面临尾款结算的信用风险。煤炭企业对于供应商和客户的选择虽有相关规定，但在执行过程中，对供应商和客户的资质审批较宽松，缺乏相应的调查。此外，煤炭企业的安全隐患往往与内控管理的缺失或不足有关。如果企业没有建立全面、系统的安全管理制度，那么员工一旦在日常工作中忽视安全规范，就会导致事故发生。

3. 其他常见的风险

煤炭金融作为能源金融的一个重要方面，同样也会面临能源金融所涉及的大部分常见风险。第一，政策风险。煤炭行业受到环境保护法规的严格监管，政策变化可能导致企业面临更高的治理成本和更多的限制；第二，技术风险。煤炭生产技术不断发展，落后的技术可能导致效率低下和成本上升；第三，价格波动风险。价格波动会对煤炭生产企业的盈利能力产生直接影响，从而增加其金融风险；第四，资金流动性风险。在市场需求下降或政策变动的情况下，企业的存货和应收账款可能面临难以变现的状况，从而影响企业资金的流动性。

（二）煤炭金融风险管理策略

首先，从监管者的角度出发，一是要制定和实施严格的环境保护法规和标准，监督和管理煤炭企业的环境影响情况，确保其生产活动不对环境造成严重损害。同时，加强对煤炭企业的环境监测与评估，及时发现并处理污染问题，避免环境污染给金融市场和公众信任带来负面影响；二是提升公众对煤炭行业的了解，促进社会各界对煤炭企业环保和安全责任的监督及参与。要求煤炭企业加强信息披露，并且公开其环境影响情况、安全生产措施和金融状况等关键信息，以增强市场的透明度。

其次，从煤炭企业的角度出发，一是加强对环保与节能减排的投入，通过引入先进的节能减排技术和设备，提高企业的环保水平，降低污染物排放和能源消耗；二是企业应该与供应商建立稳定的合作关系，并强化彼此间的沟通与协作。通过建立长期合作关系、定期评估和考核供应商等方式，企业可以降低供应商风险的影响；三是煤炭企业应该建立健全的价格监测机制和完善的风险管理机制，及时掌握国内外煤炭市场的价格动态和供求变化，对煤炭价格进行实时监测和分析；四是积极拓展多元化的融资渠道，减少对银行贷款的单一依赖，提高企业的融资能力和抗风险能力。探索与金融机构合作，开展资产证券化等融资方式，进一步降低信贷风险。

再次，从投资者的角度出发，一是要深入了解煤炭市场和行业，对煤炭市场和行业的政策、供需动态、价格趋势等进行深入分析和研究，提前识别风险并做出相应的投资决策；二是要分散投资组合，将资金分散投资于不同类型的资产，降低单一投资带来的风险；三是要关注可持续发展因素，考虑 ESG 因素，评估企业在可持续发展和环境责任方面的表现，避免环境法规或公众压力带来的投资风险。

（三）风险监测与报告

1. 风险监测

煤炭金融的风险监测主要包括两个方面：数据的收集与分析、风险监测模型的建立。本节将分别从煤炭产业链和煤炭供应链这两种视角，分析如何对煤炭金融进行风险监测。

1）煤炭产业链风险监测

煤炭产业链风险监测应以综合性、环保性和安全性为导向，以确保能够及时识别、评估和应对各种潜在风险，保障产业链的稳定和可持续发展。综合性是指对于煤炭产业链而言，可以设计出覆盖上游设备和系统、中游开采和洗选，以及下游煤炭应用的全过程评估模型，并进行监测应用；环保性是指对煤炭开采和运输的环境影响进行评估，实施环境影响评估制度，将环境污染维持在可控范围内；安全性是指针对煤矿事故、运输事故等可能存在的安全风险进行监测管理。建立煤炭矿山和运输安全管理制度，加强事故预防和应急响应能力，定期进行安全检查和评估。

2）煤炭供应链风险监测

煤炭供应链是基于煤炭上中下游企业之间的连接、咬合和共生建立起来的信用关系。把外部资金与资源引入煤炭流通行业的共生系统中，实现"商流、物流、资金流、信息流"的完善和闭环问题，以解决融资难题。数据的收集一是收集市场数据，包括国际和国内煤炭价格指数、供需平衡数据、库存量等；二是收集财务数据，包括企业财务报表、偿债能力指标、现金流量等；三是收集运营数据，包括生产量、设备利用率、环保合规情况等；四是收集宏观数据，包括经济增长率、行业景气指数等。风险监测模型主要有 3 种，第一种是市场风险模型，如向量自回归模型（VAR），用于预测煤炭价格波动可能带来的损失；第二种是信用风险模型，如信用评分模型、违约概率模型，用于评估煤炭企业客户或合作伙伴的信用风险；第三种是操作风险模型，如失误树分析（FTA）、风险矩阵等，用于识别和量化煤炭企业操作风险。

2. 风险报告

风险报告的主要内容首先是风险概述，即对当前煤炭金融面临的主要风险因素进行简要描述；其次是风险暴露，即分析不同类别煤炭金融风险的具体暴露水平及其对企业的潜在影响；此外是风险监测结果，即基于已收集到的数据及建立的风险监测模型给出风险评估的结果；最后是风险管理措施，即针对识别到的主要煤炭金融风险，提出相应的管理和控制措施。风险报告的频率一般分为定期报告和临时报告两种，定期报告如季度报告、年度报告等，涵盖全面的风险监测与评估内容；临时报告是指在重大事件或突发风险发生时，及时进行风险评估和报告。风险报告的对象主要是企业的内部管理层、风险管理部门及外部利益相关者。

风险报告是一种重要的风险监督管理手段。煤炭金融风险报告与风险监测之间的反馈机制是确保风险管理系统动态、高效运行的关键。一方面，煤炭市场价格受供需关系等多方面因素影响，存在较大波动。通过实时监测和反馈，企业能及时调整销售策略，降低因价格波动带来的风险；另一方面，煤炭行业受到严格的环境保护和安全生产监管。政策法规经常变动，通过风险报告及时反馈，企业能够及时了解并遵守新的监管要求，以避免法律风险和潜在的罚款。

企业将风险监测系统收集的实时数据整合到风险报告中，使用自动化工具和软件平台，确保数据从监测系统无缝传输到报告系统。基于反馈机制，管理层可以不断优化风险管理策略，确保策略始终适应市场变化和企业发展需求。通过建立风险监测与报告之间的反馈机制，煤炭企业能够及时识别和应对各种内部和外部风险，提高风险管理的效率，确保安全生产和可持续发展，从而增强市场竞争力。

四、煤炭金融市场的实践应用

2020 年 11 月 10 日，永城煤电控股集团有限公司（以下简称"永煤控股"），因未能按期兑付"20 永煤 SCP003"（超短期融资券）到期应付的本息，构成了实质违约，涉及本息金额共 10.32 亿元。本章以永煤控股为例，其债券违约事件发展历程如表 6-5 所示，探讨煤炭金融在煤炭企业实际运营中面临的挑战及应用效果。

表 6-5　债券违约事件发展历程

2020 年 2 月 12 日	永煤控股发行超短期融资券"20 永煤 SCP003"，发行期限为 270 天，于本年度 11 月 10 日到期兑付
2020 年 10 月 10 日	永煤控股发行票据"20 永煤 MTN006"，该债券评级和公司主体评级都为 AAA 级
2020 年 11 月 10 日	公司超短期融资券"20 永煤 SCP003"共计 10.32 亿元的本息不能及时兑付，公司发生首次实质性违约事件
2020 年 11 月 11 日	中诚信国际信用评级有限责任公司决定下调永煤控股及其母公司的主体评级至 BB 级
2020 年 11 月 23 日	永煤控股两只超短期融资券"20 永煤 SCP004"和"20 永煤 SCP007"的本息均无法按期偿还
2020 年 12 月 7 日	中诚信国际信用评级有限公司下调永煤控股的长期信用评级至 B 级
2021 年 6 月 17 日	中国证监会发布〔2021〕44 号行政处罚决定书，对永煤控股违规披露重要信息的行为给予警告，并对公司及其涉事责任主体予以罚款
2021 年 10 月 20 日	《上海证券交易所纪律处分决定书》（〔2021〕125 号）对永煤控股违规事件予以公开谴责

（一）债券违约后应对措施

1. 债务展期兑付

永煤控股 2020 年第 3 期超短期融资券于同年 11 月 10 日发生实质性违约事件后，债券主承销商召开持有人会议，公布了该债券的后续兑付方案，即永煤控股先向持有人兑付"20 永煤 SCP003"本金的一半，其他 50% 的本金按照该债券的发行利率展期 270 天，承诺在下一次兑付日，将该债券的剩余本金和利息全部支付给债券的持有人。随后，相关债券主承销商又陆续多次召开持有人会议，同意所持债券展期兑付。

2. 质押股份，缓解兑付压力

永煤控股为了顺利实现债券展期，与河南高速公路发展有限责任公司签订了股权质押合同，协议向其转让部分股份以增加公司的资金流动性。截至 2021 年 12 月 24 日，永煤控股收到此次股份转让交易的全额预付款，有效缓解了公司的债务违约压力。

3. 内部整改，获取外部支持

永煤控股债券违约事件给公司的内部治理敲响了警钟。2021 年 4 月 12 日，其母公司制定改革重生方案，2020 年 5 月末，永煤控股内部成立了 8 个专项小组，根据部室职责范围，对母公司的工作台账进行细化分解，并对自身进行内部整改。永煤控股实施内部整改以来，于 2021 年 6 月 4 日获得来自其子公司——永煤集团股份有限公司与平顶山银行的 1.6 亿元新增授信。2021 年 4 月，河南省政府协调 20 余家本土省属企业，联合出资成立了信保基金，用于支持永煤控股等省属国企的债务周转和增信。

（二）从永煤控股债券违约原因看煤炭金融在企业实际运营中的挑战

1. 外部原因

1）区域流动性分层

从社会融资的流向看，一方面，河南省所获社会融资的占比相对减少，社会融资规模增量不断收紧，企业的融资空间相对收窄；另一方面，中国社会融资增量中流向企业债的规模大幅度下降，对河南省企业债券融资产生了不利影响。综上，社会融资规模区域性分层及流向企业债券的社会资金收紧，在一定程度上造成了永煤控股债券违约。

不同区域的经济发展水平、金融基础设施和市场成熟度存在差异，导致资金流动性不均衡。煤炭企业需要在资金充裕的区域和资金匮乏的区域之间进行资源调配，但企业与金融机构之间的信息不对称问题普遍存在，尤其是在偏远地区，信息获取和传递效率低下，影响了资金的有效配置。

2）行业逆周期

永煤控股的主营业务煤炭行业及其下游产业具有明显的周期性。永煤控股作为国有大型煤炭企业，受宏观经济周期波动和煤炭行业周期下行的双重冲击，盈利疲软且融资困难，在一定程度上加剧了其债券违约的风险。

自 2017 年中国实施供给侧结构性改革以来，煤炭行业基本上处于下行趋势。中国煤炭消费量占比逐年下降，煤炭行业产能过剩问题凸显。煤炭行业面临短期内总需求不足，长期存在结构性问题、供给侧改革实施不到位等问题。

3）信用评级失真，风险披露不足

2016—2020 年前 3 季度，永煤控股债券的违约风险都比较高，但其在 2020 年 10 月 16 日发行债券进行融资时，中诚信国际信用评级有限责任公司给予永煤控股及其所发行债券

AAA 级评级，评级虚高于企业的实际风险情况，导致大量债券超信用发行。

中国的信用评级机构之间存在恶意市场竞争，出于争夺盈利空间的目的，债券评级迎合发债主体的现象严重，导致信用评级普遍偏高，无法真实披露发债主体和相关债券的真实信用和风险状况。

2. 内部原因

1）债务结构失衡

永煤控股以短续长的融资行为导致短期兑付压力增大，流动性负债逐年累积，有息债务结构恶化，短期债务偿还压力大，债券违约风险较高。

煤炭企业如果短期借款过多，而相应的现金流入不足以覆盖这些短期负债，就可能导致流动性危机。长期债务过多则会增加利息支出，影响企业的盈利能力和财务的稳定性。在此基础上，如果长期项目（如矿山开发、基础设施建设等）使用了短期融资，则会面临再融资风险和现金流压力。

2）流动性受限，虚假披露信息

永煤控股与其母公司及其下属子公司等关联方的往来款项巨大，且多为应收账款，短时间内难以收回，导致大量流动资金被占用，企业的流动性受阻。永煤控股在 2017 年至 2020 年 9 月末期间存在虚假披露货币资金和受限资产情况，导致评级机构、投资者及监管机构的错误判断，进一步扩大了永煤控股债券违约的风险。

一方面，煤炭企业面临着较高的运营资金需求和现金流波动性，导致企业流动性风险增加。这可能是由于市场价格波动、供应链延迟或政策限制等原因导致的。当企业无法及时偿还债务或满足日常资金需求时，流动性受限就成为一个严重的挑战。另一方面，部分煤炭企业可能面临虚假披露信息的问题，给投资者带来误导。企业可能通过夸大业绩、资产估值等手段来吸引投资者，从而误导市场。这种行为不仅会损害投资者的利益，也会破坏金融市场的健康发展。

（三）煤炭金融在煤炭企业实际运营中的应用效果

煤炭金融应用得当时，也可以在煤炭企业的实际运营中产生正面的应用效果，如助力煤炭企业获取资本与融资、加强企业风险管理，以及助推企业绿色转型等。

1. 助力资本获取与融资

一方面，煤炭金融可以帮助煤炭企业获得银行贷款、信贷额度，这对于资金密集型的煤炭行业尤为重要，煤炭企业可以利用这些资金进行开发新矿、升级技术及日常运营。供应链金融是金融科技发展的新兴产物，有效拓宽了煤炭企业的融资渠道，同时对于煤炭企业的转型升级起到了积极的促进作用。另一方面，通过发行公司债券，煤炭企业能够募集大量长期资本，从而优化资本结构，缓解资金压力。

2. 加强风险管理

第一，煤炭企业可以利用期货、期权等衍生品进行价格风险管理，对冲煤炭价格波动带来的经营风险。通过建立套期保值策略，企业可以锁定未来的价格，以降低市场价格波动带来的不确定性。第二，通过购买财产险、责任险等保险产品，煤炭企业可以转移部分经营风险，保障生产安全。第三，对于涉及跨国业务的煤炭企业，外汇风险是一个重要的考虑因素。金融工具可以帮助企业管理外汇风险，规避汇率波动带来的财务不确定性。同时，跨境融资工具也为企业降低汇率风险提供了有效途径。

3. 助推煤炭企业绿色转型

煤炭金融在助推煤炭企业绿色转型方面具有重要的意义。一方面，煤炭企业进行绿色转型需要大量的资金投入，包括技术改造、设备更新、清洁能源建设等。煤炭金融可以通过各种融资方式，如银行贷款、股权融资、债券发行等，为企业提供资金支持，降低企业进行绿色转型的财务压力。另一方面，煤炭金融可以与政府相关政策相结合，引导煤炭企业朝着绿色转型方向发展。政府可以通过金融奖励、补贴、税收减免等方式，鼓励煤炭企业采取环保措施和技术创新，推动企业向清洁能源领域转型。

（四）永煤控股债券违约案例存在的不足

一方面，永煤控股债券违约事件主要发生在中国市场，具有本土特性。中国债券市场的特性，包括投资者结构、市场流动性等，与其他国家或区域市场存在差异，放在国际上比较时可能存在一定的局限性，不一定能直接适用于其他国家或地区的债券市场分析。同时，中国的政策和监管环境对企业的经营和融资有很大的影响。永煤控股债券违约受到了特定政策环境的影响，而其他国家或地区的政策环境可能完全不同，从而限制了案例在国际上的适用性。

另一方面，永煤控股此次债券违约发生在特定的宏观经济环境下，包括全球经济放缓和国内经济结构调整等因素。这个背景对违约的形成有重要影响，但这种背景并不一定适用于其他时间点或经济环境下的类似企业。而且永煤控股的财务困境是多种因素共同作用的结果，包括高负债率、流动性风险等，这些因素在其他企业中可能表现形式不同。

第三节 煤炭金融的研究前沿与发展展望

一、煤炭金融研究的前沿动态

随着煤炭产业与金融的不断融合，"煤炭金融"也逐渐成为学术界的研究热点。煤炭金融作为连接煤炭产业与资本市场的桥梁，不仅为煤炭行业的持续发展提供了强大的资金支持，也在风险管理、价值发现等方面发挥着不可或缺的作用。整体而言，煤炭金融领域的研究可以分为煤炭金融内涵的演变研究、煤炭产业发展的金融需要研究、金融支持煤炭产业发展的机理研究和煤炭产业供应链金融的发展研究四大部分。

（一）煤炭金融内涵的演变研究

王晓琪等（1992）首次使用了煤炭金融的概念，虽然研究了如何利用金融手段促进煤炭产业向有计划的商品经济转变，但并未对煤炭金融的概念做出具体界定。杨承雨等（2012）在研究中指出，基于煤炭双重属性，煤炭金融是实现煤炭的商品属性和金融属性相互转化融合，以满足煤炭生产者融资需求的金融服务体系。煤炭金融根据煤炭市场产品的供求信息及金融市场资金的供需关系，将资源调配至发展潜力巨大的煤炭企业，促进煤炭产业的可持续发展。张国巍（2015）指出，煤炭金融是产业链与价值链的结合。煤炭产业链包括勘探、开采、深加工、销售和交易等。其中勘探环节可以引入风险投资、融资租赁、产业基金、保险等；开采环节可以引入直接融资、资源证券化等；深加工环节可以引入碳金融、环境产权和生态补偿机制等；销售运输环节可以引入物流金融、煤炭航运金融衍生品等；交易环节可以引入期货、期权、产业基金等。

（二）煤炭产业发展的金融需要研究

在"双碳"目标下，煤炭行业面临着较大的减排压力，金融能够为煤炭行业低碳转型发展提供支持作用。高鸿（2008）在研究中指出，金融应在改变中国煤炭产业"融资难"现状中发挥更大作用。他提出应加强金融政策和产业政策的结合，通过信贷政策来熨平产业政策的起伏给企业经营带来的波动。尹优平（2010）指出，山西省实现以煤兴产、以煤兴业、大力发展新型煤化工产业，需要充分挖掘和有效发挥银行信贷和金融服务的资金融通和杠杆调节作用。赵志华（2011）指出，实现山西省煤炭产业低碳、集约、多元化循环发展，离不开金融支持，需要发挥市场融资功能，拓宽直接融资渠道，引导社会资金进入煤炭低碳领域。Chevallier等（2021）通过模拟搁浅资产对17家主要油气煤公司价值的影响发现，截至2050年，如果油气煤公司不重组业务模式，它们将受到破产和违约事件的财务风险影响。油气煤公司需要借助金融市场实现节能减排发展、破解搁浅资产困境。

（三）金融支持煤炭产业发展的机理研究

金融支撑是各行各业发展的前期保障，在探究金融支撑和煤炭行业低碳转型的关联时，需要明确具体的运作机理。李军君等（2021）认为煤炭行业的绿色创新会减弱企业存在的融资约束，良好的金融生态会增强煤炭企业绿色创新对融资约束的缓解作用。张高亮等（2023）指出，金融政策通过引导社会资本从高能耗、高污染、高排放的行业向绿色低碳行业转移，倒逼煤炭企业等非绿色企业进行绿色转型。因此，在金融政策的撬动作用下，煤炭企业会加大创新投入，从而加快绿色转型的进程，以获得金融政策的支持。赵富礼等（2020）同样认为，金融主要通过支持煤炭行业科技创新、优化科技资源配置来促进煤炭产业转型升级。蒋楷文等（2022）指出，金融通过资金集聚和资源配置功能对煤炭产业的低碳发展予以支持，并且从煤炭产业低碳发展中获得收益。么时曾等（2022）以双鸭山市为例，说明了金融机构通过积极加大对煤炭企业的信贷支持力度，有效助推了企业低碳与绿色发展。但是信贷资金仍然存在投向高度集中、融资渠道过于单一等问题，阻碍了金融支持作用的有效发挥，有待进一步解决。

（四）煤炭产业供应链金融的发展研究

供应链金融作为一种全新的金融模式，越来越受各个行业的青睐。与传统银行信贷业务相比，供应链金融优势明显，不需要对企业财务状况、可抵质押物情况等资信质量进行单纯的考核，而是针对整个供应链信用质量进行考核。供应链金融在煤炭行业的应用，为煤炭企业融资提供了新的途径和出路。吴燕（2023）认为，煤炭企业通过参与供应链金融，核心企业能够提高资金的使用效率、降低自身风险，上下游的中小企业能够解决融资难题，促进企业新旧动能转换，增加企业多元发展模式。笪如军（2022）认为，煤炭供应链金融依托煤炭贸易，通过金融业务模式创新，实现资金流的安全高效运行，从而促进煤炭市场的良性发展。李冠伦（2023）指出，煤炭企业供应链金融的市场发展前景是极为广阔的，可以为煤炭行业转型、脱困提供有力的支持，但也仍存在着煤炭企业供应链管理水平低、缺乏有效的风险控制等问题，有待进一步完善和发展。蒋晨茜等（2022）认为，由于煤炭属于大宗资源型商品，煤炭供应链金融服务模式的建立与发展会涉及诸多主体，操作流程复杂性较高，使煤炭供应链金融的发展存在一定阻碍。人们需要进一步强化对供应链金融产品的研究，推动建立科学合理的供应链金融利益分享机制。

二、煤炭金融实践的发展展望

（一）煤炭金融未来发展展望

1. 煤炭金融市场全面扩展

未来，煤炭行业需要更多元化、更创新、更适应当前和未来市场需求的金融产品和服务，以支持其转型升级和可持续发展。一方面，当前煤炭行业的金融产品较为单一，需要开发更多创新的金融工具来满足煤炭企业多样化的融资需求和风险管理需求。另一方面，随着全球能源结构的转型和"双碳"目标的推进，煤炭行业需要发展更多的金融产品以适应市场变化。因此，未来煤炭金融市场将进一步扩展。例如，随着全球对可持续发展和碳中和目标的追求，煤炭金融将越来越多地融入绿色金融元素，开发绿色债券、可持续发展挂钩债券等金融产品，支持煤炭行业的环保项目和清洁能源转型。为了应对煤炭市场的价格波动和政策风险，金融行业将提供更多风险管理工具，如期货、期权等衍生品，帮助煤炭企业进行风险对冲。

2. 煤炭行业金融数字化深化发展

煤炭金融数字化将加快建设，进一步推动煤炭行业的转型升级，促进煤炭行业的绿色发展。2023 年，中央金融工作会议对数字金融高质量发展提出了新要求，发展数字金融是拥抱新一轮科技革命、开创新技术的必然之选。借助于大数据、人工智能、云计算、区块链等数字技术，数字金融通过降低金融服务成本、减少信息不对称、不断提高金融服务效率，可以更好地支持煤炭产业发展。因此，未来煤炭金融数字化的进一步发展是必然趋势。例如，未来将进一步开发基于区块链的供应链金融，以提高交易透明度和交易效率，并且利用大数据分析、人工智能等技术进行市场趋势预测、信用评估和风险量化，增强风险管理能力。

3．煤炭金融智能化转型深入推进

煤炭行业的智能化转型为金融行业带来新机遇，未来金融机构将通过支持智能化矿山建设、智能设备升级等项目，促进煤炭产业的现代化和高效化发展。煤矿智能化建设是指应用大数据、云计算、物联网、人工智能、5G 通信等现代信息技术，对煤矿的开采、运输、安全监控、经营管理等各个环节进行智能化升级和改造的过程。目前，中国一些煤矿正在开展智能化建设工作，但存在基础理论研发滞后、技术标准与规范不健全、平台支撑作用不够、技术装备保障不足、高端人才匮乏等问题。

（二）煤炭金融未来发展的政策建议

1．完善煤炭金融产品和市场体系

未来应进一步完善煤炭金融产品和市场体系，加强金融行业对煤炭转型的支持。一是围绕煤炭、煤电行业核心企业，发展覆盖产业链上下游的供应链融资业务。通过支持煤炭开采专用设备改造及采集管理系统升级，加快推进煤炭企业智能化建设。通过支持电力、钢铁、建材、化工等下游行业的绿色发展，推动煤炭行业的绿色转型。二是试行与节能环保相关的收费权、特许经营权、排污权等抵质押融资模式。鼓励地方金融机构探索发放碳排放权抵押贷款，支持高碳企业开展节能减排和绿色低碳项目；支持省内企业通过融资开展林业碳汇、碳捕获和封存等负排放项目，将产生的碳汇额度出售给有碳排放额度购买需求的高碳企业。

2．完善煤炭金融领域政策法规

煤炭产业面临产业结构调整和转型的重大战略任务，同时因其产业特征面临融资难、风险高、效率低等发展难题，需要政府进一步加大政策支持和引导力度。伴随"互联网+"、大数据、云计算、区块链、人工智能等科技的发展，科技与金融的融合进一步加深，金融科技应运而生并迅速发展，但与金融监管和金融体制建设相关的政策及法规建设，在强度和前瞻性上还存在不足，需要进一步加强和深化。

3．推动煤炭金融数字化高质量发展

推动煤炭金融数字化建设，既是贯彻党的二十大提出的"促进数字经济和实体经济深度融合"战略方针的具体举措，也是加快煤炭工业转型升级、构建现代化煤炭产业体系的内在

要求。推动煤炭金融数字化高质量发展，必须紧紧围绕提质增效和防控风险的目标，完善数字基础设施，提升数字化监管能力，助力金融强国建设。一是完善数字基础设施，促进煤炭金融数字化均衡发展，提高经济欠发达地区煤炭行业的金融数字化建设；二是提升数字化监管能力，防范化解金融风险，强化系统性风险监测，建立健全数字金融风险监测与评估机制。

4. 推动煤炭金融智能化高质量发展

推动煤炭金融智能化高质量发展，首先，应该进一步凝聚行业共识，各产煤省区和煤矿企业要强化统筹规划、分步实施，推动煤矿智能化向更大范围、更深层次、更高质量发展，为保障煤炭安全稳定供应、构建新型能源体系提供有力支撑；其次，要创新智能化建设模式，深入挖掘智能化系统运行中的节能降碳潜力，推广应用智能充填开采、边采边复等绿色开采技术，推动矿区智能绿色协同发展；最后，创新智能化人才引进、培养、选拔方式，鼓励煤矿企业与高等院校、科研机构、装备制造企业共建智能化教育培训实践基地，培育煤矿智能化复合型人才，提高一线职工智能化操作水平。

参考文献

[1] 王晓琪，谢玉清．发展煤炭金融开辟生财新路：赴英国金融考察联想．煤炭经济研究，1992（07）：6-7.

[2] 杨承雨，龙琴．经济转型发展中煤炭金融服务体系研究：基于山西煤炭行业分析．会计之友，2012（33）：52-53.

[3] 高鸿．金融支持煤炭产业发展的现实选择．理论探索，2008（06）：88-90.

[4] 尹优平．煤炭行业低碳发展与金融支持：以山西为样本．中国金融，2010（24）：38-39.

[5] 赵志华．金融支持山西省煤炭产业低碳发展．中国金融，2011（02）：75-76.

[6] CHEVALLIER J, GOUTTE S, JI Q, et al. Green finance and the restructuring of the oil-gas-coal business model under carbon asset stranding constraints. Energy Policy, 2021, 112055.

[7] 李军君，李竹梅．煤炭行业金融生态、绿色创新与融资约束．煤炭技术，2021，40（08）：219-221.

[8] 张高亮，潜肖梦，王梦雅，等．"双碳"目标下煤炭企业绿色转型的内在机理与实现路径．煤炭经济研究，2023，43（05）：40-47.

[9] 赵富礼，张丽华．山西省金融支持煤炭行业科技创新发展研究．煤炭经济研究，2020，40（03）：55-61.

[10] 蒋楷文，赵磊．山西省煤炭产业低碳发展的金融支持策略研究．产业创新研究，2022（11）：36-38.

[11] 么时曾，贾秋晨．金融支持煤炭清洁高效利用情况的调查与思考：以双鸭山市为例．黑

龙江金融，2022（07）：38-40.

[12] 吴燕. 国有煤炭企业作为核心企业参与供应链金融业务的现实意义. 财经界，2023（19）：36-38.

[13] 笪如军. 区块链赋能煤炭供应链金融平台的路径与机制研究. 煤炭经济研究，2022，42（06）：75-79.

[14] 李冠伦. 从第三方交易平台视角浅谈煤炭企业供应链金融的应用及发展. 中国集体经济，2023（35）：96-99.

[15] 蒋晨茜，罗艺恒. 煤炭贸易供应链金融服务模式探析. 内蒙古煤炭经济，2022（04）：58-60.

第七章

油气金融

本章导读

随着全球经济的持续繁荣和工业体系的不断扩大，油气现货市场和以油气期货交易为主的油气衍生品市场得到了迅猛发展。考虑到石油金融与天然气金融在许多方面的共通性，本章将两者统一纳入油气金融的范畴，以便更为全面、系统地介绍和探讨这一领域的发展状况与趋势。本章通过引入油气金融的内涵，介绍油气金融市场的发展历程和现状，探讨油气金融的前沿动态和未来展望，为读者把握油气金融提供一个清晰、深入的理论框架。

第一节　油气金融的内涵

一、油气金融的相关概念

（一）油气金融的定义与特点

1. 油气金融的定义

油气产业涵盖上游勘探开采、中游储藏运输、下游加工销售等诸多环节，油气金融为油气产业链上各个企业的发展提供投融资、资金与资产管理等金融服务，是由油气产业特点和发展需求决定的金融服务和金融产品，有助于实现油气产业与金融业的良性互动和协调发展。

2. 油气金融的特点

1）油气企业与金融业交叉密切

油气企业通过设立或合作金融机构，实现产业链的整合和优化，提高资金使用效率和降低成本。例如，中石油利用自身的资金优势，已形成其产业与金融结合的生态体系，旗下涵盖银行、保险、信托、租赁、证券、财务公司等金融机构。

2）金融产品多样性

在油气市场中，存在着各种各样的金融产品，旨在满足不同投资者的需求和风险偏好。这些产品包括油气期货、油气期权、能源指数基金、能源衍生品等。

3）跨国性和全球性

由于油气资源的全球分布，油气金融活动具有明显的跨国性和全球性特征，需要应对不同国家和地区的金融市场和监管环境。

（二）油气金融市场

油气金融市场是一个涵盖多种金融工具和服务的市场，为油气行业提供资金筹集、风险管理、投资和交易的机会。油气金融市场分布广泛，包括北美洲的纽约商品交易所；欧洲的洲际石油交易所；亚洲的东京商品交易所、新加坡商品交易所和迪拜商品交易所等。这些交易所各自在所属地域内对油气定价起着重要的引领作用。

在早期，油气金融市场主要集中于为油气项目提供直接融资，如银行贷款和股权融资。这些融资方式帮助企业应对勘探、开发和生产等环节的高成本。随着油气行业和金融市场的发展，金融衍生品开始出现并逐渐丰富，如期货、期权、掉期等。同时，随着油气市场化改革的推进，金融市场开始提供更加多样化的金融产品和服务。近年来，油气金融市场经历了快速的发展和创新。新能源的兴起对油气金融市场产生了显著影响。金融机构开始提供更多与新能源相关的金融产品和服务，如绿色债券、碳交易市场等。

二、油气金融工具

（一）油气基础金融工具

油气基础金融工具主要指的是与油气产业紧密相连的股票、债券和基金。这些工具的发行主体通常具有特殊性，即专注于油气业务的企业。全球范围内的油气企业，为了满足其投融资需求，往往会选择发行股票和债券并积极参与投资基金市场。这种方式不仅有助于油气企业筹集资金，更是油气产业与金融业相互融合的基础途径，为两者的紧密合作奠定了坚实基础。

1．油气股票

油气股票是指与油气产业相关的上市公司发行的股票。与一般股票相比，油气股票具有更高的市场波动性、明显的周期性、直接受国际油价和天然气价格影响，并且对地缘政治和宏观经济波动极为敏感。在 2023 年的《财富》世界 500 强榜单中，共有 44 家石油企业上榜，这些企业的市值均在 300 亿美元以上。这表明油气企业在全球经济中占据着重要地位，并且为投资者提供了参与油气行业的机会。这些油气企业通常需要巨额的资本开支进行勘探和开发，并且全球性的业务布局使得它们面临更复杂的政策和法规风险。此外，油气股票可能因行业特性提供较高的分红回报，但同时也受到 ESG 标准日益严格的审视。

2. 油气债券

油气债券是指由油气企业或相关机构发行的债券，其筹集的资金主要用于油气产业的投资、开发、运营等活动。与一般债券相比，油气债券具有以下特殊作用。第一，资金用途特定性。油气债券所筹集的资金专门用于油气产业的相关项目，确保了资金的使用方向。第二，风险与收益特征。由于油气产业受到国际油价、供需关系、地缘政治风险等多种因素的影响，油气债券的风险和收益特征也具有一定的独特性。投资者在购买油气债券时，需充分了解这些风险并据此评估潜在收益。第三，多元化投资选择。对于投资者而言，油气债券提供了一种投资于油气产业的途径，有助于实现投资组合多元化并降低整体投资风险。第四，促进市场发展。油气债券的发行和交易不仅促进了能源产业的发展，推动了金融市场的深化，也增加了市场的活跃度、提高了金融资源配置的效率。

3. 油气基金

油气基金是一种用于油气行业投资的新型基金，其运作与共同基金类似，主要可以分为3类。

第一类是油气产业投资基金。主要目的是为建立风险勘探、油气开采权的收购、重大项目评估等提供专项基金；为企业集团长远发展提供重大项目的启动资金；以控制和获得油气等高附加值项目为主，为中、长、远期战略做基础性铺垫。

第二类是油气投资基金。与产业基金不同，油气投资基金的主要目的是中短期投资的高额回报与资本积累。油气投资基金由专业机构在国际金融市场与油气衍生品市场之间进行投机操作，根据市场上汇率、利率、股票、油气价、债券等相关标的合约的价格波动差价来寻求收益最大化的组合方式。油气投资基金交易方式具有期货交易特点，如高杠杆、买空卖空、通过特定交易策略从价差中获利等。

第三类是油气综合投资基金。油气综合投资基金是连接产权市场和资本市场的有机联络体。该基金一方面为产业项目及投资提供了更多增值机会，为产业投资保驾护航；另一方面进行资本运营，在虚拟市场上寻求资本市场分红及价差收益。基金的多维运作使得油气基金持有人的投资收益实现了最大化。

（二）油气衍生金融工具

油气衍生金融工具是与石油产业相关的衍生类金融工具，标的物是特殊的油气资源，包括远期、期货、期权和互换等。油气企业通常采用复杂的衍生金融工具交易组合来达到规避和对冲风险、收益最大化的目的，从而提高企业本身的竞争力并促进油气产业的发展。

1．油气远期

油气远期合约是一种允许买卖双方在未来的某个特定日期以预先确定的价格进行油气买卖的金融衍生品。这种合约通常用于对冲价格波动风险或进行投机。油气远期合约与一般远期合约的区别如表 7-1 所示。

表 7-1　油气远期合约与一般远期合约的区别

方面	油气远期合约	一般远期合约
标的资产	石油或天然气	其他商品或金融资产，如农产品、货币、股指等
价格波动性	波动性较高，受多种因素影响，如地缘政治、经济周期等	波动性可能较低，取决于标的资产的特性
物流和储存	较为复杂，需要专业设施和技术支持	相对简单，取决于商品的物理特性
合约规格	可能更为复杂，涉及不同质量标准、交割地点等	相对简单，通常有标准化的合约规格

2．油气期货

油气期货是一种专门针对石油和天然气这类能源商品的金融衍生品，与一般期货合约不同，油气期货的价格波动性通常较高，受全球经济、政治事件及供需关系的影响更为显著。此外，油气期货的交易量巨大，市场参与者包括跨国石油公司、贸易商和金融机构等，具有较高的国际化程度和专业化要求。这些特点使得油气期货在风险管理和价格发现方面发挥着重要作用，同时也要求投资者具备更为深入的市场知识和风险控制能力。关于原油期货基准定价产品的具体信息如表 7-2 所示。

表 7-2　原油期货基准定价产品

区域	名称	交易所
北美洲	西得克萨斯中质油期货合约（WTI）	纽约商品交易所（NYMEX）
欧洲	布伦特原油期货合约（BRENT）	洲际石油交易所（ICE）
亚洲	高硫原油期货合约（Sour Crude Oil Futures）	迪拜商品交易所（DME）
	迪拜酸性原油期货合约（Dubai Futures）	新加坡交易所（SGX）

3．油气期权

油气期权赋予持有者（买方）在特定的时间或之前，以约定的价格（行权价格）购买或出售一定数量的石油或天然气的权利，但不是义务。油气期权波动性通常较高，对投资者来说，不仅可以对冲能源价格的风险，还可以用于投机，进而从能源价格波动中获利。几种特殊的石油期权产品如表 7-3 所示。

表 7-3　几种特殊的石油期权产品

期权类别	差异对比
裂解价差期权	裂解价差是指汽油或燃料油等成品油与原油的价差，当裂解价差扩大时，炼油商的利润就会增加，裂解价差期权就是以裂解价差为标的物的期权
日历价差期权	帮助存储石油的交易商规避不同月份价格波动带来的风险。如果市场远期升水（当期期货价格大于远期期货），则购买日历价差看涨期权，以获得存储收益。反之，出售看跌期权，从中获得收益来降低存储成本

4. 油气互换

OPEC 成员国在出口其生产的原油时，必须遵守成员国之间共同商定的官方价格，但由于各国国情不同，有些急需资金的成员国为了补充物资，需要多采石油，但是又要遵守 OPEC 的产量配额。为了解决这个矛盾，有些国家就采用互换的形式来获得其想要的物资。油气互换合约中，双方约定在未来的某个时间点，根据预先确定的条件交换油气相关的现金流。油气互换市场由油气生产商、油气购买者（投资者）和金融机构构成，金融机构通过对生产商、购买商进行撮合、提供头寸等方式获取佣金或价差。

互换为油气产品的价格风险提供了短期和长期的管理工具。短期互换已经从公司之间大额的私下交易发展到更标准、更透明的交易工具，常作为远期合约和期货合约的替代品。然而，长期互换的协商比其他油气交易工具更花时间，而这些工具有时能以更低的成本提供相同程度的风险保护。油气互换是管理油气基差风险的有效手段。基差风险是指由于实际买卖的商品价格与其期货价格之间的差别而导致的风险。在石油、天然气和电力等产品领域中，基差往往会非常大，所以基差风险需要通过互换交易者的主动交易行为来进行管理。几种石油和天然气互换产品的差别如表 7-4 和表 7-5 所示。

表 7-4　几种石油互换产品

互换类别	差异对比
价差互换	一般在固定价格和浮动价格之间进行。炼油商和生产商签订了互换合约，约定炼油商购买原油的固定价格，浮动价格以约定商品交易所 WTI 原油期货结算价格为基准。在约定期限内，当浮动价格高于固定价格时，由生产商向炼油商支付差额；当浮动价格低于固定价格时，炼油商向生产商支付差额。这样既可以使生产商获得稳定的销售收益，又可以使炼油商锁定成本，以规避市场价格波动带来的风险
分享互换	石油消费者（航空公司）与投机商（投资银行）签订分享互换合约，约定一个购油的固定价格。合约到期时，如果浮动价格高于固定价格，那消费者就以固定价格买入石油，规避了石油价格上涨的风险；如果浮动价格低于固定价格，买入价格就是（固定价格-浮动价格）×分享比率，这样又避免了石油价格下跌带来的意外损失

表 7-5　几种天然气互换产品

互换类别	差异对比
期货互换	期货互换是最活跃的互换合约，也是固定价格和浮动价格的互换形式之一。期货互换的指标是期货合约的固定价格和浮动价格之间的价差。这里的固定价格就是同月份的期货合约价，浮动价格则是一个计算出来的价格，即期货合约最后 3 个交易日内期货结算价的平均值
基差互换	在天然气市场中，所谓的基差（basis）是指天然气在不同交割点之间的价差，参照标准是天然气期货合约交割点（如 Henry Hub）的指数价格。此外，还有所谓的远期基差，其参考标准是 NYMEX 的 Henry Hub 天然气期货合约价格
指数互换	指数互换就是期货互换和基差互换的结合，主要用于在某地进行现货套利交易。指数互换的买方支付固定价格给卖方，并以指数价格从卖方买进。交易中采用的固定价格以协商方式确定，浮动价格则是由买卖双方都认同的地点的指数价格决定
摆动互换	在现货市场中，摆动交易是按可停供气合同买进或卖出的，而可停供气合同的气量与价格是每日谈判达成的。这种类型的交易占了天然气现货交易相当大的一部分，摆动互换为日交易提供了套期保值和交易手段。摆动互换交易的浮动价格参考的是 Gas Daily 公布的日平均指数价格，该价格是当地公布的高、低价格的平均值

互换类别	差异对比
摆动互换期权	摆动互换期权和普通期权类似，但它的交易标的物不是期货合约，也不是现货交易，而是摆动互换合约。由于摆动互换期权的基础是日指数价格，期权可以按每日指数价格、某月的单日指数价格或所有日指数价格的均价来结算

除远期、期货、期权和互换外，还有很多比较特殊的油气类金融衍生工具，如航运价格指数期货。国际石油贸易依赖于远洋航运，国际航运市场的运费价格也会影响国际石油价格。因此，贸易商、跨国石油公司等都有规避航运价格波动风险的需求，这就必须依靠相关的衍生金融产品来进行对冲。

第二节　油气金融市场概述

一、油气金融市场的发展历程

石油期货在 20 世纪 70 年代的石油危机发生后应运而生，是国际能源金融市场兴起的第一缕春风，发展至今已成为商品期货市场上最大的交易品种之一，并且形成了以西得克萨斯中间基原油（WTI）、北海布伦特原油（Brent）为基准的定价体系。天然气期货市场从 90 年代开始逐步建立，形成了北美以 Henry Hub 价格为基准，欧洲以英国 NBP 价格和荷兰天然气交易中心价格为主的定价体系。

（一）美国油气金融市场

1978 年，纽约商品交易所（NYMEX）推出了世界上第一个石油期货合约——取暖油期货合约，使其成为全球重要的期货品种。随后 NYMEX 乘胜追击，于 1981 年推出了汽油期货合约。1983 年，NYMEX 又推出世界第一个原油期货合约——轻质低硫原油期货合约，又称西得克萨斯中质原油期货合约，与北海布伦特原油并称为全球两大基准原油。1994 年 10 月，NYMEX 引进了取暖油及原油间的炼油毛利期权合约及汽油和原油间的炼油毛利期权合约。2001 年，NYMEX 引进了基于北海布伦特原油和西得克萨斯中质原油间差价的期权合约。

NYMEX 天然气期货合约自 1990 年 4 月推出以来，交易量和持仓数量一直在不断攀升，现已成为 NYMEX 历史上成长最快的交易工具。同时 NYMEX 还推出了天然气的期权交易和期权差价交易作为风险管理工具。由于天然气价格的易变性，市场需要发展 Henry Hub 和美国、加拿大进口天然气市场的价格关系。因此，NYMEX 推出了一系列互换期货合约，以应对 Henry Hub 和近 30 个天然气价格中心的价格差异。

目前，NYMEX 拥有基本完整的能源产品序列，上市的能源类期货和期权品种涵盖原油、汽油、柴油、天然气、煤炭、电力等主要能源商品。其中，NYMEX WTI 原油、Henry Hub 天然气等能源期货被普遍认为是全球能源市场的基准价格。

（二）欧洲油气金融市场

1981 年 4 月，伦敦国际石油交易所（IPE）推出重柴油期货交易，合约规格为每手 100 吨，最小变动价位为 25 美分/吨，重柴油在质量标准上与美国取暖油十分相似。该合约是欧洲第一个能源期货合约，上市后比较成功，交易量一直保持稳步上升的走势。1988 年 6 月 23 日，IPE 推出国际 3 种基准原油之一的北海布伦特原油期货合约。IPE 北海布伦特原油期货合约是一个高度灵活的规避风险及进行交易的工具，上市后取得了巨大成功，迅速超过重柴油期货成为该交易所最活跃的合约。现在，北海布伦特原油期货合约是布伦特原油定价体系的一部分，包括现货及远期合约市场，该价格体系涵盖了世界原油交易量的 65%。1997 年，IPE 发布了首份 NBP 天然气期货合约，随后又陆续推出了多份天然气期货和期权合约。NBP 天然气价格被认为是欧洲天然气现货市场的风向标，是 ICE 指定的天然气期货交割地。

（三）亚洲油气金融市场

1989 年，新加坡国际金融交易所（SIMEX）上市高硫燃料油期货合约。1999 年 7 月，东京商品交易所（TOCOM）上市汽油、煤油期货合约，之后又于 2001 年 9 月上市原油期货合约。2002 年 11 月，东京商品交易所与新加坡交易所合作推出中东原油期货合约。从交易量来看，其推出的中东原油期货是目前最成功的亚洲原油期货品种，但是它对国际市场的影响力有限，未能形成亚太地区原油的有效定价机制。2007 年，阿联酋迪拜商品交易所（DME）挂牌上市 DME Oman 原油期货合约，成为全球原油市场重要的定价基准之一。同时，DME Oman 原油期货交割率超过 90%，是全球实物交割比率最大的原油期货。

（四）中国油气金融市场

2018 年 3 月 26 日，上海原油期货合约在上海期货交易所的全资子公司——上海国际能源交易中心挂牌上市，合约规格为 1000 桶/手，是中国第一个对境外交易者开放的商品期货。上海原油期货合约标的为中质含硫原油（包含中质中硫和中质高硫原油），合约的交割方式是合约到期进行标准的实物交割。上海原油期货是中国大陆首个以人民币计价的原油期货合约，并且是全球市场上第 3 个以人民币计价的原油期货合约。引入上海原油期货的主要目的是推动中国在全球原油市场中的话语权，提高原油定价权，降低中国的石油进口成本，进一步完善中国的金融市场体系。

二、油气价格的形成机制

（一）油气价格的影响因素

油气价格的波动是由多种因素共同作用所引起的，其中包括供需关系、地缘政治、金融市场和宏观经济因素等。

1. 供需关系

供需关系是影响油气价格的重要因素。油气的储量和产量变化都有较大的不确定性，从而影响市场对油气长期供应情况的判断。油气需求主要受全球经济发展、工业生产、交通运输和人口增长等因素的影响，当全球经济增长迅速、工业生产活动增加时，油气需求就会随之增加，引起价格上涨；相反，经济衰退或油气替代品的开发和使用的普及则会减少人们对油气的需求，导致价格下跌。

2. 地缘政治

地缘政治因素对油气价格亦有重要影响。油气生产和出口国的政治稳定性、生产能力、地缘关系和战争等都会直接或间接地影响油气供应。当油气生产国政治动荡或发生战争时，油气供应中断，便会导致价格上涨。此外，一些主要油气生产国如俄罗斯、沙特阿拉伯等，也会通过减产或增产来影响价格。

3. 金融市场

金融市场也是油气价格波动的重要因素。油气价格与金融市场存在着紧密关联，金融市场中的投机行为会导致油气价格的波动。投资者会根据对油气价格走势的判断进行投机性交易，进而影响油气市场的供求平衡和价格。

4. 宏观经济因素

宏观经济因素也会对油气价格产生一定的影响。通货膨胀、汇率变动和利率政策等都会对油气价格产生影响。通货膨胀会使油气等商品的价格上涨；汇率变动及利率政策变化也会影响油气进口国的购买力，从而影响油气价格。

（二）石油价格的定价基准

1. 欧洲原油的定价基准

在欧洲交易或向欧洲出口的原油定价都是参照布伦特原油价格体系进行的。布伦特原油价格体系包括现货交易、远期交易、期货交易和场外掉期交易。

2. 北美原油的定价基准

北美地区原油交易则主要参考 WTI 原油的市场价格体系进行定价，这也是全球交易量最为活跃、流动性与成交量最大的商品期货之一。

3. 亚太原油的定价基准

由于亚洲地区目前还没有成熟的原油期货市场，缺乏一个区域性的基准原油，因此亚太地区原油贸易的长期合同价格，主要参照评估机构根据现货市场每日交易情况所评估出来的价格指数来制定。

4．中东原油的定价基准

中东地区的基准原油是迪拜原油，这是中东地区唯一可以自由交易的原油品种，也是中东地区向亚太地区出口原油的参考基准。但是由于迪拜原油产量不断下降，交易规模也日趋缩小，使市场容易受到操纵，使价格的权威性受到影响。

5．成品油的定价机制

由于成品油生产成本的 80% 来自原油，因此成品油价格变化最大的影响因素是原油价格的变化。此外，季节性需求和成品油炼化产能也是影响成品油价格的重要因素。国际成品油市场的发展历史较原油市场短，定价方式的国际化程度相对较低。目前，国际上主要有三大区域成品油市场，即荷兰的鹿特丹、美国的纽约，以及亚太地区的新加坡市场。

三、油气金融市场的投融资策略

（一）油气金融市场的融资方式

油气产业是一个风险大、收益高的行业，需要大规模的资金支持。因此，正确选择融资方式对于油气公司的成功发展至关重要。目前，石油产业的融资方式主要有以下 3 种。

1．债务融资

债务融资是最常见的融资方式之一。通过向银行或其他金融机构借款和发债，油气公司可以快速获得大量资金用于生产和运营。与股权融资相比，债务融资的成本较低，不会影响公司的控制权。但是，债务融资也会带来较大的风险，因为公司必须按时偿还债务本金和利息。

2．股权融资

股权融资是向股东销售公司股份以获得资金的一种方式。与债务融资不同，股权融资对公司的控制权有较大影响。投资者购买公司的股份后，对公司的经营和决策有一定的发言权。股权融资提供了一种长期的资金来源，但也会带来较高的成本。

3．混合融资

混合融资是债务融资和股权融资的结合。这种融资方式兼具债务融资和股权融资的优点，可以降低成本、减轻财务风险，同时也可以超出股权融资的投资限制。

（二）油气金融市场的投资策略

随着全球经济的不断发展，金融投资成为各行各业的重要一环，油气行业也不例外。作为全球重要的能源产业，油气行业的金融投资策略对于公司的发展和利润增长至关重要。

1. 多元化投资策略

油气公司应采用多元化的投资策略，以降低市场风险并寻求利润增长。除油气勘探和生产这一传统主业外，可以将资金投入金融市场、矿产资源、新兴能源技术等领域，以获得更好的回报。例如，一些石油公司可以在能源交易市场中进行商品期货交易，以对冲石油价格波动带来的风险。同时，还可以投资于石油相关的设施建设，如炼油厂、管道和终端储油设施等，以确保供应链的可靠性。

2. 加强风险管理和资金保障

由于油气行业的特殊性，油气公司通常要面对不稳定的油气价格及政治、地缘风险等因素的影响。因此，油气公司在金融投资方面应该加强风险管理和资金保障。首先，采用多元化的投资组合，使资金分散于不同的资产和市场中，以减少投资风险。其次，加强对金融市场的研究和监测，及时调整投资组合，以应对市场的波动。最后，建立资金储备和风险基金，以应对突发事件和不可预见的风险。

3. 注重资本运作和合作伙伴关系

油气公司在金融投资方面应注重资本运作和合作伙伴关系的构建。通过与金融机构、投资公司或其他油气公司合作，可以共享资源、降低成本，并且在资金、技术和市场等方面实现优势互补。例如，石油公司可以通过与金融机构合作，发行债券或股票来筹集资金，以支持其石油勘探和生产的发展。另外，它们还可以与其他公司联合开展项目，共同分担风险和成本，实现资源整合和利益最大化。

4. 兼具环境、社会和治理的管理

在金融投资方面，油气公司应注重 ESG 的管理。随着社会对可持续发展的要求不断提高，油气公司需要兼顾经济效益和社会责任，确保金融投资策略与环保标准、社会伦理相一致。例如，一些石油公司会将资金投至环保技术和可再生能源领域，以支持低碳发展和减少对环境的影响。此外，它们还会加强公司治理，提高透明度和问责性，以提升投资者的信任度并塑造良好的市场形象。

四、油气金融市场的风险管理

（一）油气价格风险管理成为油气企业的核心

油气价格风险管理是指在认同油气价格波动客观性的基础上，通过适当的价格风险管理工具和手段，锁定油气价格的波动范围，从而为油气企业的经营创造一个稳定的油气价格环境。

对于油气行业来说，期货市场提供的对冲机制非常重要。在油气这样一个供给和需求都很容易变动的市场中，每个参与者都面临着日益增加的价格风险。价格风险管理包括利用各种金融衍生工具，如远期、期货、期权、掉期等进行套期保值。通常，油气公司将交易所交易的期货、期权与场外衍生产品结合起来管理油气价格风险。

（二）油气市场参与者的风险管理策略

价格风险管理的过程，实质是通过将未来的交易提前到当下完成，以减少与价格波动有关的金融风险。但位于油气产业链上不同位置的企业，利用油气衍生品管理价格风险的基本策略是不同的。以石油企业为例，在石油期货市场上，以套期保值为目的参与交易的有原油生产厂商、炼油厂商、储存设施运营商和油品消费商。石油市场参与者面临的价格风险及基本管理策略如表 7-6 所示。

表 7-6　石油市场参与者面临的价格风险及基本管理策略

参与者	价格风险	风险管理策略
生产商	低原油价格	卖出原油期货或互换，买入原油看跌期权
炼油商	高原油价格	买入原油期货或互换，买入原油看涨期权
	低油品价格	卖出油品期货或互换，买入油品看跌期权
	低利润率	卖出油品期权或互换，同时买入原油期权或互换；买入价差期权或互换（裂解价差交易）
储存设施运营商	高石油买价	买入石油期货或互换，买入石油看涨期权
	低石油卖价	卖出石油期货或互换，买入石油看跌期权
消费商	高油品价格	买入期货、互换或看涨期权

五、油气金融市场的实践案例

中石化、中海油、中石油作为中国石油行业的龙头企业，发行的美元债占油气行业美元债发行规模的 90% 以上。从 2011 年到 2020 年 12 月底，中石化总共发行了 32 只中资美元债，中海油总共发行了 8 只中资美元债，中石油总共发行了 8 只中资美元债。在此期间没有发行其他外币债券或离岸人民币债券。按照债券发行日期统计，中石化在 2012—2015 年发行了10 只，2016—2017 年发行了 9 只，2018—2020 年发行了 13 只；中海油在 2012—2015 年发行 4 只，2019—2020 年发行了 4 只；中石油在 2011—2013 年发行了 5 只，2020 年发行了 3只。从发债金额来看，中石化共发行美元债 275 亿美元，中海油共发行美元债 83.5 亿美元，中石油共发行美元债 49 亿美元。这 3 家油气企业发行美元债的金额比较如表 7-7 所示。

表 7-7　3 家油气企业发行美元债的金额比较

	2011	2012	2013	2014	2015	2016	2017	2018	2019	2020
中石化	—	25	32.5	10	36	28	49.5	24	40	30
中海油	—	15	20	22.5	3	—	—		15	8
中石油	16.5	5	7.5							8

注：数据来自 Wind 数据库，单位为亿美元，"—"表示该年没有发行美元债

从油气企业发行美元债的金额占当年总发债金额的比重（见表 7-8）可以看出，中石化和中海油更倾向于发行美元债来进行融资，中石油更倾向于发行国内债券融资。

表 7-8　油气企业发行美元债金额占当年总发债金额比重（%）

	2011	2012	2013	2014	2015	2016	2017	2018	2019	2020
中石化	—	51.6	70.85	100	100	51.76	100	76.71	100	28.97
中海油	—	100	100	57.9	100	—	—	—	100	100
中石油	100	13.6	18.61	—	—	—	—	—	—	4.45

中石化、中海油和中石油的美元债发行存在着明显的套息动机。从企业内部看，这 3 家油气企业会出于自身国际化战略目标及降低融资成本和风险的动机而发行美元债。同时，这 3 家企业的经营都较为优秀，且都具有偿还债务的能力，因而发行的美元债更容易受到境外投资者的追捧，需求比较旺盛。从外部环境上看，企业会因为国际低利率环境形成的国内外利差、人民币汇率稳定甚至趋于升值、对外开放的政策环境等因素发行美元债。从这 3 家油气企业发行的美元债现状上看，他们以远低于国内企业债券的利率发行美元债，存在相当大的套息空间。同时这 3 家油气企业发行美元债的时机也大多集中在中美利差较大及人民币趋于升值的时期。

伴随着套息动机，这 3 家油气企业发行的中短期美元债都产生了正向收益率，并且在汇率预测下均获得了较为可观的年化收益率。考虑到汇率波动风险，如果汇率波动太过频繁，震荡幅度过大，长期债券的收益率就很可能为负。因此，这 3 家油气企业发行中短期债券会获得更有保障的套息收益。

另外，这 3 家油气企业发行美元债的行为可以显著降低债务资本成本和财务费用。美元债的发行在很大程度上降低了企业的财务费用和债务资本成本。一方面，对于有较少外币收入或外币资产的企业可以在风险可控的情形下利用外币债务进行套息交易，并且这种行为可以显著地降低债务资本成本和财务费用；而有较多外币收入或外币资产的企业，可以积极利用外币债务形成自然对冲，以降低外汇风险敞口。同时，企业在看到外币债务和本币债务利差的同时，要关注外债的汇率和利率风险。另一方面，鉴于企业外汇风险管理和降低财务成本的需要，监管当局可以在风险可控的情况下适当放宽优质企业借入外币债务的限制，以积极推动美元债券市场的发展。

从这 3 家企业逐年大规模发行美元债可以看出，中国油气企业逐渐青睐于发行油气债券进行融资，中国油气债券的规模不断壮大。油气债券基于其发行便利、融资成本低等特点，为油气行业的发展提供了很多资金融通上的便利，成为石油金融领域不可或缺的一部分，也进一步说明了中国油气金融的普及性越来越强。

第三节　油气金融的研究前沿与发展展望

一、油气金融研究的前沿动态

基于油气产业全球发展的需求，油气市场与金融市场不断融合，使相关的金融工具得到了广泛的运用。在油气金融市场发展壮大的同时，学术界也进行着与油气金融相关的学术研究。在油价波动、影响波及全球发展的情况下，预测未来油气价格对防范经济发展风险和金融风险存在着一定的重要性。此外，市场上存在的系统性风险常用市场之间的相关性进行度量，学界对此进行了大量研究，对于防范系统风险具有一定的现实意义。

（一）油气价格的相关研究

1. 油气价格波动的影响因素研究

石油是全球消费量最大的一次能源，也是最重要的工业原材料之一，石油的价格变化影响着全球经济的稳定运行。随着原油定价进入市场化阶段，如何准确捕捉原油价格的驱动因素并识别潜在的驱动因素，成为学术界一个重要且富有挑战性的话题。而天然气作为清洁能源，随着能源供给侧结构的改革与消费量的不断攀升，其价格对于国家能源消费和宏观经济也会产生重要影响。

1）石油价格波动的影响因素研究

引起石油价格波动的因素有很多，如地域分布不均导致的地缘政治风险、技术发展水平影响开采量等。除上述因素外，大多数学者主要从石油的商品属性与金融因素两个方面对石油价格的波动因素进行探究。

根据传统价格理论，商品供需结构会对商品价格产生影响。因此，有部分学者关注石油的商品属性，并分析供需因素对石油价格的影响。Hotelling（1931）认为石油是一种可耗竭的资源，市场预期未来会出现石油短缺，因此油价一定会上涨；Kilian（2009）基于全球石油产量、Kilian 指数、石油实际价格，应用 SVAR 模型将石油实际价格分解成石油供给冲击、石油总需求冲击和石油特定需求冲击，首次对油价冲击的不同来源进行了量化分析；谢楠等（2018）运用 SVAR 模型发现，中国石油需求对 WTI 原油价格有显著的正向冲击，而全球石油库存对 WTI 原油价格也有显著的负向冲击。

20 世纪的 3 次石油危机促使西方国家推出了石油相关衍生品合约，使石油的金融化程度逐渐加深。因此，还有许多学者对石油价格的金融因素展开了大量研究。张大永等（2018）认为 2008 年金融危机后，原油价格在一定程度上脱离了库存与需求等基本因素的影响，而更多地被金融因素所操纵；Akram（2009）发现美元的走软和实际利率的下降均会导致原油等大宗商品价格大幅上涨；Wang（2013）在 Akram 研究的基础上进一步加入黄金价格，并且认为从长远来看，利率与美元、黄金存在双向的价格传导关系，共同影响着国际原油的价格。同时，有研究表明投资者情绪会对石油价格产生影响，与石油期货之间存在着强因果关系。

2）天然气价格波动的影响因素研究

天然气多在油田开采时伴随石油而出，因此许多学者将天然气与原油结合起来研究油价对天然气价格的影响，发现了油价是影响天然气价格波动的长期因素。Geng 等（2017）利用集合经验模态分解和格兰杰因果检验等方法，发现原油价格对天然气价格的影响强度呈现倒

U 型结构；肖建忠等（2016）通过研究发现日本、美国和德国 3 个国家的天然气价格与 Brent 原油价格之间存在稳定的长期均衡关系。

此外，还有一部分学者发现了影响天然气价格波动的短期因素。Geng 等（2017）研究发现极端天气、突发性事件及投机等因素对天然气价格存在显著的短期影响。不过，随着天然气供应过剩局面的出现，天然气价格对这些短期因素的敏感性已大幅降低；Li 等（2017）对 Henry Hub 的天然气价格进行了线性回归分析和因素分析，发现经济环境、总能量需求、美元汇率及油气消耗量是影响天然气价格的主要因素；Ji 等（2017）验证了天气和库存确实是天然气价格的驱动因素，但 2008 年金融危机之后天然气价格主要是由市场的供应驱动的，这使得学者更加关注天然气价格的季节性特征。

2. 油气价格预测方法的相关研究

由于石油的金融化程度最高，并且由于石油供需受到地缘政治、产量增减等因素的影响，石油价格波动的幅度较大，所以关于石油价格波动与预测的研究有很多。大多数学者以计量经济学、人工智能算法及组合方法进行研究，并且基于同频数据进行处理，但是预测天然气价格波动的相关研究相对较少。

1）计量经济学模型

从现有的相关文献来看，基于传统计量经济学模型的预测方法应用较早，研究成果比较丰富，其中应用较为广泛的有向量自回归模型（VAR）、随机游走模型（RW）、单整自回归移动平均模型（ARIMA）、广义自回归条件异方差模型（GARCH 族）等。丁磊等（2018）利用 VAR 模型研究国际油价与汇率、通货膨胀三者之间的关系；Drachal（2021）利用时变向量自回归（TVP-VAR）来预测原油的实际价格；Nademi 等（2018）对比分析了半参数马尔可夫切换 AR-ARCH 模型和 ARIMA、GARCH 模型对原油的预测能力；Wang 等（2016）采用切换多分形波动率模型来预测原油回归波动率，这种方法的优点是有强大的经济理论支撑模型的构建，但其预测精度相对较差；Rubaszek（2020）使用向量自回归和动态随机一般均衡模型，预测长期实际油价，经验证据表明，动态随机一般均衡模型在预测实际油价方面优于随机游走或向量自回归模型；Barunik 和 Krehlik（2016）提出了一个基于高频数据的非线性模型，用于对天然气等能源产品的价格波动进行预测，并发现该模型对能源价格波动有较好的预测作用。

2）人工智能算法

随着互联网技术的发展，人工智能算法逐渐被人们熟知并逐步应用于对原油的研究中。Wang 等（2018）检验了互联网搜索有能力提高基线模型的准确性，有助于对石油市场短期波动进行预测；Wu 等（2021）基于卷积神经网络模型，提取新闻媒体文本和谷歌趋势的文本特征，以检测其对原油价格预测的解释能力；刘岭等（2022）通过量化新闻影响力指数对比分析，加入新闻影响力对原油价格预测的能力。

3）组合方法

相较于单一的人工智能算法，大量学者通过混合模型对原油波动及预测进行研究。王书平等（2015）构建了以 3 个模型为基础的组合模型进行多尺度预测，结果表明组合模型预测能力更胜一筹；Li 等（2019）考察了全球原油产量和经济活动对原油价格的长期影响，并且构建了包含遗传算法优化的支持向量机和反向传播神经网络（GABP）的混合模型，对月度的油价数据进行预测；Wend 等（2021）基于具有遗忘因子的遗传算法正则化在线极端学习机模型，分析了新闻对油价波动的影响。

3. 油气期货定价模型的相关研究

自油气期货诞生以来，学者们对其进行了广泛而深入的研究，其中原油期货定价模型的研究尤为重要。Schwartz（1997）将利率作为一个直接影响到原油期货价格的状态变量引入到定价模型中，提出了期限三因素模型；基于此，Ewald（2021）也对商品期货合约定价的三因素模型进行了研究，通过使用布伦特原油期货价格来校准模型，结果发现与 Schwartz 双因素模型相比，三因素模型对期限较长的合约表现出优越的拟合性，而 Schwartz 的双因素模型则过度预测了风险溢价；Trolle 和 Schwartz（2009）提出了一个新的随机波动率模型，用于原油期货和期权的定价；Zeinab 等（2021）介绍了一种基于多因素小波的深度递归神经网络（Multi-WRNN）模型，用于更精确地对原油期货市场进行定价，该模型能够灵活地包含几个关键因素（如库存变化和炼油产能利用率）。

目前，学术界对天然气期货定价模型的研究较少。马超群等（2018）提出了一种基于国际原油和天然气价格的双挂钩液化天然气（LNG）定价机制，其实证结果表明，双挂钩定价机制下的 LNG 价格低于 JCC 指数定价机制下的 LNG 价格。

（二）油气–商品–金融市场相关性研究

随着油气金融资产属性的显现及全球经济一体化的发展，油气价格的波动会对其他行业市场带来一定的冲击，这主要是由于商品市场的金融化，使得油气市场与其他商品市场、金融市场拥有共同的投资者，市场间存在传染效应。因此，学术界对油气价格波动与其他相关行业的相关性和风险溢出效应进行了大量研究，特别是对原油价格波动的风险溢出效应的研究颇多，大致可以分为油气市场与其他商品市场之间的相关性和油气市场与金融市场之间的相关性。

1. 油气市场与其他商品市场

在研究油气市场与其他商品市场之间相关关系的问题上，学术界主要对油气与农产品市场之间的相关性，油气与金属市场之间的相关性，油气与其他能源市场之间的相关性，以及油气、农产品与金属市场三者之间的相关性进行了研究。在研究方法上，绝大多数学者使用的是多元 GARCH 模型，也有一些学者使用其他方法，如 Copula 方法及 Diebold 和 Yilmaz 溢出方法。油气、农产品与金属市场相关性的文献回顾如表 7-9 所示。

表 7-9 油气、农产品与金属市场相关性的文献回顾

文献	研究对象	研究方法	简单结论
Yang Gao 和 Xiaoyi Liu（2015）	稀土市场、石油、清洁能源、黄金、金属、绿色债券、ESG 和农产品市场	DY 和 BY 溢出方法	稀土市场是金属、清洁能源和 ESG 市场的净溢出接受者，而金属、清洁能源和 ESG 市场是前三大净风险排放者
Roy Endré Dahl 等（2020）	原油和 10 种主要农产品	DY 溢出方法和 EGARCH 模型	2006 年前原油和农产品之间的信息传递很小，2006 年后原油成为信息的净接受者；在金融和经济动荡时期，原油和农产品之间的不对称和双向信息流动会加剧
Houjian Li 等（2023）	中国原油、大宗商品市场	TVP-VAR 和分位数溢出指数	原油、商品市场和通货膨胀之间存在相互依存关系；无论是在正常市场条件下，还是在极端风险时期，油价都是系统性风险的重要提供者
Ji 和 Fan（2012）	原油、非能源 CRB 指数、金属 CRB 指数和农作物 CRB 指数	双变量 EGARCH 模型	原油价格波动对非能源商品有明显的溢出作用，且在 2008 年金融危机后该作用更加明显
张跃军和魏一鸣（2010）	石油、天然气、煤炭和碳	状态空间模型、VAR 模型等数理统计方法	化石能源的价格与碳价之间存在显著的长期均衡协整关系，且这一均衡比例处于不断变化之中

2．油气市场与金融市场

油气市场与金融市场的相关性包括油气市场与股票市场的相关性、油气市场与汇率市场的相关性等。

有相当数量的研究认为油气市场与股票市场之间存在较强的相关性。Abdullahi 等（2022）研究发现 WTI 原油期货和中国股市两个市场间存在双向风险溢出，WTI 原油期货市场向中国金融市场的风险溢出力度更大。王三兴等（2020）研究发现国际石油价格波动对 WTI 与原材料行业股市的相关系数和风险溢出效应影响最大，对 WTI 与金融行业股市相关系数的影响最小。闻岳春等（2015）从收益率溢出与波动率溢出两个角度，实证分析了国际金融危机前后，中国股市与美国、欧洲、日本等主要国际股市，以及石油、铜、黄金等主要国际大宗商品市场间的相互作用与影响。研究结论表明，国际股市不仅直接影响国内股市的收益与波动，而且间接通过国际大宗商品市场对国内股市产生收益率与波动率溢出；伴随着国际大宗商品市场金融化程度的提高，国际大宗商品市场对于国内股市的直接性溢出效应不断增加。郭娜等（2022）研究发现天然气市场与股票市场的波动溢出不如石油市场与股票市场强，说明能源市场与股市的波动溢出效应与能源商品的"金融化"程度密切相关。

不少研究证明石油市场与汇率市场之间的风险溢出效应也较为明显。Saidu 等（2021）发现油价的负下跌比正上涨对汇率的影响更大，而正上涨的幅度在不同国家有所不同。这表明，石油价格的变化对汇率行为的影响发挥了重要作用。Lin 等（2020）发现只有在高频率时，汇率才会对石油冲击产生显著的响应，并且中国在金砖国家中是一个独特的案例，其汇率与油价冲击之间的关系远远小于其他国家。

（三）未来研究方向

当前对油气金融的研究主要集中在油气价格与油气市场的相关性上，并且相关研究较为丰富。但是在不同时期，油气价格的作用机理往往会发生结构性变化。随着高频数据的应用可以发现，高频数据模型和混频数据模型能够对油气价格波动进行更加准确的预测。

因此，如何构建新的理论框架，采用动态的视角进一步探索油气价格的波动规律及驱动因素仍然是一个难题。随着大数据时代的到来，基于大数据和人工智能的建模及其对能源价格、收益率和波动的预测也将是一个重要的前沿研究领域。就中国而言，随着石油和天然气的对外依存度越来越高，市场之间的联系也越来越紧密，油气市场的内外安全问题凸显。中国的油气能源安全是非常有必要研究的话题。

二、油气金融实践的发展展望

（一）大数据技术与油气金融深度融合

在油气金融化的进程中，电子信息载体和网络平台一直扮演着重要的角色，促进着整个能源金融市场的发展。首先，大数据技术能够将传统的市场理论与网络分析方法结合，从信息论和行为金融学的新视角，扩展现有的方法论和研究范畴，由此形成新的研究方向和科学问题，推动能源金融的理论创新；其次，大数据技术通过从海量数据中准确挖掘、敏捷监测和高维分析市场微观行为，为能源金融市场提供了新的分析手段，并且大幅度提升了市场分析的准确度和有效性。

目前，大数据技术在能源市场中已经有了一定范围的应用。例如，低碳能源大数据管理系统利用先进的数字化技术精准量化企业碳排放和绿色能源使用情况，帮助企业降本增效，合理规划减少碳排放量；在云端协同的边缘服务系统框架下，设计基于同态加密的能源大数据安全聚合和智能调度系统，解决智能电网能源调度供给过程中储能单元隐私信息易泄露等问题。未来可以将大数据分析技术拓展到基于大数据研究油气市场的风险管理和投资者行为问题等，从而提高油气金融的数字化、效率化，为油气产业的进一步发展提供数字化条件。

（二）油气金融智能化不断加深

人工智能通过算法和机器学习，使机器能够执行认知功能，如学习、推理和自我改进，不但能够有效挖掘大数据集中存在的数据模式，还能够基于不断地自我学习和优化来提高分析和模式识别的准确性。对于金融机构来说，基于大数据建立的深度学习模型，能够大幅提高金融机构决策分析、运营管理和风险控制能力，帮助金融机构更好地服务油气企业，进而促进产业发展。这意味着随着时间推移，其能够更为有效地识别复杂的数据模式。

目前，以神经网络和普通机器学习为代表的人工智能技术已经逐渐应用于油气金融领域。

深度学习技术具有诸多显著优势，例如，能够稳健地处理异构数据和海量输入，无须预先进行特征说明，从而实现更高效、更精准的数据处理和分析，这将在未来的油气金融领域，甚至整个能源领域起到至关重要的作用。此外，自然语言处理、社会网络分析等技术在经济学和管理学领域已有较大的应用，但是在油气金融领域仍有待开发，并具有巨大的潜力。

（三）油气产业供应链金融进一步发展

近年来，供应链金融横跨产业供应链和金融服务活动，基于产业内真实的交易背景，在企业采购、生产、销售等具体业务中与实体经济深入融合。它通过优化资金流转、降低融资成本、提升中小企业融资能力、增强供应链稳定性和韧性，使产业链上各利益方都能以较低的资金成本实现较高的经营绩效，进而形成产融结合的重要方式。供应链金融在油气行业的应用主要体现在两个方面：一是核心企业通过供应链金融的方式，向上下游中小企业提供融资支持，以保障供应链的稳定运行；二是金融机构根据供应链的信息流、物流和资金流情况，为供应链中的企业提供定制化的金融服务。

目前，这一模式已经在一些大型油气企业中得到了实践。例如，中石油、中石化等企业都已经通过建立供应链金融服务平台，为上下游中小企业提供了有效的融资支持。由于油气行业的复杂性，除传统金融存在的风险外，油气行业供应链金融还存在着虚假交易、自保自融、资金挪作他用等风险，交易过程中存在客户获取难、客户忠诚度较低、交易背景验证难、资金监管难、信息安全保障难等问题亟待解决。总之，油气行业的供应链金融展现出了广阔的前景，并且具有较高的技术经济价值和社会效益。

参考文献

[1] 陈德胜，邓艳，李洪侠，等. 能源金融. 北京：中国石化出版社，2015.

[2] 陆振翔，黄伟. CME 集团能源衍生品市场发展经验及启示. 中国证券期货，2018，（02）：80-85.

[3] 张辉，刘永，钟念. 石油衍生产品及其价格风险管理. 资源科学，2007，（06）：182-187.

[4] 谢楠. 基于价格视角的战略石油储备策略建模研究. 北京理工大学，2018.

[5] 张大永，姬强. 中国原油期货动态风险溢出研究. 中国管理科学，2018，26（11）：42-49.

[6] 肖建忠，王秀娟，陈丹阳. 国际天然气进口价格与原油价格的波动关系. 资源与产业，2016，18（02）：88-95.

[7] 丁磊，郭万山. 国际油价、汇率与通货膨胀之间的动态分析：基于向量自回归（VAR）的实证分析. 价格月刊，2018，（03）：15-19.

[8] 刘峰，王聚杰，李建平. 融合新闻影响力衰减的国际原油价格预测研究. 系统工程理论

与实践，2022，42（10）：2710-2720.

[9] 王书平，朱艳云. 基于多尺度分析的国际原油价格预测方法研究. 价格月刊，2015，（10）：1-5.

[10] 马超群，赵新伟. 亚太 LNG 市场双挂钩远期合约定价研究. 系统工程理论与实践，2018，38（06）：1371-1386.

[11] 张跃军，魏一鸣. 化石能源市场对国际碳市场的动态影响实证研究. 管理评论，2010，22（06）：34-41.

[12] 王三兴，李惠玉，陈甜甜，等. 国际油价与行业股市之间的风险溢出效应分析. 宏观经济研究，2020，（08）：166-175.

[13] 闻岳春，王婕，程天笑. 国内股市与国际股市、大宗商品市场的溢出效应研究. 国际金融研究，2015，（08）：31-43.

[14] 郭娜，张骏. 中国能源市场与股票市场的波动溢出效应研究：基于 TVP-VAR-DY 模型的实证研究. 西南民族大学学报（人文社会科学版），2022，43（05）：122-133.

[15] HOTELLING H. The economics of natural resources. Journal of Political Economy，1931，39（2）：137-175.

[16] KILLIN L. Not all oil price shocks are alike：Disentangling demand and supply shocks in the crude oil market. American Economic Review，2009，99（3）：1053-1069.

[17] GENG J B，JI Q，FAN Y. The relationship between regional natural gas markets and crude oil markets from a multi-scale nonlinear Granger causality perspective. Energy Economics，2017，67：98-110.

[18] TROLLE A B，SCHWARTZ E S. Unspanned stochastic volatility and the pricing of the commodity derivatives. Review of Financial Studies，2009，22（11）：4423-4461.

[19] GAO Y，LIU X Y. Time and frequency spillovers and drivers between rare earth and energy，metals，green，and agricultural markets. North American Journal of Economics and Finance，2024，72：72102128.

[20] ROY E D，ATLE O，MUHAMMAD Y. Dynamics of volatility spillover in commodity markets：Linking crude oil to agriculture. Journal of Commodity Markets，2020，20：100111.

[21] MENSI W，TIWARI A，BOURI E，et al. The dependence structure across oil，wheat，and corn：A wavelet-based copula approach using implied volatility indexes. Economics，2017，66：122-139.

[22] LI H J，HUANG X Y，GUO L L. Extreme risk dependence and time-varying spillover between crude oil，commodity market and inflation in China. Energy Economics，2023：107090.

[23] JI Q，FAN Y. How does oil price volatility affect non-energy commodity markets? Applied Energy，2012，89（1）：273-280.

[24] SAIDU M T, NASEEM N A M, LAW S H, et al. Exploring the asymmetric effect of oil price on exchange rate: Evidence from the top six African net oil importers. Energy Reports7, 2021: 8238-8257.

[25] LIN B Q, SU T. Does oil price have similar effects on the exchange rates of BRICS? International Review of Financial Analysis, 2020, 69: 101461.

第八章

电力金融

本章导读

本章从电力金融的基本概念与发展现状入手,对电力金融市场进行了全面的介绍。同时,对相关研究成果进行了全面而系统的梳理与分析,并结合具体案例介绍了电力金融市场在服务实体经济中的作用。另外,本章还从电力金融数智化发展、区域和跨境合作、加大能源储存及 ESG 发展等多个维度,对电力金融的未来发展进行了展望。

第一节　电力金融的内涵

一、电力金融的概念

电力金融的发展历史可以追溯到 20 世纪 90 年代,随着电力市场的逐步开放和市场化改革的推进,金融市场理念开始被引入电力市场,电力金融交易逐渐兴起。20 世纪 90 年代后期至 21 世纪初,电力金融交易开始在全球扩张,荷兰、英国、德国、法国、波兰、澳大利亚、新西兰等国家根据需要开展了电力金融衍生品交易。如今,除传统的电力期货和期权外,一些交易所还推出了与可再生能源相关的电力期货合约,以支持可再生能源的发展。综上所述,我们可以看出,电力金融是一个跨学科的领域或市场概念,它涉及电力系统理论、经济学理论、优化理论、计算机与信息工程,以及金融、证券市场等多个方面。

本书认为电力金融是指通过电力资源与金融资源的整合,实现电力产业资本与金融资本不断优化聚合,促进电力产业与金融业良性互动、协调发展的一系列金融活动。电力金融作为一种金融业态,是电力能源市场逐步与金融市场互相渗透、彼此融合的产物。在这个过程中,电力能源的金融属性不断发展、深化,不仅使金融市场的广度得到了进一步延伸和拓展,也使金融市场的资源配置功能得到了进一步增强。电力金融既为电力能源的发展提供了金融支持，又为电力市场覆盖范围扩大、电力产品创新、电力市场稳定和资源配置优化发挥了积极作用。

二、电力金融的特征

（一）电力金融产品融合的复杂性

电力金融产品融合面临着技术支持系统建设的挑战。开发电力金融市场交易平台、清算平台等技术支持系统，需要考虑到电力系统调度的复杂性，以及金融交割和物理交割产品的差异性。商品交易所建设技术支持平台的难度相对较低，而电力交易机构建立此类平台的难度相对较高。这主要是因为电力市场涉及众多参与主体和复杂的交易环节，需要构建高效、稳定、安全的技术支持系统来保障市场的正常运转。电力金融产品融合还涉及产业部门与金融部门的深度融合。产融结合是指产业部门和金融部门通过股权关系相互渗透、实现产业资本和金融资本的相互转化和直接融合。

（二）与电力市场密切结合

电力行业作为资金密集型行业，其金融产品的设计与应用与电力市场的实际需求紧密相连。无论是发电、输电、配电还是售电环节，都需要大量的资金支持，因此电力金融产品应运而生，以满足电力市场的融资、风险管理等需求。电力金融产品如期货、期权等，其价格变动往往能够反映电力市场的供求关系和价格波动情况，为市场参与者提供重要的参考信息。

（三）电力金融的季节性

电力金融的季节性体现在电力需求和金融市场活动的季节性波动上，这些波动受到多种因素的影响。由于气候变化、经济活动、政策调整及投资者和机构行为等因素相互交织，共同影响电力需求和电力价格波动，从而引起电力金融变动。夏季天气炎热，居民和商业用电需求激增，尤其是空调等制冷设备的使用量大幅增加，导致电力负荷上升。冬季电力需求也相对较高，但主要是由于供暖需求增加，与夏季的制冷需求有所不同。新能源发电（如光伏、风电）具有较为明显的季节性和峰谷性。这些都会使电力期货和期权等金融衍生品的价格受到季节性因素的影响。

（四）产品形式多样

电力金融市场提供了多样化的金融工具，包括电力期货、期权、远期合约等。这些产品具有不同的特性和功能，能够满足市场参与者多样化的交易和风险管理需求。针对不同电力市场参与者的特定需求，电力金融产品还可以提供定制化的服务。例如，针对大型发电企业，可以设计专门的融资方案；针对电力消费者，可以提供电力零售套餐等。

三、电力金融工具

电力作为一种能源而并非实物，无法进行大规模的实物交割，也无法大规模储存，这给电力金融市场的产生带来契机。同时，电力金融衍生产品市场的建立，有助于电力现货市场稳定有序地发展。电力金融工具包括电力金融权益性证券、电力期货、电力期权、电力远期、电力互换等。

（一）电力金融权益性证券

电力金融权益性证券主要是指电力企业的股票。它是股份公司为筹集资金而发行给各个股东作为持股凭证并借以取得股息和红利的一种有价证券，也是电力企业所有权的一部分。持有这种证券，意味着持有者拥有电力企业的相应权益，包括分享企业盈利、参与企业决策等。在电力金融市场中，投资者可以通过证券交易所或场外交易市场购买和出售电力企业的股票。投资电力金融权益性证券需要投资者具备一定的市场分析能力和风险承受能力，因为股票市场的价格波动较大，投资者需要密切关注市场动态和企业经营状况，以便做出明智的投资决策。随着电力市场的不断发展和金融创新的深入，电力金融权益性证券的投资和交易方式也在不断创新和完善。

（二）电力期货

电力期货合约的关键要素包含合约名称、交易单位、报价单位、最小变动价位、每日价格最大波动限制、合约交割时间、交易时间、最后交易日、交割地点、交易手续费、交割方式、交易代码和最低保证金等。电力期货合约在商品交易所交易，交割日期、地点、质量和数量均已标准化，作为标准化的合同，其中与交易相关的所有条款都已预先定义，而价格是唯一剩下的谈判点。标准化有助于价格透明化，因为不需要对质量进行校正来比较不同的合同。当价格具备真实属性，且交易所报告所有交易价格时，便会出现价格完全透明的情况。当买卖双方就价格达成一致时，就会创建电力期货合约。

电力期货的价格波动受到电力需求时段性的影响，高峰时段的电价较高，低谷时段的电价较低，两者之间的差异可能达到一倍以上。这种价格差异反映了电力市场在不同时间段的供需关系变化，并且电力消费接近于刚性需求，电力需求的微小变化都可能在电力市场中产生巨大的价格波动。因此，电力期货交易的价格波动性相比其他期货商品交易更为显著。

（三）电力期权

发电商和电力终端使用者可以使用看涨期权和看跌期权的组合来确保电力交割价格锁定在特定的价格范围之内。电力看跌期权（也称为底价）的买方支付溢价，以获得在特定时间点以特定价格（执行价格或行使价格）出售电力的权利，但并非其义务。电力终端使用者使用看涨期权（也称为上限）设定他们将在指定时间点为商品支付的最高上限价格（相对于指数价格）。对于发电商而言，发电商使用看跌期权来保证其电力的最低价格，以及商品的实物销售。发电商不但能从商品价格上涨中受益，还能避免价格下跌的风险。

电力期权是有效的电价风险管理工具。通过购买电力期权，市场参与者可以在一定程度上规避因电价波动带来的风险。电力期权不仅应用于电价风险管理，还广泛应用于阻塞管理、发电商出力调度管理等领域。例如，金融输电权的持有者可以利用其规避网络阻塞时交纳高额阻塞费用的风险；发电权交易则有助于发电商管理因不确定因素造成的出力变化风险。

（四）电力远期

与场内标准化产品的合约不同，远期合约属于场外非标合约，不在交易所进行交易，条款的沟通可能消耗的时间周期较长、交易成本较高。根据远期合约，一方有义务在未来的指定日期以固定价格购买指定数量的指定商品，而另一方有义务出售指定商品。在远期合约到期时，卖方将交付商品，买方将支付购买价款。如果当时商品的市场价格高于合同规定的价格，则买方获利；反之，如果市场价低于合同价，那么买方就会蒙受损失。远期合约和期货合约的区别在于远期合约的条款和条件没有标准化，它们是为了满足合同各方的特定业务、财务或风险管理需求而协商的。远期合约应用示例如图 8-1 所示。

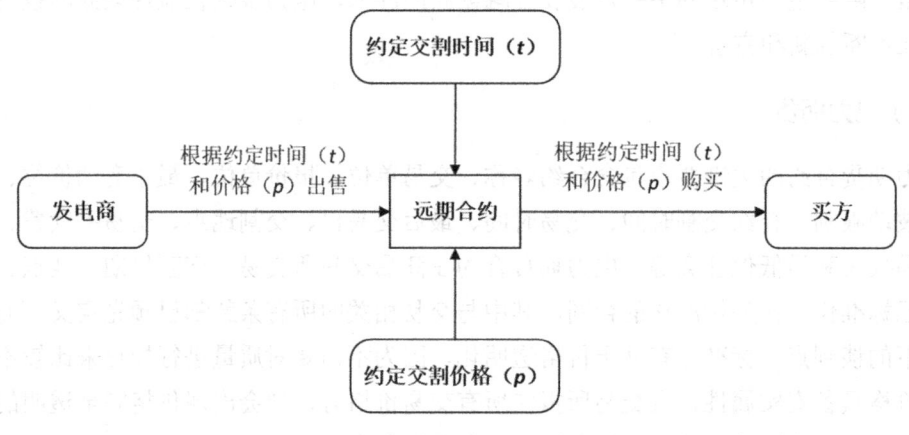

图 8-1　远期合约应用示例

（五）电力互换

电力互换合约为电价的不确定性提供短期、中期和长期的对冲工具，该类合约是根据两个地点中（发电厂所在地和电力用户经营所在地）任意一个可变现货价格的固定电量建立的。在美国电力金融市场，电力互换合约可以进行任何规模的交易，但该类合约通常在峰值时以 25MW 的增量进行交易。例如，在 California-Oregon Border（COB）高峰的时间包括上午 6 时至晚上 10 时（每天 16 个小时）、周一至周六（每周六天），当道琼斯 COB 峰值价格的平均值超过固定价格时，合约中的买家从交易中获得正现金流，反之合约中的卖方从交易中获得正现金流。

第二节　电力金融市场概述

电力金融市场是指交易各种电力金融衍生品和提供各种金融服务（如投融资、债券、股票、信贷服务等）的交易所的总称。交易主体为售电主体和电网企业等从事电力金融交易的机构。交易对象主要有电力期货合约、电力期权合约、电力差价合约、电力远期合约等。本节将从国内外电力金融市场的发展历程、电力市场价格的形成机制、电力金融市场的投融资策略、电力金融市场的风险管理，以及电力金融市场的实践案例来展开介绍。

一、电力金融市场的发展历程

（一）国际发展历程

国际电力金融市场诞生于 20 世纪 90 年代，1993 年 Nord Pool 率先推出挪威电力期货合约。目前，包括美国、欧洲、澳大利亚等许多国家和地区的电力市场已引入电力衍生品交易。根据美国期货业协会（FIA）统计，电力作为能源金融市场的重要组成部分，2022 年和 2023 年的交易量约为 87.97 百万手和 101.79 百万手，分别占能源期货市场的 4.28% 和 3.69%，已成为仅次于石油类、天然气类的第三大能源衍生品。全球电力金融市场作为一种高级的电力市场形态，具有价格发现和规避风险的市场功能，可以在引导电力市场投资、控制系统风险等方面提供帮助。下面主要从电力金融衍生品的角度对国际电力金融发展历程进行梳理。

1. 欧洲电力金融市场

欧洲是全球发展电力衍生品较早的地区，经历 20 多年的发展，欧洲已经形成了较为成熟的全球电力衍生品市场，不但交易品种体系愈发完善，而且在价格发现、风险管理和稳定市场预期等方面都发挥了重要作用，成为欧洲统一电力市场体系的重要组成部分。欧洲电力金融市场的合约交易集中在纳斯达克商品交易所、洲际交易所、欧洲能源交易所、土耳其伊斯坦布尔交易所和意大利证券交易所。其电力金融合约面向的国家和地区主要覆盖北欧、荷兰、比利时、德国和英国等区域，合约类型主要包括基荷和峰荷，以及差价合约。2023 年，欧洲电力金融市场同比增长 55%，总量达到 5185.3 太瓦时，首次超过 5 000 太瓦时。受日内市场的推动，欧洲电力现货市场也增长了 18%，达到 724.5 太瓦时。2023 年 1 月至 2024 年 5 月，欧洲能源交易所电力衍生品近期交易量如图 8-2 所示。

欧洲电力金融市场包括北欧电力金融市场和以英国为主的电力金融市场。

北欧电力金融市场始于 1993 年的挪威电力远期合约市场。随后 Nord Pool 相继推出了期货合约（1995）、期权合约（1999）、差价合约（2000）和高峰负荷合约（2007）。最初北欧电力金融市场仅覆盖挪威，后纳入了瑞典（1996）、芬兰（1998）和丹麦（1999）。如今的交易主体范围除北欧外，已扩展至波罗的海三国（立陶宛、爱沙尼亚、拉脱维亚）。目前，北欧电力金融交易品种包括远期合约、期货合约、期权合约和差价合约，合约类型主要包括基荷、峰荷，以及差价合约。

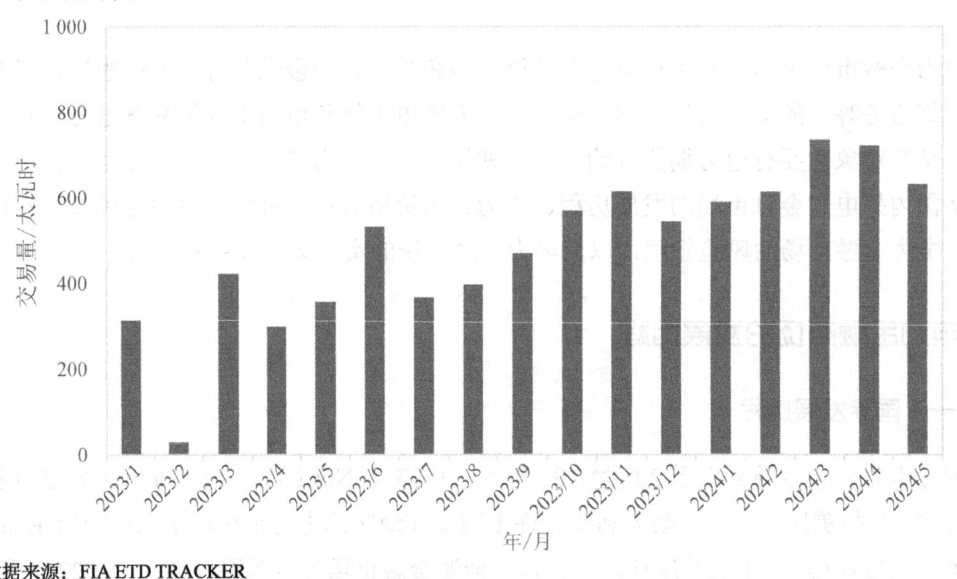

数据来源：FIA ETD TRACKER

图 8-2　欧洲能源交易所电力衍生品近期交易量

除北欧电力金融市场外，以英国为主导的欧洲能源交易所也是欧洲主要的电力金融市场。2002 年欧洲能源交易所推出了电力金融衍生品，2003 年其清算中心提供场外柜面交易的清算服务。作为欧洲主要的电力金融市场交易平台，欧洲能源交易所为欧洲 20 个电力市场（法国、德国、奥地利、瑞士、荷兰、比利时、卢森堡、英国等），提供以欧元计价、以现金结算期货合约的电力衍生品交易服务（如菲利克斯期货、法国金融期货和菲利克斯期权）。

2．北美电力金融市场

20 世纪 90 年代美国西部地区电力市场的发展非常迅速，为降低经营管理风险，北美电力金融市场开始萌芽。纽约商品交易所于 1996 年 3 月推出的电力期货合约标志着北美电力金融市场的诞生，同年 4 月又推出了电力期权合约。2000 年，纽约商品交易所推出了针对 PJM 电力市场的 PJM 电力期货合约。目前全球交易最活跃的电力金融合约主要集中在北美。纽约商品交易所、纳斯达克期货交易所、Nodal 交易所和洲际交易所的交易规模占全球 98%以上，2023 年 Nodal 交易所的电力期货年度交易量达 27 亿兆瓦时（同比增长 15%），创历史新高。2023 年 1 月至 2024 年 5 月，洲际交易所北美电力期货近期交易量如图 8-3 所示。

截至 2023 年年底，纽约商品交易所已经上市了 300 多个电力期货品种（5 兆瓦时，现金结算）；洲际交易所上市了 160 多个基于月度电力平均价格的电力期货品种（1 兆瓦时）；Nodal

Exchange 上市了超过 1 000 个电力期货品种（1 兆瓦时）。美国已经形成了以 ICE 和 Nodal Exchange 为代表的电力期货市场，为北美地区电力生产和电力价格走势平稳保驾护航。

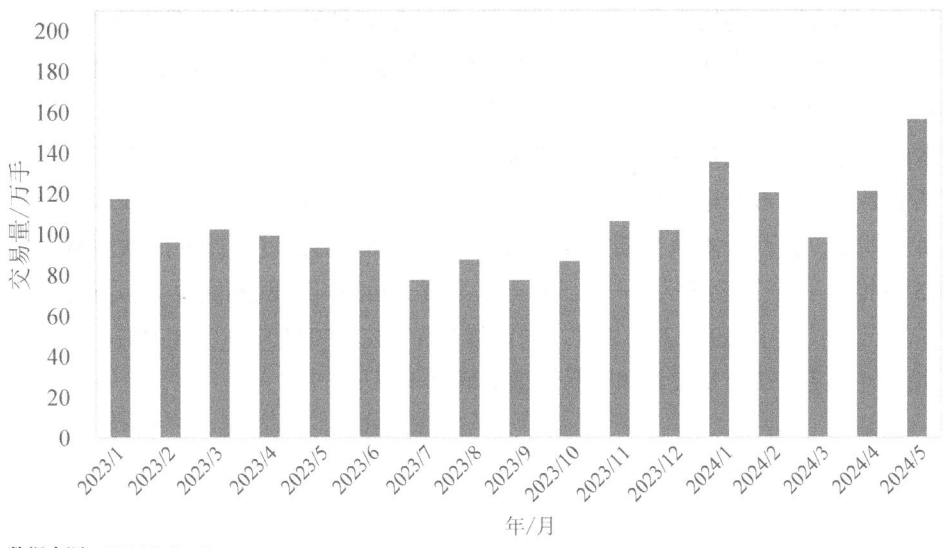

数据来源：ICE Market Reports

图 8-3　洲际交易所北美电力期货近期交易量

表 8-1 展示了北美电力金融市场的主要产品种类。其中纽约商品交易所提供了多种基于实时节点边际价格的电力合约，这些合约包括西部枢纽高峰负荷 PJM 月合约、西部枢纽 50MW 高峰负荷 PJM 月合约、AEP 戴顿枢纽 5MW 高峰负荷 PJM 月合约，以及 AEP 北伊利诺伊枢纽 5MW 高峰负荷 PJM 月合约。这些合约反映了北美电力金融市场在不同地区和负荷规模上的多样化产品。

表 8-1　北美电力金融市场主要产品种类

交易所	名称
纽约商品交易所	基于实时节点边际价格的西部枢纽高峰负荷 PJM 月合约
纽约商品交易所	基于实时节点边际价格的西部枢纽 50MW 高峰负荷 PJM 月合约
纽约商品交易所	基于实时节点边际价格的 AEP 戴顿枢纽 5MW 高峰负荷 PJM 月合约
纽约商品交易所	基于实时节点边际价格的 AEP 北伊利诺伊枢纽 5MW 高峰负荷 PJM 月合约

数据来源：芝加哥商品交易所官网

3．其他电力金融市场

其他电力金融市场以澳大利亚电力金融市场和以新加坡电力金融市场、东京电力金融市场为代表的亚洲电力金融市场为主。

2002 年 9 月，澳大利亚电力金融市场于澳大利亚悉尼期货交易所（SFE）推出电力期货时正式诞生。同年 10 月，澳大利亚证券交易所（ASX）也开展了电力期货交易。2007 年，澳大利亚证券交易所推出可场内交易的标准化差价合约，但由于成交量较小，场内差价合约于 2014 年 6 月停止交易。现阶段，澳大利亚电力金融市场体系包括场内交易和场外交易两部分。场外交易产品包括差价合约和互换合约，通常为长期合约，采取金融交割的方式；场内交易产品为电力期货和期权，按照合同标的物可分为基荷和峰荷两类，通常为短期合约。

新加坡电力金融市场始于新加坡交易所于 2015 年 4 月推出的电力期货合约，新加坡交易所是亚洲第一个上线电力期货合约的交易所。目前交易所的金融合约有两个品种：USEP 季度电力基本负荷期货合约和 USEP 月度电力基本负荷期货合约。

日本的电力期货市场是发展最迅速的新兴电力期货市场之一。2019 年 9 月，日本开始在东京商品交易所交易首个电力期货产品。日本的电力期货合约涵盖了东京基本负荷期货、东京峰值负荷期货、关西基本负荷期货及关西峰值负荷期货等品种。此外，欧洲能源交易所于 2020 年 5 月推出了首个亚洲产品——日本电力期货。2023 年，欧洲能源交易所的日本电力期货的交易量已增长至 18 293.23 吉瓦时，同比增长 171%。2023 年 1 月至 2024 年 5 月，东京交易所电力衍生品近期交易数量和交易价值如图 8-4 所示。

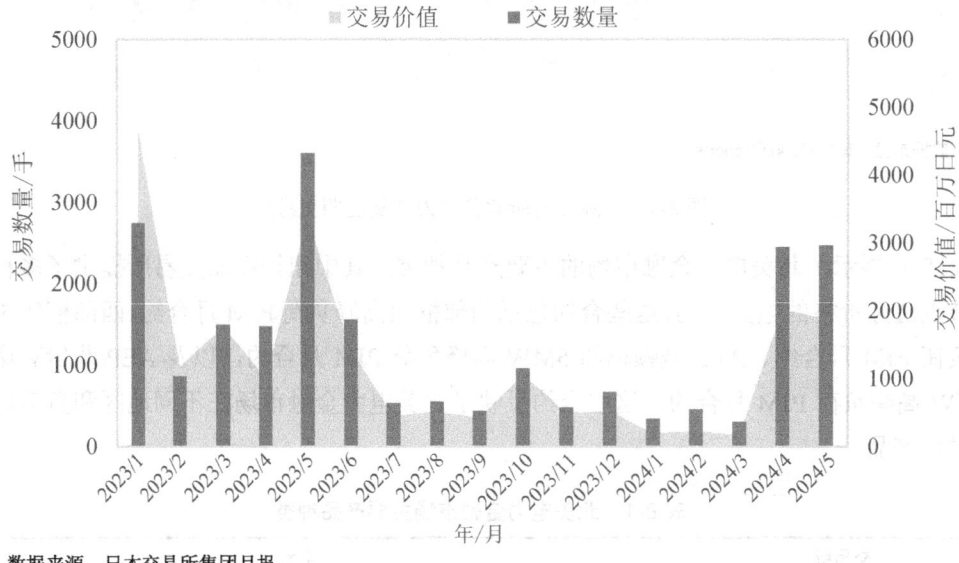

数据来源：日本交易所集团月报

图 8-4 东京交易所电力衍生品近期交易数量和交易价值

表 8-2 总结了国际主要电力金融市场和对应的交易所。可以看出，大多数市场在 1996 年左右开始交易，如美国国内电力市场和北欧电力市场。而新加坡和日本电力市场则相对较晚，分别在 2015 年和 2019 年开始交易，显示了电力金融市场随时间推移不断扩展的全球化趋势。

表 8-2 国际主要电力金融市场和对应的交易所

电力金融市场	交易所	开始交易时间
美国国内电力市场 加利福尼亚-俄勒冈边界电力市场 PJM 电力市场 保罗福德地区电力市场 亚利桑那州电力市场	纽约商品交易所（NYMEX）	1996 年

续表

市场	交易所	开始交易时间
美国国内电力市场 田纳西电力市场	芝加哥商品交易所（CME）	1996 年
北欧电力市场	北欧电力联营体（Nord Pool）	1996 年
荷兰电力市场	阿姆斯特丹电力交易所（APX）	1999 年
英国电力市场	英国电力交易所（UKPX） 洲际交易所（ICE）	2000 年
德国电力市场	欧洲能源交易所（EEX）	2000 年
波兰电力市场	波兰电力交易所（TGE）	2000 年
澳大利亚电力市场	澳大利亚能源交易所（EXAA）	2002 年
新加坡电力市场	新加坡交易所（SGX）	2015 年
日本电力市场	东京商品交易所（TOCOM）	2019 年

数据来源：各交易所官网

（二）国内发展历程

目前，中国没有建立整体性的电力金融市场，只有个别地区交易所（如广东）试验性地推出了电力金融产品。中国的电力金融市场不以利润最大化为导向，而是通过电力金融产品更好地服务电力现货市场，与国际电力金融市场有本质的不同。

1. 广州期货交易所

广州期货交易所设立于 2021 年 4 月 19 日。2023 年 12 月 28 日，广东电力现货市场转入正式运行，是全国首批"转正"且规模最大的电力现货市场。与此同时的广州期货交易所也在稳步推进电力期货品种的研发工作，并且不断完善相关品种体系。广东电力期货合约的设计方案已基本完成。

2. 电力金融政策

从 2015 年至 2023 年，相关的电力金融政策文件不断颁布，中国对电力期货的认识不断加深，电力现货市场日趋完善，电力生产、消费端企业的避险需求得到了越来越多的重视。表 8-3 是中国建设电力金融市场的部分政策。

表 8-3　中国建设电力金融市场的部分政策

时间	颁布主体	名称	内容
2015 年	国务院	《中共中央 国务院关于进一步深化电力体制改革的若干意见》（中发〔2015〕9 号）	探索开展电力期货和电力场外衍生品交易的目标
2023 年	广东省人民政府	《2023 年广东金融支持经济高质量发展行动方案》	推动广州期货交易所研究上市以广东电力市场为标的的期货品种
2023 年	广东省地方金融监督管理局、中国人民银行广东省分行等	《关于金融支持横琴粤澳深度合作区建设的意见》（银发〔2023〕41 号）	支持广州期货交易所建设电力期货市场。加快推动电力等期货品种的研发上市，支持广州期货交易所与香港交易所强化合作，协同打造绿色金融平台，服务合作区绿色融资发展

续表

时间	颁布主体	名称	内容
2023 年	国家发展和改革委员会	《粤港澳大湾区国际一流营商环境建设三年行动计划》	建设大湾区绿色发展示范区,推动广州期货交易所积极研发碳排放权、电力等绿色发展类期货产品
2023 年	广东省发展和改革委员会、南方能源监管局	《南方(以广东起步)电力现货市场建设实施方案(试行)》(粤发改能源〔2023〕304 号)	提出电力中长期市场交易机制的具体措施并探索开展电力期货和电力场外衍生品等交易
2024 年	广州市人民政府	《国家碳达峰试点(广州)实施方案》	提出支持广州期货交易所加快推动电力期货品种的上市进程

数据来源:国务院、中国证券监督管理委员会官网

二、电力市场价格的形成机制

(一)电力价格的影响因素

电力的价格通常会受到多方面因素的影响。具体包括政策环境、电力供求关系、负荷和总装机容量、气候条件等因素。电价的影响因素更侧重于地区政策调控和市场实时供求关系;相比之下,影响煤炭和油气价格的因素则更侧重于全球宏观经济趋势、国际地缘政治动态、全球市场供需关系等。

1. 政策环境

电力价格容易受到政策环境变化的影响。以电力批发价格为例,2021 年 10 月 11 日国家发展和改革委员会推出的《关于进一步深化燃煤发电上网电价市场化改革的通知》导致电力市场发生了结构性变化。政策放开了燃煤发电机组的上网电价,使得这些机组能够参与电力市场交易,不再受到固定价格的束缚。在这一政策发布之前,电力批发市场的价格受到严格管制,通常只能向下浮动。然而,政策发布后,市场参与者可以在一定的基准价基础上进行价格的上下浮动调整(正负 20% 以内)。以电力输配价格为例,中国的输配电价改革中,政府通过省级电网试点来控制输配电的年准许收入,这一收入基于"准许成本"和"合理收益"来计算,并且加上了税金。所以政府对于"合理收益"的划定将直接影响输配电价的水平。如果政府设定的收益较高,输配电价可能上升,反之则可能下降。

2. 电力供求关系

电力市场的供求关系也会直接影响电价水平。以电力批发价格为例,电力批发市场通常采用边际出清机制,在这种机制下,电力供应商根据其发电成本向市场提交报价,而市场运营商则根据这些报价及电力需求来确定市场价格。当电力供给充足,即较低成本的发电机组就足以满足市场需求时,电力批发价格通常会较低,因为市场结算价格基于较低的边际成本机组。相反,当电力供给不足时,市场需求迫使运营商启用成本较高的发电机组来满足额外的电力需求。这些高成本的机组通常在需求峰值时段被调用,以保证电网的稳定和供电的连

续性。因此，在这种情况下，电力批发价格会上升，因为市场结算价格是基于最后一单位的高发电成本。电力供应除了传统的煤电，还包括可再生能源发电（如风能、光伏），这类发电规模的扩大会降低发电成本，进而影响电价。

随着新能源渗透率的提升，凭借风能和光伏发电的规模效益，发电企业的单位发电成本会逐渐下降。在新型电力系统中，风能和光伏等新能源发电实现了大规模发展。光伏和风电产业凭借规模化效益，不断进行产业升级和技术创新，这将促使发电投资成本和度电成本下降。中国光伏行业协会发布的《中国光伏产业发展路线图》分析结果表明：随着光伏发电小时数的提高，度电成本将随之下降。

3. 电力负荷程度

无论在哪种电力市场中，负荷都是影响电价的一个主要因素。一般来说，在短期内，市场总装机容量变化不大，因此负荷越高，高成本机组就越容易被调用，进而导致市场出清价也就越高。市场出清价可以被小时电价反映：白天高峰负荷时段电价高，如每天的 10 时左右、19 时左右及夏季正午的高温、高负荷期间；晚上和凌晨负荷则处于低谷，电价明显降低。此外，周末负荷稍低于工作日负荷，所以周末的电价也明显低于工作日的电价。负荷对电价的影响最为直接，也最为明显，在众多的电价预测研究中，无一不把负荷作为重要的影响因素来考虑。长期而言，如果某地区的有效装机容量不足，就会导致该地区电力负荷维持在较高水平，使该地区电价长期居高不下。

4. 煤炭价格

上网电价受煤炭价格影响和行政性指令影响较大。"煤电联动"机制始于 2004 年国家发展和改革委员会发布的《关于建立煤电价格联动机制的意见的通知》（发改价格〔2004〕2909号），允许煤电上网标杆电价跟随电煤价格依照一定关系实现联动。"煤电联动"机制虽实现周期性上网电价与煤炭价格联动，但仍存在联动性不足（电价联动周期滞后煤价至少 6 个月，电煤累计上涨幅度需达 5%）、行政性指令较强（电厂需要自行消化 30%的煤价上涨因素）等机制性缺陷。

5. 气候条件

气候条件对电价也有较大的影响，长期的干旱气候会减少水电站上游来水，导致水力发电机组出力不足而形成整个市场出清电价上扬（如 2000 年的加州电力危机）。长期的炎热或者寒冷天气会使机组一直处于高负荷运行状态，出于安全考虑，部分机组必须进行强制检修而退出运行。这就会导致系统可用装机容量下降并调用高成本机组，使市场出清电价上扬。

6. 储能技术

储能技术的发展会影响电力系统峰谷价差的程度。由于储能设备可以存储电能，因此可以减少电力系统峰谷差，并节约峰荷机组的燃料费用和启停费用。此外，有学者研究储能其他方面的作用对电力系统的影响发现，储能除了削减电力尖峰负荷和价格，还可以节约发电企业发电启停成本、消纳可再生能源，以此减少发电企业的总运行费用。

（二）电力价格的电价方式

根据国外典型电力市场实践经验和电价相关理论，上网电价应由市场竞争形成；输配电价应由监管机构进行成本核定并在用户之间合理分摊；销售电价应在前两者基础上综合考虑政府性基金回收、用户用电特性等形成。不同种类的定价方法有些许不同，以下为各种电价计价的具体方法。

1. 上网电价

目前，国内外电力现货市场采用的计价机制主要有系统边际电价、区域边际电价和节点边际电价 3 种，其主要区别在于以同一价格结算的节点范围不同。在同一时段内，在系统边际电价机制下，全网只有一个统一的结算价格；在区域边际电价机制下，各个区域分别有各自的价格；在节点边际电价机制下，不同节点有不同的价格。

1）系统边际电价

系统边际电价是指在电力交易时，按照发电厂商的报价，以从低到高的顺序逐一成交电力，直至满足所有负荷需求时，最后一个成交的发电厂商的报价。这个电价就是系统边际电价，它反映了整个电力系统中电力商品的平均价格水平。系统边际电价适用于电网阻塞较少、阻塞程度较轻、阻塞成本较低的地区。

2）区域边际电价

在电网的不同区域之间，由于输电阻塞等原因，电力商品的流通可能会受到限制。在这种情况下，可以采用区域边际电价机制。根据电网的阻塞情况，区域边际电价机制将电力市场划分为若干个价区，每个价区内的电力商品都使用同一个价格，即分区边际电价。该电价机制特别适用于那些输电断面经常发生阻塞的地区。

3）节点边际电价

节点边际电价是一种更为精细的电价形成机制，它考虑了电网中各个节点的具体情况，包括发电成本、输电成本、阻塞成本等。在节点边际电价机制下，每个节点都有一个独立的电价，这个价格反映了该节点上新增单位负荷所产生的边际成本。节点边际电价适用于电网阻塞程度较为严重、输电能力经常受限的地区。

中国电力市场模式有集中式和分散式。从首批 8 个电力现货市场试点的实施方案来看，南方（以广东起步）、浙江、山西、山东、四川和甘肃电力市场都是集中式模式，而蒙西和福建电力市场则属于分散式模式。下面以广东、浙江、蒙西和福建电力现货市场的首次试运行方案为例，对全国主要电力市场模式和机制进行对比，如表 8-4 所示。

表 8-4 全国主要电力市场模式和机制对比

比较项目		广东	浙江	蒙西	福建
市场模式		集中式	集中式	分散式	分散式
中长期市场性质		差价合约	差价合约	实物合同	实物合同
现货市场	用户参与市场	报量不报价	允许报量报价	不参与	初期不参与
	电价机制	节点边际电价	节点边际电价	系统边际电价	系统边际电价
	市场结算	偏差结算 发电测：节点边际电价 用户侧：系统加权平均电价	偏差结算 发电测：节点边际电价 用户侧：不参与市场结算	中标电量按统一价格结算	中标电量按统一价格结算

国际电力市场模式也分为集中式和分散式，其中集中式以美国 PJM 电力市场为代表，分散式以北欧电力市场和英国电力市场为代表。美国 PJM 日前市场和实时市场按分时节点边际电价出清，并且采取偏差结算的方式。不同地区的用户会使用不同的结算方式：一种是按照用户所在节点的分时节点边际电价结算；另一种是按照负荷所在区域的加权平均节点边际电价进行结算。北欧日前市场采用区域边际电价机制，英国电力市场大部分采取双边协商的交易方式。

下面以美国 PJM、北欧和英国电力现货市场的运行方案为例，对国际主要电力市场模式和机制进行对比，如表 8-5 所示。

表 8-5 国际主要电力市场模式和机制对比

项目	美国 PJM	北欧	英国
市场模式	集中式	分散式	分散式
组织结构	调度和交易机构合一	调度和交易机构相互独立	调度和交易机构相互独立
市场主体	所有发电机组和市场用户	所有发电机组和市场用户	所有发电机组和市场用户
现货市场电价机制	节点边际定价	区域边际电价	系统边际电价
价格限制	1 美元/千瓦时	3 欧元/千瓦时	0.28 英镑/千瓦时
现货市场结算	偏差结算	增量结算	增量结算

数据来源：PJM、Nord Pool 等官网

2. 输配电价

输配电环节的国内外定价模型有很多，比较典型的是美国各电力市场应用较为成熟的"基于峰荷责任思想的邮票法"和欧洲各国及澳大利亚应用的"分区定价法"。

1）邮票法

邮票法在计算各用户应该承担的输电费时，只考虑输送电能的多少，与输电距离远近没有关系，更不用考虑输电功率接入点和输出点的具体位置。在实际应用中广泛采用的邮票法主要有两种：传统邮票法和基于峰荷责任思想的邮票法。传统邮票法指的是根据核价年准许收入，由所有输电线路使用者按总输电量分摊的方法，不论距离的远近和用电的时段。传统邮票法曾被英国早期的电力市场使用。基于峰荷责任思想的邮票法在核价时同样不考虑输电

距离的远近，也不是按照总输电量为依据来分摊，而是依据区域内用户的最大负荷来对已发生的总输电成本进行分摊。美国 PJM 和 ERCOT、英国国家电网等多数电力市场化国家多使用此种方法。

2）分区定价法

分区定价法是一种针对共用输配电网络服务的事前定价方法，主要用于回收输配电网的固定成本及运行维护成本。目前，国际上应用较典型的输配电分区定价模型有英国国家电网应用的"DCLF ICRP"模型和英国超高压配网应用的"LRIC"模型，这两个定价模型都综合考虑了会计成本和边际成本。这种方法一般适用于电力现货市场阻塞不严重，但电力批发市场价格缺乏位置信号的国家及地区，如英国、挪威等国家。

中国对大工业用户和一般工商业用户采取不同的输配电价形式。大工业用户输配电价采取两部制定价，不仅需要按实际用电量缴电度电费，还需按变压器容量缴纳固定费用，即基本电费；一般工商业用户采取单一制定价，每月的输配电价以当月用电量为依据收取即可。表 8-6 是国内外输配电价形成机制对比。

表 8-6　国内外输配电价形成机制对比

国家或地区	是否输配分离	输配电价机制	分摊对象	价格形式
中国	否	邮票法	用户侧	工商业用户：单一制电量电价 大工业用户：两部制电价
美国 PJM	是	输电：峰荷责任法 配电：邮票法	用户侧	输电：单一制容量电价 配电：两部制电价
美国德州	是	输电：峰荷责任法 配电：邮票法	用户侧	输电：单一制容量电价 配电：两部制电价
挪威	是	分区定价	发电侧和用户侧	输电：单一制容量电价 配电：两部制电价
瑞典	是	分区定价	发电侧和用户侧	输电：单一制容量电价 配电：两部制电价
英国	是	分区定价	发电侧和用户侧	输电、超高压配电：单一制容量电价 其他配电：两部制电价

3. 销售电价

中国在电力批发市场和零售市场引入竞争之前，电力用户依据政府制定的固定目录电价进行购电，这一阶段中国的销售电价由政府制定。在电力批发市场和零售市场引入竞争之后，未进入市场的电力用户仍按照目录电价购电，而进入市场的电力用户则以市场化的方式确定其购电价格，该模式称为计划和市场双轨制。随着优先用电量的有序放开，越来越多的电力用户进入市场，中国销售电价形成机制将逐渐从双轨制转变为以市场主导价格形成、政府实施监管规制的价格形成机制。

中国电力批发市场的销售电价计价方法有两类。第一类是直接参与电力批发市场的用户，其购电价格是在批发市场价格和输配电价的基础上，累加税金和其他费用形成的。其中，其他费用包括辅助服务费用、平衡费用、不平衡资金分摊、交叉补贴、政府性基金等。

销售电价公式为：

批发市场用户购电费用=批发市场电费+输配电费+政府性基金及附加+不平衡资金分摊与补偿费用

第二类是电力零售市场的用户。在市场建设初期，各地售电公司普遍采用"降价+偏差"的模式设计零售合同。其中，"降价"是指合同价格在电力用户原目录电价基础上降低一定的数额，但不改变原目录的电价形式（如峰谷电价、丰枯电价等）；"偏差"是指用户实际用电量与合同电量之间的偏差部分，既可以完全由用户承担，也可以完全由售电公司承担，或者双方共同承担。

三、电力金融市场的投融资策略

（一）电力金融市场的融资方式

在现阶段，中国电力企业主要的融资方式包括财政拨款（政府扶持）、银行借款和债券融资。

1. 财政拨款

中国电力企业作为具有公共设施建设属性的支柱产业，其发展直接影响着能源、环境、工业、交通，甚至信息等相关产业的发展，所以国家计划部门会拨发一定金额的预算补助，用于支持电力企业的发展建设。此外，中央和地方的财政部门也会有相应的拨款支持。例如，2022 年，国务院从政府性基金中拨付 500 亿元可再生能源补贴给中央发电企业，并且通过国有资本经营预算注资 100 亿元，以此支持煤电企业缓解困境、增加发电量。

基于电力体制改革的现实和电力行业发展过程中的巨额资金需求，现阶段政府仍然是电力企业发展过程中的主导者，政府扶持依然是电力企业主要的资金来源，民间资本的参与度短期内依然会比较小。尽管发电企业经历市场化改革之后，相对于供电企业而言，政府拨款所占企业自有资金的比重已经逐渐减少，但由于整个电力行业的局限性，财政拨款仍是发电企业融资来源的重要组成部分。

2. 银行借款

中国电力企业项目的资金来源中，占比最大的就是国家政策性贷款和国有商业银行贷款。目前电力企业主要采用的是（长期）银行借款这种融资方式，这种以负债为主的融资方式融资速度快、借款弹性大、融资量高、资本成本低，并且银行不直接参与管理，可以充分发挥财务杠杆的优势。但是这也容易导致企业负债率过高，一旦贷款规模过大，本付息压力就会增大，最终导致被债务成本侵蚀的利润越来越多。贷款利率和国家政策的调整也会对电力企业财务状况产生巨大的影响，过高的财务杠杆会给企业带来很大的财务风险。但是，电力企业本身具有较稳定的优势，就是信用等级较高，是银行的优质客户资源。因此，各银行会青睐于向电力企业投放贷款，再加上电力企业本身的公共性质，所以在未来很长一段时间内，电力企业仍然需要通过银行借款进行融资。

3．债券融资

2010—2011 年，国家实行紧缩的货币政策后，电力企业银行借款筹资面临困境；2012 年暂停 IPO 项目后更不利于电力企业的股票市场融资。因此，电力企业转而尝试发行债券进行融资。与银行借款相比，企业债券融资受众广、范围广、市场大；与股票融资相比，受政策影响小，操作更便捷，能够快速有效地筹集资金。因此，债券融资是电力企业募集建设资金的重要融资模式。2023 年 1 月至 10 月，电力企业共发行债券 344 只，发行规模合计 5 019.02 亿元。从发债期限来看，由于电力行业投资周期偏长，所以整体行业发债期限偏长期。相较于火电行业，清洁能源发电项目建设周期较短，导致其发行的短期债券占比高于火电企业。

（二）电力金融市场的投资策略

在当前电力行业的背景下，中国的电力企业面对迅速变化的市场和政策环境，需要采取各种投资策略以适应能源转型和市场改革的挑战。

1．扩大投资新能源项目和高质量发展配电网

中国制定"双碳"目标后，新能源风电和太阳能已成为新增装机的主力，新能源装机累计量将显著增加。这要求电力企业增强在新能源领域的投资力度。电力企业通过扩大风能、太阳能及相关储能技术领域的投资，一方面投资于技术创新和规模扩张，以提高产能和效率；另一方面优化新能源项目的地理分布，以匹配电网需求和提高能源消纳能力。随着风电、光伏发电等新能源装机规模持续扩大，新能源发电能力日益增强，电力系统的调节能力也必须提高。按照现有数据，电力系统调节能力已经难以完全适应新能源的发展需要，使电力运行高峰时段顶峰能力不足与低谷时段消纳问题并存，成为影响电力供需平衡、制约新能源高效利用的突出问题。这要求企业加强配电网的建设，并完善确保电网稳定运行的措施，以保证电能的质量。

2．利用金融工具和投资数字化技术

在电力市场改革的背景下，电力企业面对的是一个细化且多元化的市场结构。为了实现资源优化配置并确保盈利，电力企业可以参考以下几点做法。首先，企业投资电力期权、期货和掉期等金融衍生品对冲电力价格波动的风险，这有助于稳定企业电力成本和预期收益；其次，电力企业通过投资碳信用和碳排放权，不仅能管理企业的环境风险，还可以获得额外的减排利润；再次，电力企业投资区块链、大数据和人工智能等数字技术，不仅增强了交易的安全性和准确性、优化了电力资源的调度和管理，还提高了企业的操作效率和响应市场变化的能力，进而在电力市场中获取竞争优势。

3．增加环境、社会和公司治理责任投资

随着中国碳达峰、碳中和目标和"十四五"新发展理念的提出，电力企业将环境、社会和公司治理理念融入投资规划，既能满足企业促进自身高质量发展的要求，也能满足各方利益相关者的期望。

首先，电力公司应当加强可持续投资的观念，环境、社会和公司治理责任投资从投入到取得收益是一个长期的过程，电网公司不应再局限于短期的经济收益，而应具备长期投资的视角，同时还应意识到企业的盈利与企业开展环境、社会和公司治理责任投资并不矛盾。其次，电网公司应不断探索环境、社会和公司治理责任投资的实现形式，丰富电网公司环境、社会和公司治理责任投资的内涵，并且主动投身于环境、社会和公司治理责任投资的实践之中，着重把环境保护、社会责任履行及公司治理优化纳入投资决策，以改善投资结构，最终获得较高的长期收益。

四、电力金融市场的风险管理

电力市场风险管理的必要性主要源自电力市场复杂的供需关系、政策变动、环境责任及市场价格波动等多种不确定性因素。正确的风险管理不仅可以减少因供需不匹配、政策改变或环境问题带来的潜在损失，还能提高企业对市场动态的适应能力和响应能力，保证电力供应的稳定性和可靠性。此外，通过有效的风险管理，企业能够更好地免受财务损失，同时也有助于满足社会和监管机构对环保和可持续发展的要求。

（一）电力金融风险

1．源网脱节风险

"十二五"末，在电力需求增长放缓的发展形势下，由于电源电网发展不协调、跨省跨区可再生能源消纳机制不健全、国家与地方可再生能源发展规划协同性欠佳等原因，中国可再生能源发展出现了"边建边弃"、"窝电"与"弃电"并存的情况，弃风、弃光率高达 15%、11%。2030 年，在风电、光伏装机达到 12 亿千瓦以上的目标引导下，新能源产业将迎来新一轮的爆发式增长，在资本狂热及地方投资的驱使下，若相关管理监管不到位，则可能会再次出现快审批、抢规模、占份额的现象，造成项目盲目布局，甚至无序发展，使电网无法消纳，弃电率再次攀升。

2．生态环境风险

尽管近年来中国煤电的清洁化发展使各项污染物排放量都下降了 90% 以上，但是煤电的高碳排放特征并没有改变。因此，为实现"碳达峰、碳中和"目标，解决高碳煤电的利用问题是低碳电力发展的核心。2020 年煤电发电量超过 4.6 万亿千瓦时，比 2015 年增加了 7 000亿千瓦时，相应的二氧化碳排放增量为 5.6 亿吨左右，占"十三五"期间二氧化碳排放增量

80%以上。如果"十四五"仍然大幅建设煤电来填补短时尖峰负荷缺口，就有可能造成电力高碳路径锁定、煤电资产搁浅等风险。如果出现了煤电资产搁浅的情况，企业和投资者面临的就会是巨额的未摊销投资和损失。这意味着当政府为了应对气候变化和履行国际承诺而突然宣布减少或禁止煤电使用时，所有在煤电领域的投资都将有可能变得无法回收。

3. 电价波动风险

日益增强的电价波动风险也会影响参与电力市场交易的决策主体。一方面，间歇性新能源发电资源的不确定性可能导致电价的波动性增加，尤其是在电力现货市场中，考虑到风速、光照等气象因素的不确定性，电价可能会随着新能源发电量的多少而出现较大波动；另一方面，新能源的波动性要求电力系统配备更多的灵活性资源，如天然气发电机组和储能系统，这些资源的接入，可能会显著增加电力系统的运营成本并抬高电价。电价波动风险不仅会影响需求方购电决策，还会改变投资预期，进而影响投资决策。例如，2023 年 6 月，在蒙西电力市场试运行期间，发电侧出清价格高达 1.71 元/千瓦时（较燃煤基准电价上涨 504.5%），这给售电公司和用电大户等需求侧的购电决策主体带来了显著风险。2023 年 5 月 1 日至 5 月 2日，山东电力现货市场出现了持续 32 个小时的负电价，最低实时电价达到-85 元/兆瓦时。这意味着，发电商在销售电力时不仅无法获得市场收入，反而要支付给用电侧费用，以激励其消纳多余电力。这不仅增加了新能源发电机组面临的电价波动风险，也进一步影响了投资者对新能源项目的回报预期和投资决策。

（二）电力金融风险管理策略

首先，从政府角度出发，政府应在制定政策和监管方面发挥核心作用。一是需要建设适应中国国情的电力市场化价格形成机制，还原电力的商品属性，发挥市场对价格的调节功能，体现市场价格的正常波动，提高电力资源的配置效率。二是妥善处理电价交叉补贴，保障基本公共服务供给，兼顾公平满足兜底。确保居民、农业、重要公用事业和公益性服务等用电价格相对平稳。三是健全价格监管体系，既要防止价格偏低影响电力安全，又要防止价格偏高影响实体经济竞争力。四是提高价格透明度，向公众普及绿色低碳转型成本，增进社会各方对价格改革的理解和支持，形成共同推动实现"碳达峰、碳中和"的全社会合力。五是坚持立法先行，加快《中华人民共和国能源法》出台，修订完善《中华人民共和国电力法》和《中华人民共和国可再生能源法》，形成促进可再生能源发展的法治保障和法律秩序。加快完善有利于企业绿色低碳发展的价格、财税、金融等经济政策，以电价补贴确权及相关金融配套政策促进新能源产业健康有序发展。

其次，从电力企业角度出发。一是要做好节能减排工作，持续降低二氧化碳排放水平，探索提高二氧化碳捕集、利用与封存技术水平。抓住"十四五"窗口期的机遇，从传统"以量保利"的发展方式转型到"电量兜底+电力调峰+容量备用"的多功能发展方式上。二是积极推动技术创新。加快电力系统构建、安全稳定运行控制等技术研发；加强特高压和柔性交直流输电技术的研究和推广应用；探索合适的技术路线，不断降低发电成本；完善新能源并网等相关技术标准，提高新能源发电机组涉网性能。三是利用大数据、云计算、"互联网+"等先进技术，提升新能源功率预测精准度，加强电网调度机构与发电企业在可再生能源发电功率预测方面的衔接协同。

再次，从投资者角度出发。一是需深入了解政策环境和市场动态。电力市场受政策影响较大，特别是在"双碳"目标和可再生能源政策的推动下相关政策的变化。例如，碳排放政策、可再生能源补贴、电价改革等，这些都可能对电力企业的盈利能力产生重大影响。二是分散投资以降低风险。投资者可以在电力行业内部进行资产分散。例如，同时投资传统能源和新能源企业，包括风能、太阳能、水电等不同类型的能源产业。此外，由于电力行业的资本密集性和市场波动性，投资者应将电力投资作为多元化投资组合的一部分，以减少单一市场风险。

（三）电力金融风险监测与评估

因电力不可储存导致其对即时供需关系极为敏感。首先，不同于煤炭和油气行业，电力行业面临的一个独特风险是源网脱节风险，即电力生产与电网的发展不协调。特别是在可再生能源快速发展的情况下，如果电网建设跟不上，就可能会导致大量的弃风、弃光现象。其次，与煤炭和油气价格直接受全球市场供求关系影响不同，电价的波动风险还受到可再生能源装机比例和系统成本的冲击。电力价格的不稳定风险可能会阻碍能源转型，并增加企业经营的不确定性。

1. 电力产业风险监测

电力产业风险以价值链、环保性和安全性 3 个维度的指标进行识别和评估各类风险。企业价值链是指企业企划、生产、营销等创造企业价值增值活动的各个相互关联的环节，从价值链角度识别风险可以避免遗漏风险环节。环保性是指对电力企业 ESG 表现进行综合性评估，包括企业应对环境风险的能力（如极端天气事件、资源短缺、污染和碳排放等）和企业造成的社会风险（如员工福利、供应链劳工实践、产品安全、数据保护和社区影响等）。安全性是指针对电网大面积停电风险，以及电力企业在电力生产过程中可能引发电力事故的安全隐患，开展风险排查与治理工作；建立电力安全隐患治理监督管理、电网安全风险管控等制度；加强电力安全风险的识别、监视和控制能力；定期进行对电网安全风险管控落实情况的监督检查或重点抽查。

2. 电力金融风险评估

电力金融风险评估方法主要分为定性分析和定量分析两类。定性分析方法如专家打分法、故障树分析法、经验数据法和德尔菲法；定量分析方法如财务比率综合分析法和多元统计分析模型。其中，财务比率综合分析法用于剖析、解释和评价企业的经营情况和财务状况，多元统计分析模型如 Logit、Probit 模型和判别分析模型，此类模型用于预测风险危机发生的可能性，从而减少投资者投资贷款的风险。此外，在电力金融市场中常用的组合风险度量因子有方差、半方差、风险价值（VaR）和条件风险价值（CVaR）。方差因为易于理解、计算简单得以广泛地应用。CVaR 作为风险度量工具的供电公司多市场购电风险收益模型，考虑了电能现货市场价格风险和远期合同市场的阻塞风险，并且利用金融输电权来对冲阻塞风险。

五、电力金融的实践案例

为落实党中央、国务院为中小微企业纾困解难的政策要求，解决中小微企业融资难、融资贵的问题，南方电网产业投资集团有限责任公司指导下属南方电网互联网服务有限公司，统一运营南方电网公司的互联网服务平台——"南网融 e"。2021 年 3 月，南方电网的互联网金融服务平台"南网融 e"正式上线，全流程线上化、平台化的升级，给南方电网的金融业务开辟了更多的"接口"，首次实现供应链金融数据对外开放。"南网融 e"平台提供的金融服务产品主要包括电费融资、订单融资、信用证缴费和"南网融 e"。其中，电费融资是一种基于电力数据的信用融资产品，无须抵押质押且随借随还，银行结合电力数据风控模型向用电客户发放融资款。融资款可用于企业缴纳电费及其他经营用途，最高融资款可达 300 万，年利率低至 4.5%；订单融资是为南方电网的中标供应商推出的一款融资产品，结合中标项目、采购合同及综合履约能力，为客户提供用于履行南方电网采购合同的融资款，并且以该合同项下未来的应收款作为还款来源，最高融资款可达 3 亿元，年利率低至 4%；信用证缴费是一种电费缴费产品，集合"企业缴费+信用证融资"两种功能，帮助企业解决电费缴纳的资金需求；"南网融 e"是一个基于区块链技术的供应链金融平台，通过将南方电网公司产业链上下游企业发票、应收账款、票据等信息进行数字化并共享和上链，打通并加速金融信息的流转，吸引更多的资金方参与，进而为南方电网公司产业链上下游企业提供融资支持。

第三节　电力金融的研究前沿与发展展望

一、电力金融研究的前沿动态

在可持续发展的国际背景下，电力金融作为能源金融行业研究的热点，金融研究范式也逐渐渗入电力行业的运行管理当中。自电力市场化改革以来，学界对电力市场的研究除聚焦于电力市场化的必要性探讨、理论研究及结构优化分析之外，越来越多的学者开始关注电力行业与金融的交叉融合领域，尤其是产品定价、交易规范、衍生品创新和风险管理等方面。

（一）多主体视角下电力市场化改革相关研究

随着电力市场化改革进程的加速，电力供应模式正由传统的计划方式逐步向市场交易模式转变。这一转变不仅要求市场体系、交易机制等方面的深刻变革，还涉及政策制定、市场运营、电力生产、售电服务及监管等多个层面的协同努力。现有研究从不同主体的角度探讨电力市场化改革的内涵及应对策略。

1．政策制定者视角

政策制定者在电力市场化改革中扮演着至关重要的角色。王左权等（2018）基于国际电力市场经验和国内实践，提出从顶层设计、市场体系、交易品种、交易规则和价格机制等方面进行全面改革。这些建议为电力市场化改革提供了宏观指导和框架设计。此外，《关于加快建设全国统一电力市场体系的指导意见》明确了电力市场化改革的目标和阶段性任务，为政策制定者提供了清晰的路线图。

2．市场运营者视角

市场运营者包括交易机构和调度机构，是电力市场化改革中的核心力量。范玉宏等（2018）强调市场运营组织者应协作组织电力现货市场的运行，确保市场的公平、公正和高效。张志翔等（2018）进一步分析了区域电力市场建设的若干问题，提出在交易品种、交易周期、计量与结算等方面的具体建议。这些研究为市场运营者提供了操作层面的指导，有助于推动电力市场的有序发展。

3．电力生产商视角

电力生产商作为电力市场的供应方，其提出的应对策略直接关系到市场的稳定和发展。在市场化改革背景下，电力生产商需要灵活调整生产计划，提高发电效率和节能减排水平，以应对市场变化。同时，他们还需要关注市场价格信号，合理安排产能，确保经济效益。

4．售电商视角

售电商在电力市场化改革中扮演着连接电力生产商和电力用户的桥梁角色。朱锐（2011）针对中国售电侧垄断问题，提出了构建竞争性售电市场的设想。白杨等（2016）则借鉴国际经验，提出了中国电力市场环境下电力营销的新模式和新型电价体系。这些研究为售电商提供了市场化转型的方向和策略，有助于推动售电市场的竞争和发展。

5．电力用户视角

电力用户是电力市场的最终消费者，他们的选择和行为对市场发展具有重要影响。在市场化改革背景下，电力用户需要增强市场意识，了解电力市场的运作规则和价格机制。同时，他们还可以通过需求侧管理等方式降低用电成本，提高用电效率。宋健京等（2018）的研究为电力用户提供了参与市场交易的途径和策略。

6．监管机构视角

监管机构在电力市场化改革中发挥着保障市场秩序、维护公平竞争的作用。薛松等（2019）

构建了售电市场建设发展成效评估体系，为监管机构提供了评估市场运行效果的工具。同时，监管机构还需要加强对电力市场的监管力度，防止市场垄断和不正当竞争行为的发生。杨先明等（2022）及袁浩等（2022）的研究则为监管机构提供了关于可再生能源电价规制和电力零售市场框架设计的建议。

电力市场化改革是一个复杂而系统的工程，需要政策制定者、市场运营者、电力生产商、售电商、电力用户及监管机构等多个主体的协同努力，通过不断探索和实践，可以逐步建立完善的电力市场化体系，推动电力行业的持续健康发展。

（二）电力金融风险与电价预测相关研究

电力市场化改革的推进不仅促进了电力行业的竞争与效率提升，也显著增加了电力市场的金融风险，尤其是电价波动的风险。电力市场中电价的波动性使得越来越多的市场设计者和参与者认识到电力市场风险管理的重要性。因此，我们需要对电力价格的变动进行深入研究，并且通过金融工具的创新对风险加以管理。

首先，强化电力金融风险的识别与检测。电力金融风险的根源在于电价波动，其受多种因素影响，包括宏观经济环境、电力市场结构、电力系统约束及能源价格联动等。已有研究指出，通过实时监测系统和大数据分析技术，可以及时发现电价波动中的异常现象，为风险检测提供有力支持。黄超等（2007）的研究强调了电价不确定性对发电容量项目投资风险的影响，揭示了电价预测在风险管理中的重要性。

其次，为了有效防范电力金融风险，以往研究提出了多种策略。一方面，通过优化市场设计，如 Tang 等（2019）提出的市场化价格形成机制，以及王剑晓等（2019）基于 VCG 机制设计的市场竞争机制，旨在提高市场的灵活性和资源配置效率，减少电价波动；另一方面，金融工具的应用也为风险管理提供了有力支持，如利用期货、期权等衍生品对冲电价波动风险。

再次，电价预测作为电力金融风险管理的关键环节，一直受到研究者的广泛关注。传统的预测方法包括时间序列分析、回归分析等，但随着技术的发展，基于机器学习和深度学习的预测模型逐渐展现出更高的预测精度。例如，姚子麟等（2020）利用 LSTM 网络构建了含高比例风电的电力市场电价预测模型，而殷豪等（2022）则提出了基于奇异谱分析和纵横交叉算法优化 LSTM 的日前电价预测模型，这些研究均表明先进的预测技术在处理复杂时间序列数据方面的优势。

最后，在电力市场化背景下，不同主体面临着不同的挑战与机遇。发电企业需要关注电价预测结果，合理安排生产计划与发电容量投资；电网企业则需关注电力供需平衡与电网安全，通过电价预测优化电网调度与运行策略；电力用户则可根据电价预测结果合理安排用电计划，降低用电成本。同时，随着"碳中和"政策的提出，电力市场结构将发生深刻变化，电源结构的多样化将进一步加剧电价波动的不确定性，这就要求市场参与者具备更强的风险管理能力。

综上所述，电力市场化改革推动了电力行业的发展，但也带来了电力金融风险与电价波动等挑战。通过优化市场设计、应用金融工具、发展先进预测技术，以及提升市场参与者的风险管理能力，我们可以有效应对这些挑战，促进电力市场的健康发展。

（三）电力金融衍生品交易相关研究

随着电力市场的逐步市场化，电力金融衍生品交易作为管理电力市场风险的重要工具，其发展历程、现有机制及价格管理策略备受关注。现有研究从动态视角梳理电力金融衍生品交易的发展历程，分析现有机制并探讨不同主体在价格管理方面的应对策略。

1. 电力金融衍生品交易的发展历程

电力金融衍生品交易的发展是电力市场化改革的必然产物。在发展初期，由于电力的不可储存性和实时供需平衡要求，传统的金融定价方法难以直接应用于电力市场。然而，随着市场参与者对风险管理需求的增加，电力金融衍生品应运而生。梁清等（2011）从风险控制角度阐述了引入金融衍生品交易的必要性，并且设计了适合中国电力市场发展的金融衍生品交易模式及实施路径；黄仁辉等（2010）结合中国电力市场现状，提出了以跨省、跨区电力远期交易为切入点的电力金融衍生品市场建设方案，明确了分阶段的实现路径。

近年来，随着电力市场化改革的深入，电力金融衍生品市场不断完善。费云志（2021）根据中国电力市场的发展特性，将电力市场建设分为省级电力现货市场阶段和区域电力市场阶段，并且提出了电力金融衍生品市场建设的起步阶段、发展阶段和成熟阶段。这一划分不仅反映了电力金融衍生品市场随电力市场发展的动态变化，也为市场参与者提供了清晰的市场定位和发展方向。

2. 电力金融衍生品交易机制研究

目前，电力金融衍生品市场主要由电力远期合约、电力期货合约和电力期权合约等场内外交易品种组成，这些金融衍生品为市场参与者提供了多样化的风险管理工具。马歆等（2003）对金融衍生产品的基本种类和概念进行了介绍，并且深入研究了远期合约、期货合约和期权合约在电力市场中的应用。同时，他们也讨论了电力金融衍生品市场中的风险控制问题，为市场参与者提供了有益的参考。

在价格管理方面，电力金融衍生品市场通过市场机制来发现价格、管理风险。陈纯等（2008）利用金融工程理论中的 Black-Scholes 模型对电力期权进行了定价研究，为电力期权的合理定价提供了理论支持；余刚等（2007）对电力期货和期权的功能进行了总结，并且设计了交易平台和交易规模，为市场参与者提供了实际操作指导。

3. 电力金融衍生品交易风险防范

在电力金融衍生品市场中，不同主体面临着不同的价格管理挑战。发电企业作为电力市场的供应方，需要关注电力期货和期权等金融衍生品的价格变动，以制订合理的发电计划和投资策略。同时，他们也可以利用电力金融衍生品进行套期保值，降低电价波动带来的风险。

电网企业作为电力市场的传输方，需要关注电力市场的供需平衡和电价稳定，通过参与电力金融衍生品交易来优化电网调度和运行策略；电力用户则可以根据自身需求和市场价格变动情况，选择合适的电力金融衍生品进行风险管理，降低用电成本。夏雪（2021）对电力市场不同环节交易主体面临的多重市场风险进行风险识别，归纳出交易主体在交易过程中可能面临的具体风险，并且使用风险评价模型对识别出的风险进行风险评价，为中国电力金融衍生品市场风险防范提供了参考；严正（2010）分析了电力市场中存在的风险，结合金融风险管理技术，提出了电力市场进行风险管理的框架，从风险控制和风险评估角度对其在电力交易上的应用进行归类分析，为电力交易风险管理的未来研究提供借鉴。

电力金融衍生品交易作为电力市场化改革的重要成果之一，其发展历程、现有机制及价格管理策略均呈现出动态变化的特点。不同主体在价格管理方面需要结合自身实际情况和市场环境制定合适的应对策略，以有效管理电力市场风险。

（四）电力市场金融监管相关研究

在发展金融衍生品的同时，电力市场的监管对于电力的金融风险管理也是不可或缺的一环。随着中国电力市场的深化改革，市场主体更加多元化，市场交易规模不断扩大，交易品种及交易周期也更加丰富。但如何科学合理地对电力市场进行监管，推动电力市场健康、有序地发展成为亟须解决的问题。为此，谢敬东等（2020）在全面分析市场风险的基本特征及处置难点问题的基础上，通过对电力市场运营大数据进行风险形式库分析、风险可能性分析、风险逻辑分析，建立了完整的风险管控体系，为电力市场法规化处置提供了有力的监管依据；基于国外电力市场监管的发展，江昕玥等（2021）深入分析了澳大利亚电力监管机构采用的电力市场评价指标体系及评估方法，针对中国电力市场，从健全能源电力法律法规体系、完善监管机构职能、加强监管信息化和健全评价机制等方面提出了相关建议；谢敬东等（2022）则从市场模式、监管模式和监管法律体系 3 个层面出发，深入研究英美两国电力市场监管的特点，为中国电力市场监管提供参考；谢敬东等（2023）从报价行为、行使动机、行使条件和历史表现 4 个方面，结合报价串谋、容量持留、极端报价 3 种风险类型特征，总结了电力市场风险及市场价格风险因素，认为通过调控不同监管力度，可分析各类监管对市场价格风险水平的影响程度，并且据此确定最佳监管方案，使市场主体的价格风险水平回归正常状态，这对电力市场的稳步安全发展具有重要意义。

二、电力金融实践的发展展望

（一）电力金融数智化发展

运用大数据、人工智能、云计算和区块链等数字技术，对电力金融行业进行数字化、智能化改造，能提高对电力金融的数据信息采集、风险定价、风险预警、交易行为模拟等的实时计量分析与防控能力。

一是数字技术在获取电力金融交易单位海量数据的基础上，有助于建立电力大数据的全面风险管理中心，利用大数据技术来构建业务风险防控模型，并且运用实时流量数据处理技术和全流程可视化的"过程监控"来抓获业务特征数据，进而实现全流程的风险识别、智能化的风险预警、广覆盖的风险管控，为异常交易监控提供决策引擎，可实时并动态监测电力金融风险点，便于及时采取风险防控措施；二是利用区块链技术去中心化、分布式记账、多点储存等特征，在市场交易和管理的关键环节放置监控探针，形成可追溯机制，对电力金融衍生品市场的交易支付结算、资金往来等形成共识，提高监控的不可抵赖性，以提升对电力金融衍生品市场风险的识别、防控与化解能力，进而达到利用区块链技术预判和防范系统性风险的目的。

通过数智化发展，电力金融将能够提高业务处理的效率，降低运营成本，提高服务质量。数智化技术的应用也将激发行业的创新活力，推动新业务模式和新产品的开发，为行业带来新的机遇和挑战，推动行业向更加高效、创新和可持续的方向发展。

（二）强化区域和跨境合作

随着全球能源互联网概念的提出和实施，区域和跨境电力交易及跨境电力运输正逐渐成为国际能源合作的重要组成部分，并且将成为电力金融关注的焦点。其相关融资模式和法律框架的发展也将迎来新的挑战和机遇。

一是跨境电力交易的融资模式创新。未来的跨境电力项目可能会采用项目融资模式，即通过设立特殊目的载体来进行融资，减轻单一国家或企业的财务压力。政府与私人部门的合作将在跨境电力项目中发挥重要作用，通过 PPP 模式，可以整合公共和私人资源，降低投资风险；二是法律框架和监管体系的建设。为了保障跨境电力交易的顺利进行，各国需签订相关的国际协定，明确电力交易的法律地位、交易规则、争端解决机制等。建立统一的电网互联技术和安全标准，有助于降低跨境电力交易的技术壁垒和运营风险。各国监管机构之间的协调合作也将更加紧密，共同制定和执行跨境电力市场的监管政策。

（三）加大能源储存和智能电网投资

随着全球能源结构的转型和环保要求的提高，能源储存和智能电网技术的发展成为电力金融领域的重要投资方向。能源储存技术，尤其是电池存储系统，因其成本的持续下降和效率的提高，正逐渐成为能源供应链中的关键环节。电力金融机构正逐步增加对这些技术的投资，以支持其商业化和市场规模化。智能电网技术的采用，将显著提高电网的灵活性和稳定性，降低能源浪费和运营成本。电力金融也将在支持智能电网基础设施建设和技术集成方面发挥作用，并推动其商业应用和市场扩展。

此外，智能电网与能源储存技术的结合将为电力金融市场带来新的增长点。例如，通过智能电网技术，可以实现对电能的动态调控和储备备用，提高电网的抗干扰能力和应急处理能力，保障电网运行的稳定性和可靠性。能源储存和智能电网技术的发展将为电力金融市场带来新的投资机会，推动行业的持续增长和创新。

（四）ESG 标准引领电力金融可持续发展

ESG 标准的普及对电力金融产生了深远的影响。随着全球对可持续发展目标的关注，投资者和金融机构越来越重视电力项目的环境影响、社会责任和治理结构。为了满足这一需求，电力金融积极推动符合 ESG 标准的项目融资和投资。这不仅有助于提升项目的可持续性，还能促进整个行业的绿色转型。

随着 ESG 的重要性日益凸显，金融机构将继续推出更多绿色金融产品，满足市场对可持续投资的需求。同时，电力企业也将通过绿色融资获得资金，用于清洁能源项目的开发，并推动整个行业的绿色转型。这一过程将促进经济的可持续发展，并且为投资者提供新的投资机会。此外，ESG 数据和报告的透明性也是推动电力金融发展的关键因素。通过加强与企业和监管机构的合作，确保 ESG 数据的准确性和透明度，可以增强投资者对项目的信任和支持。这不仅有助于吸引更多的投资，还能提高项目的成功率和长期价值。

参考文献

[1] 张显，王锡凡. 电力金融市场综述. 电力系统自动化，2005，（20）：5-13+23.

[2] 夏雪. 电力现货市场下的市场风险及其金融衍生工具研究. 华北电力大学（北京），2021.

[3] 包铭磊，丁一，邵常政，等. 北欧电力市场评述及对我国的经验借鉴. 中国电机工程学报，2017，37（17）：4881-4892+5207.

[4] 许光建，马祎明. "双碳"目标下电力价格机制改革研究. 价格理论与实践，2022，（02）：20-25+68.

[5] JIA Z，LIN B，WEN S. Electricity market Reform：The perspective of price regulation and carbon neutrality. Applied Energy，2022，328：120164.

[6] CHEN H，CUI J，SONG F，et al. Evaluating the impacts of reforming and integrating China's electricity sector. Energy Economics，2022，108：105912.

[7] ABBAS J，WANG L，BELGACEM S B，et al. Investment in renewable energy and electricity output：Role of green finance，environmental tax，and geopolitical risk：Empirical evidence from China. Energy，2023，269：126683.

[8] SAUER J M T，ANADÓN L D，Kirchherr J，et al. Determinants of Chinese and Western-backed development finance in the global electricity sector. Joule，2022，6（6）：1230-1252.

[9] ALCORTA P，ESPINOSA M P，PIZARRO-IRIZAR C. Who bears the risk？Incentives for renewable electricity under strategic interaction between regulator and investors. Resource and Energy Economics，2023，75：101401.

[10] SUN Y，ZOU Y，JIANG J，et al. Climate change risks and financial performance of the electric power sector：Evidence from listed companies in China．Climate Risk Management，2023，39：100474．

[11] 谢敬东，黄溪滢，卢浩哲，等．电力市场中市场力风险防范方法的研究．价格理论与实践，2020，（12）：49-53+162．

[12] 赵越，白杨，刘思捷，等．我国电力市场建设中的动态电价风险评估研究．价格理论与实践，2021，（11）：167-172+199．

[13] 陈曦，刘明硕．电力大数据应用前景、风险挑战与制度因应．价格理论与实践，2021，（11）：64-66+197．

[14] 袁浩，董晓亮，刘强，等．全国统一电力市场体系下电力零售侧市场框架设计．电网技术，2022，46（12）：4852-4862．

[15] 杨先明，刘朝阳，党国英．"双碳"背景下可再生能源可竞争售电市场构建研究：基于云南电力市场化的实证检验．消费经济，2022，38（04）：62-73．

[16] 钟声，张志翔，郭雁珩，等．可再生能源电力超额消纳量交易定价机制研究．价格理论与实践，2020，（06）：52-55+128．

[17] 薛松，胡源，李维，等．售电市场建设发展成效评估国际经验及我国售电市场评估体系．电网技术，2019，43（06）：1969-1977．

[18] 张志翔，梁志飞，杜龙．南方区域电力市场交易机制设计及实践．电气应用，2018，37（21）：87-92．

[19] 宋健京，陈永华，杨冬梅，等．售电侧放开后新型售电市场运营机制研究．电力需求侧管理，2018，20（05）：20-24．

[20] 白杨，李昂，夏清．新形势下电力市场营销模式与新型电价体系．电力系统保护与控制，2016，44（05）：10-16．

[21] 陈玮，梁志飞，张志翔，等．欧盟内部电力市场分析及对我国南方区域电力市场建设的启示．电网与清洁能源，2018，34（08）：11-16．

[22] 范玉宏，张维，丁珩，等．改进灰色模型预测电力现货与中长期市场价格．管理观察，2018，（22）：45-49．

[23] 王左权，曹学泸．完善电力市场交易价格机制及其监管的思考．价格理论与实践，2018，（04）：26-29．

[24] 范玉宏，丁珩，张维，等．电力现货市场建设关键问题研究．湖北电力，2018，42（02）：45-50．

[25] 谢敬东，张蕾．电力市场价格风险动态监管机理研究．价格理论与实践，2023，（08）：71-75．

[26] 谢敬东，卢浩哲，陆池鑫，等．国外典型电力市场监管模式及其对中国的启示．电气工程学报，2022，17（04）：233-239．

[27] 何永秀，苏凤宇，夏雪．PJM 电力期货交易经验及对中国电力期货市场建设的启示．广

东电力，2021，34（08）：37-42.

[28] 殷豪，丁伟锋，陈顺，等. 基于长短时记忆网络：纵横交叉算法的含高比例新能源电力市场日前电价预测. 电网技术，2022，46（02）：472-480.

[29] 江昕玥，侯佳萱，吴华华，等. 澳大利亚电力监管机制及其对中国的启示. 电力系统自动化，2021，45（14）：1-12.

[30] 谢敬东，黄溪滢，卢浩哲，等. 电力市场中市场力风险防范方法的研究. 价格理论与实践，2020，（12）：49-53+162.

[31] 姚子麟，张亮，邹斌，等. 含高比例风电的电力市场电价预测. 电力系统自动化，2020，44（12）：49-55.

[32] 王剑晓，钟海旺，夏清，等. 基于价值公平分配的电力市场竞争机制设计. 电力系统自动化，2019，43（02）：7-17.

[33] 黄海伦，严正. 电力市场环境下电力交易风险管理研究综述. 现代电力，2010，27（01）：86-92.

新能源与可再生能源金融

积极推进新能源与可再生能源发展是全球能源低碳转型的重要组成部分，也是实现全球碳中和目标的关键路径和必然选择。随着新能源与可再生能源逐步替代煤炭和石油等化石能源，国际竞争的焦点也将逐渐转移到以新能源与可再生能源为代表的低碳技术价值链的控制上。本章首先明确了新能源与可再生能源金融的内涵，其次厘清了新能源与可再生能源市场的发展历程，接着介绍了新能源与可再生能源金融的风险管理和实践应用，最后对新能源与可再生能源金融理论研究的前沿动态进行了总结，并对其实践发展提出了展望。

第一节　新能源与可再生能源金融的内涵

一、新能源与可再生能源金融的定义

新能源通常是指尚未大规模利用、正在积极研究开发的能源，如核能、氢能等，而可再生能源通常是指太阳能、风能、现代生物质能、地热能、海洋能等。新能源与可再生能源相对于传统能源都更加环保、可持续，代表着未来能源的发展方向。按照联合国开发计划署（UNDP）的定义，新能源与可再生能源也被称为可持续能源，主要可以分为大中型水电、新可再生能源（包括小水电、太阳能、风能、现代生物质能、地热能和海洋能）和传统生物质能。因此，按照目前的国际惯例，本章认为新能源和可再生能源主要包括太阳能、风能、生物质能、地热能、潮汐能等一次能源，以及氢能、燃料电池等二次能源。

二、新能源与可再生能源金融的投融资分析

（一）新能源与可再生能源金融工具

新能源与可再生能源金融工具是指为新能源与可再生能源项目提供资金支持和风险管理的一系列金融产品和机制，主要包括绿色债券、可再生能源信贷、碳信用交易、清洁能源基金等。通过新能源与可再生能源金融工具，金融机构能够引导资本流向对减少温室气体排放和应对气候变化有积极作用的领域，不仅可以帮助项目吸引投资和降低融资成本，还可以促进环境的可持续发展。新能源与可再生能源金融工具的特殊性体现在目标领域、风险评估、监管政策、项目周期、市场特性、社会责任和环境影响等方面，其与一般金融工具的区别如表 9-1 所示。

表 9-1　新能源与可再生能源金融工具与一般金融工具的区别

特征	新能源与可再生能源金融工具	一般金融工具
目标领域	专注于新能源与可再生能源领域	适用于各个行业和投资领域
风险评估	需要评估技术成熟度、市场接受度、政策风险等特有风险因素	主要评估市场风险、信用风险、流动性风险等常规金融风险因素
监管政策	可能受到特定的环境法规和政策支持，如清洁能源标准、可再生能源配额制等	受到一般的金融法规监管，如银行法、证券法等
项目周期	项目周期可能较长，因为新能源和可再生能源项目通常需要较长时间来实现收益	项目周期可能较短，更符合传统金融市场的短期回报需求
市场特性	市场规模和参与者可能较少，但增长迅速	有广泛的参与者和丰富的金融产品
社会责任	强调对环境的贡献和可持续发展的目标	社会责任可能不是其主要考虑因素
环境影响	通常具有正面的环境效益，如减少温室气体排放、促进清洁能源使用	环境影响可能是正面的也可能是负面的，取决于资金的最终用途

（二）新能源与可再生能源投融资驱动因素

一方面，从新能源与可再生能源企业角度来看，投融资的驱动因素主要包括技术创新、市场需求增长、政策环境优化及社会责任等因素。第一，技术创新是推动新能源与可再生能源企业发展的核心。技术创新能够降低投融资成本、提高投融资效率，吸引投资者对新能源与可再生能源前沿技术的投资。第二，市场需求的增长使得新能源和可再生能源项目具有更高的收益潜力，为新能源与可再生能源企业带来更多的投资者关注和资本流入。第三，政府的政策支持为新能源与可再生能源企业投融资提供了强有力的保障。第四，社会对减少温室气体排放和可持续发展的关注，使得新能源与可再生能源企业的能源项目具有更高的环境价值和社会责任感，新能源与可再生能源的环境友好性增加了其对投资者的吸引力。

另一方面，从新能源与可再生能源投资者角度来看，新能源与可再生能源的投资驱动因素会受到行业增长潜力、政府政策、环境影响和项目可行性等方面的影响。第一，行业增长潜力意味着更大的市场空间和更高的回报预期，潜在的投资收益和利润水平的提升能够吸引

新能源与可再生能源投资者的投资。第二，政府提供的税收优惠、补贴、财政资金支持等政策激励措施，可以降低投资成本，提高项目的经济效益，有效推动项目的实施，吸引投资者参与新能源与可再生能源项目。第三，投资者越来越重视新能源与可再生能源投资的环境影响，新能源与可再生能源投资者倾向于选择那些能够促进环境保护和具有社会责任的项目。第四，投资者还会考虑新能源与可再生能源项目的可行性。新能源与可再生能源项目的技术创新能力、团队的管理能力及项目的执行能力都会影响投资者的投资决策。

（三）新能源与可再生能源投融资策略

1. 新能源与可再生能源类企业投融资策略

对于大型新能源与可再生能源企业，由于其资金实力雄厚、信用评级高，可以选择自融模式，即企业凭借自有资金进行项目建设和运营。自融模式具有灵活性和快速性的优势，能充分发挥大型企业的资金实力，缩短项目建设周期，提高项目运营水平。中小型新能源与可再生能源企业则可以选择外部融资的模式开展新能源项目的建设，在现有资金不足的情况下，可以通过银行贷款、股权融资等方式获取所需资金。银行贷款是一种常用的融资方式，可以根据企业的资信状况和项目的可行性获得贷款支持；股权融资则是通过发行股份的方式，引入外部投资者，获取资金支持和技术合作等资源。

2. 新能源与可再生能源金融投资者投资策略

新能源与可再生能源金融投资者应制定全面且灵活的投融资策略，以有效捕捉市场机会并分散风险。一方面，投资者对新能源与可再生能源领域的投资可以根据需求选择股权投资、债券投资和基金投资 3 种方式。股权投资应聚焦于具有创新技术和高增长潜力的早期新能源与可再生能源企业，通过参与其成长过程获取高额回报；债券投资应优选绿色债券和可再生能源项目债券，这类债券不仅可以提供稳定的收益，还符合可持续发展的投资理念，适合稳健型投资者；基金投资则应选择专注于环保和可再生能源的基金，通过专业管理实现投资组合的优化和风险分散。另一方面，投资者需密切关注政府政策动向和市场趋势，定期进行市场研究和风险评估，及时调整投资策略以应对政策变化和市场波动，确保在不断变化的市场环境中保持竞争优势。

第二节　新能源与可再生能源金融市场

为了更好地了解新能源与可再生能源金融市场，本节将从新能源与可再生能源金融市场的发展历程、价格形成机制、风险管理，以及在金融市场上的实践应用 4 个方面进行介绍。

一、新能源与可再生能源金融市场的发展历程概述

（一）国际发展历程

新能源与可再生能源的发展历程可以追溯到很早以前。早在公元前 6 世纪，人们就开始利用水能驱动水车，利用风能驱动风车。早期的可再生能源包括水力发电和风力发电。水力发电在 19 世纪末和 20 世纪初逐渐发展，并且在许多国家成为主要的电力来源；风力发电也在一些地区得到了利用，尤其是在偏远地区和海岸地区。然而，随着工业革命的到来，化石能源的大规模开采和使用成为主流，新能源与可再生能源逐渐被边缘化。直到 20 世纪 70 年代，随着环境问题的加剧和石油危机的爆发，人们开始重新关注并研究新能源与可再生能源。太阳能技术开始成为研究和应用的重点，但是当时的技术并不成熟。进入 20 世纪 80 年代，随着人们对环境保护和能源安全的日益关注，全球对新能源和可再生能源的需求逐渐增加。太阳能光伏技术、风力发电技术、生物能源及地热能等各种形式的可再生能源开始得到大规模的开发和应用，随后生物质能等新能源也逐渐受到重视。

21 世纪以来，新能源的发展进入了一个新的阶段。21 世纪初，全球温室气体排放和气候变化问题成为国际关注的焦点，推动了新能源与可再生能源的广泛应用。许多国家制定了支持可再生能源发展的政策，包括补贴和减少排放的法规。同时，技术进步、成本下降及能源存储技术的发展也促进了可再生能源的快速增长。表 9-2 为全球新能源与可再生能源发展历程中的关键事件。

表 9-2　全球新能源与可再生能源发展历程中的关键事件

时间	关键事件
1950 年	苏联设计了第一座塔式太阳能发电站
1951 年	美国首次利用核能发电成功
1954 年	苏联第一座核电厂首次向电网送电
1973 年	美国成立了太阳能研究所，开始大规模研究太阳能的利用技术
1979 年	美国建成了世界上最大的风力发电风车
1992 年	日本实现了光伏发电系统同电力公司联网
2004 年	德国在世界范围内率先拉开新能源电力补贴的序幕。受补贴政策的刺激，2010 年德国光伏产业的比重一度占到世界的 40%
2016 年	《巴黎协定》的签署让国际社会前所未有地重视新能源与可再生能源的发展，并且带动了相关产业的崛起。太阳能光伏产业、风力发电产业、电动汽车产业等都成为新的经济增长点

（二）国内发展历程

新能源与可再生能源的国内发展历程主要由政策推动，表 9-3 为 20 世纪 90 年代以来国内有关新能源与可再生能源发展的主要政策文件。

表9-3　国内有关新能源与可再生能源发展的主要政策文件

时间	政策名称	主要内容
1997 年	《新能源基本建设项目管理的暂行规定》	详细开列了太阳能、地热能、生物质能等多项新能源项目的经济规模指标，并且对新能源建设项目实行统一管理
2001 年	《新能源与可再生能源产业发展"十二五"规划》	在 2005 年实现中国新能源和可再生能源（不含小水电和生物质能传统利用）年开发利用量达到 1300 万吨标准煤，相当于减排近 1000 万吨碳的温室气体及 60 多万吨二氧化硫、烟尘
2006 年	《中华人民共和国可再生能源法》	就开发和利用可持续能源进行立法，关系到国家的能源安全、环境安全，以及国家的可持续发展
2007 年	《可再生能源中长期规划》	到 2010 年和 2020 年，大电网覆盖地区非水电可再生能源发电在电网总发电量中的比例分别达到 1% 和 3% 以上；权益发电装机总容量超过 500 万千瓦的投资者，所拥有的非水电可再生能源发电权益类装机总容量分别达到其权益发电装机总容量的 3% 和 8% 以上
2008 年	《可再生能源发展"十一五"规划》	到 2010 年可再生能源在能源消费中的比例达到 10%，较 2005 年提高 2.5 个百分点，全国可再生能源年利用量达到 3 亿吨标准煤
2012 年	《可再生能源发展"十二五"规划》	到 2015 年可再生能源年利用量达到 4.78 亿吨标准煤，在能源消费中的比重达到 9.5% 以上
2017 年	《可再生能源发展"十三五"规划》	到 2020 年中国非化石能源占一次能源消费比重达 15%，进一步促进可再生能源开发利用，加速推进能源替代进程，并提升可再生能源的经济性，是实现能源可持续发展的关键步骤
2021 年	《可再生能源发展"十四五"规划》	在新能源的开发利用模式、加快构建新型电力系统、完善新能源项目建设管理、保障新能源发展用地用海需求和财政金融手段支持新能源发展等方面做出了全面指引

二、新能源与可再生能源价格的形成机制

（一）新能源与可再生能源价格的影响因素

新能源与可再生能源价格的影响因素主要包括电力价值的构成、政策影响、技术发展水平及能源市场设计等。

1. 电力价值的构成

电力价值应被划分为电能量价值、容量价值、灵活性价值和绿色价值 4 部分。对于常规火电，电价由电能价值、容量价值和灵活性价值 3 部分组成。而新能源的主要价值包括电能量价值和绿色价值两部分，其中绿色价值是新能源相对于常规能源的最大优势，在电力市场中被视为一种外部属性。新能源的绿色价值在电价中没有得到精确体现，反映了新能源绿色价值的配套政策相对滞后，绿色电力配额制尚未被真正落实，影响了新能源的健康可持续发展。电能量价值就是一度电被生产出来后所具有最基本的物理性使用价值。在电力市场交易的标准产品中，能提供完整的"电能量价值+容量价值+灵活性价值"的电力产品的电源才能拿走完整电价。因此，新能源只能拿走电能量价值部分。同时，市场内新能源的数量越多，

容量价值和灵活性价值就越稀缺，价格也会越高，常规电源能拿走的部分也就越多。这些价值的体现对于保障电力系统的稳定运行和促进新能源的消纳具有重要意义。在此背景下，新能源在电力市场中的竞争力就会比较低，只能寄希望于通过绿色价值这一优势，达到价格合理上升的目标。

2．政策影响

政府制定的能源市场规则和政策影响了新能源和可再生能源的市场接纳程度和定价。例如，欧盟减少能源依赖的政策目标，刺激了可再生能源的使用，推高了可再生能源的市场价格。此外，政府通常通过补贴政策来促进新能源和可再生能源的发展。这些补贴可以直接降低新能源的生产成本，从而影响其市场价格并提升其竞争力。

3．技术发展水平

技术发展水平将会从生产成本、储能及生产规模3个方面影响新能源与可再生能源价格。第一，技术的进步通常会显著降低新能源和可再生能源的生产成本。例如，太阳能电池板和风力涡轮发电机的技术进步使其效率提升、制造成本下降，进而影响了这类能源的市场价格；第二，储能技术的发展对可再生能源的整体经济性至关重要。随着电池技术和其他储能解决方案的改进，可以缓解可再生能源的间歇性和波动性问题，从而提高其市场价值和价格竞争力；第三，技术进步也促进了生产规模的扩大和产量的增加，通过规模经济效应降低了生产成本，继而降低新能源和可再生能源的市场价格。

4．能源市场设计

能源市场设计指的是制定和实施能源交易和能源资源配置的规则、机制和政策的过程。它的目的是通过合理的市场结构和运作机制来促进能源供给的有效配置、优化能源资源的利用，以及确保能源市场的竞争和透明度。一方面，能源市场设计中是否针对新能源和可再生能源制定特定的购电协议和定价机制，对其价格影响显著。例如，固定补贴、可再生能源证书（RECs）的市场机制、合同能源管理协议等，直接影响到新能源与可再生能源项目的收益和市场参与动机。另一方面，市场设计的开放程度和透明度决定了新能源和可再生能源供应商的准入门槛和竞争条件。如果市场设计鼓励竞争、减少歧视性规定并提高市场透明度，通常会提升新能源和可再生能源的竞争力和市场份额，继而影响其价格。

（二）新能源与可再生能源价格的定价方式

新能源与可再生能源价格的主要表现方式为新能源与可再生能源电价。这些电力价格的定价方式多种多样，其中在实践中使用最多的有固定电价、招标电价、配额制电价，以及标准成本法定价和机会成本法定价。

1．固定电价

政府或相关机构会对新能源或可再生能源项目的建设、运营、维护等成本进行详细的分析和评估。这些成本包括但不限于设备采购成本、建设费用、运营管理费用、资本成本、预期收益率等。在定价过程中也会考虑政府的能源政策目标，例如，促进可再生能源的发展、减少碳排放等。此外，还会综合考虑市场的电力需求和供给情况，以及对可再生能源的市场接受度和支持程度。固定电价通常以签订长期发电合同的方式实现。政府或电力购买者与新能源和可再生能源项目的投资者或发电商签订长期供电协议，在合同中明确规定固定的电价水平和调整机制，以保证投资者能够在项目寿命周期内获得稳定的收益。

2. 招标电价

政府或能源管理机构通过公开招标的方式，允许各种新能源项目参与竞争，投资者提交竞争性报价。最终，通过竞标过程确定的电价称为招标电价。招标电价的确定依赖于参与招标的投资者和发电商的竞争性报价。投标者通常需要提交详细的项目计划、成本分析、预期收益等资料，以及他们愿意接受的电价水平。投标者在确定招标电价时，会进行详细的成本分析和预算计算。这包括建设成本、运营成本、资本成本、预期收益率等方面的考量，以确保中标者能够在合理的电价水平下获得投资回报。招标机构通常会评估和比较各个投标者的报价，综合考虑项目的技术可行性、经济效益、环境影响等因素，最终选择最具竞争力的电价和最优秀的投标者。一旦确定了招标电价和中标者，双方就会进行合同谈判和签订。合同中将明确招标电价及其调整机制、供电量、供电期限、履约责任等条款，确保项目的实施和运行符合双方的利益和承诺。

3. 配额制电价

配额制电价的形成过程是：通过强制配额（能源企业在生产或销售常规电力的同时，必须生产或销售规定比例的可再生能源电量）和交易制度（政府按照新能源与可再生能源电量对企业核发绿色电力交易证书，绿色电力交易证书可以在能源企业间买卖，价格由市场决定）发挥市场自身的调节作用，达到提升可再生能源电力产品价格的目的。此时的新能源与可再生能源电价为上网电价与绿色电力交易证书的价格之和。对未完成强制配额的企业，政府一般会设定予以惩罚的额度。

4. 标准成本法

标准成本法是一种常见的定价方法，特别是在政府和能源管理机构为了推动可再生能源发展和降低成本而设立的政策框架下使用较多。标准成本法定价的关键是依据可再生能源项目的预期成本定价。这些成本通常包括建设成本、运营成本、资本成本、管理费用等。政府或能源管理机构通过技术和经济分析，设定适当的标准成本，反映出新能源或可再生能源的实际成本水平。这些标准可以根据不同类型的能源项目（如风能、太阳能、生物质能等）和地理区域的特征来制定。

标准成本法定价公式如下：

$$可再生能源电力价格=可再生能源电力成本+税费×（1+利润率）$$

5. 机会成本法

机会成本法是指在无市场价格的情况下，资源使用的成本可以用所牺牲的具有替代用途的收入来估算。对于新能源和可再生能源，机会成本法定价可能涉及以下考虑因素：第一，考虑其替代能源的成本。例如，如果考虑太阳能或风能发电的机会成本，可以比较其与传统化石能源（如煤、天然气）发电的成本差异，继而利用下面的公式得出其价格。

可再生能源电力价格=常规能源电力价格+其他外部性价值×系数

第二，机会成本法也可以考虑到新能源和可再生能源在减少环境污染、减少碳排放等方面的优势。这些环境成本不但会被视为传统能源的外部成本，也会影响到新能源的机会成本定价。第三，机会成本法也会考虑到新能源和可再生能源在长期内带来的经济效益，如在减少能源依赖、提高能源安全性等方面的潜在利益。

（三）新能源与可再生能源价格变化规律

考虑到新能源与可再生能源包含的种类较为复杂，而且价格主要体现在发电领域，所以下文以太阳能光伏、风电、水电，以及核电的上网电价为例，分别介绍价格波动的规律。

1. 太阳能光伏

光伏上网电价是指光伏发电企业与购电方进行上网电能结算的价格。在光电价格下降到可与常规火电相媲美之前，行业必须拥有一个合适的、随发电成本逐年下调的电网收购价格，以在《中华人民共和国可再生能源法》框架下的补贴能力内，保障发电企业拥有一定的收益率，促进整个产业健康发展。国家发展和改革委员会于 2011 年 7 月 24 日印发的《关于完善太阳能光伏发电上网电价政策的通知》（发改价格〔2011〕1594 号）首次针对光伏项目提出了"标杆上网电价"的概念，并且建立了电价退坡机制。为推动各地新能源平衡发展，提高电价附加资金补贴效率，2014 年中国开始执行三类标杆电价。此后三类太阳能资源区光伏上网电价逐年递减，在 2018 年共下调两次。

2019 年，国家发展和改革委员会将集中式光伏电站标杆电价改为指导价，将纳入财政补贴范围的三类资源区电站上网指导价确定为每千瓦时 0.40 元、0.45 元、0.55 元。2021 年，平价时代到来。国家发改委明确新建光伏项目按当地燃煤发电基准价执行，并且中央财政不再进行补贴，但户用光伏电站仅在 2021 年保留每千瓦时 0.03 元的全发电量补贴。此外，通知还允许新建项目可直接参与市场化交易，形成上网电价，以充分体现新能源的绿色电力价值。

电价下降最重要的原因是光伏系统成本的下降。其中，主要是光伏组件价格的下降。光伏安装成本从最初 200 元/瓦到几十元/瓦，再到如今几元/瓦，实现了平价上网。2013—2020年集中式光伏上网电价如图 9-1 所示。

2. 风电

风电分为陆上风电和海上风电，陆上风电由风机、陆上变电站、电网组成，海上风电由海上风机、海上变电站、电网组成。风电上网电价是指风能发电企业与购电方进行上网电能结算的价格。

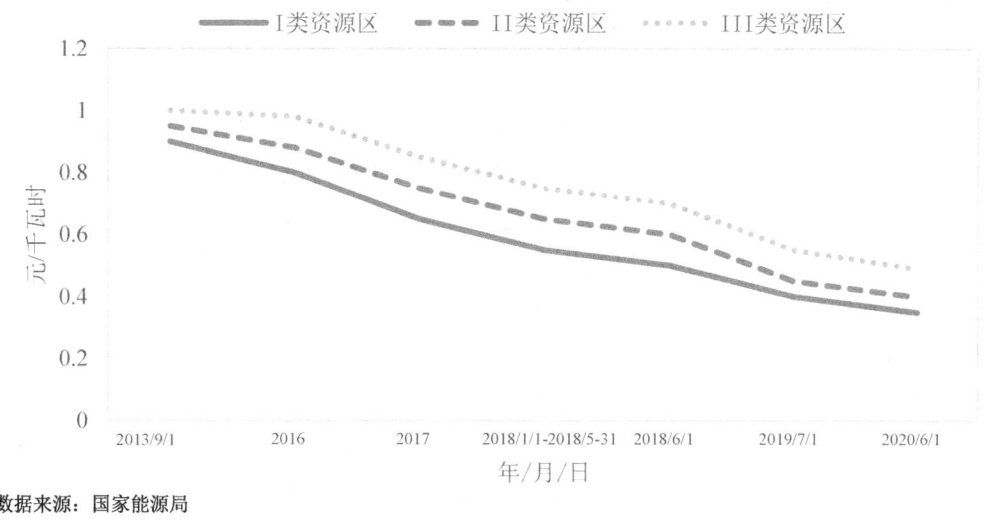

数据来源：国家能源局

图 9-1　2013—2020 年集中式光伏上网电价

风电上网电价的标杆化始于 2009 年，历经 3 次下调，政策导向推动风电向着无补贴平价上网的目标加速推进。根据补贴退坡政策，对于 2021 年 1 月 1 日及以后新核准的陆上风电项目，国家不再补贴。对于海上风电，仅补贴 2021 年年底前全部机组完成并网的存量合规项目，并且不再补贴新增项目。因此，2022 年以后将全面实行平价上网。近年来，风电最低标杆电价已经达到火电标杆电价 0.358—0.444 元之间，2018 年各省风电上网电价数据显示，最高为 0.75 元/千瓦时，最低达 0.39 元/千瓦时，并且仍在持续下降。在某些地区，风电价格与当地煤电价格的差距已经缩小至最低 0.05 元。北方地区风电在全额上网的前提下，能够以低于标煤单价的成本取得合理的投资回报。在未来两三年内，风电有望真正做到与火电脱硫煤标杆电价相竞争，为未来持续性发展奠定基础。2014—2020 年风电上网指导价如图 9-2 所示。

数据来源：三峡能源招股书

图 9-2　2014—2020 年风电上网指导价

3. 水电

水电是将水流的动能转化为电能的发电方式，这种发电方式主要依靠水库、大坝和涡轮发电机组来实现。当前水电的定价模式决定了水电的上网电价，未来是否会改变，目前难以预测。

水电上网电价存在 4 种定价机制，部分地区鼓励市场化定价。2014 年 2 月以前投产的水电站按照成本加成法实行"一厂一价"定价机制，2014 年 2 月以后投产的水电站要看是否跨省区，跨省区水电站按照落地省份平均上网电价倒推水电上网电价，省内调度水电站执行省内标杆电价。此外，部分地区鼓励以竞价方式确定水电上网价格，目前市场化定价方式在云南、四川已顺利推行，市场化交易电价在供需紧张的环境中可获得更大的弹性。目前，在电力供需偏紧的形势下，落地电价倒推和市场化定价这两种形式的电价均存在上涨的预期。

以四川省为例，四川省推进电力市场化改革，市场化交易电量逐年提高，在此过程中，水电市场化交易电价在 2018—2020 年持续下降。伴随四川省内电力供需格局改善，2021 年水电市场化交易电价为 0.218 元/千瓦时，同比提升 8.8%。2022 年四川省市场年度交易结果显示，2022 年四川发电侧交易均价为 0.227 元/千瓦时，同比提升 8.5%，其中水电交易均价为 0.224 元/千瓦时，同比提升 2.7%。2018—2022 年四川省水电市场化交易电价如图 9-3 所示。

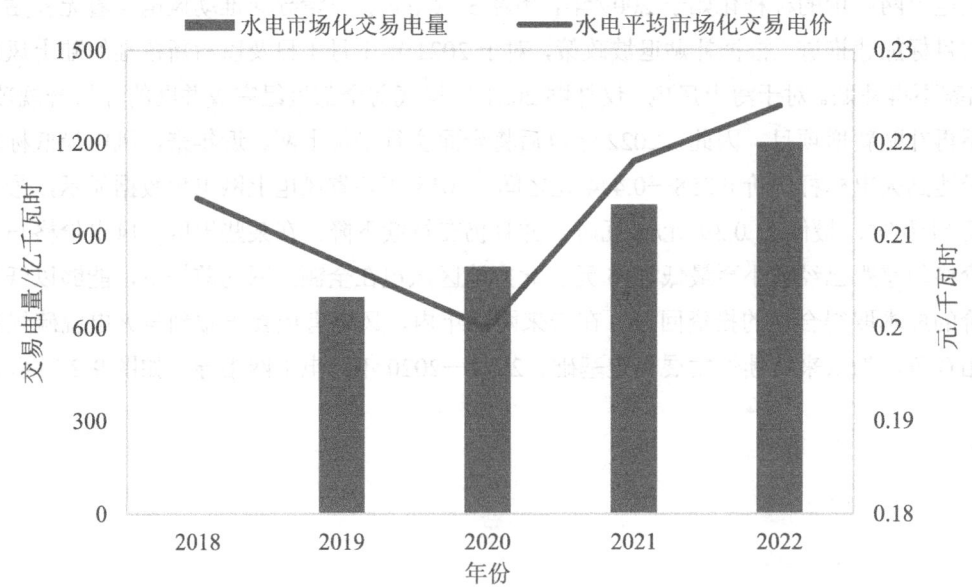

数据来源：四川省电力交易中心，广发证券数据研究中心

图 9-3 2018—2022 年四川省水电市场化交易电价

4. 核电

核电作为可与煤电竞争的基荷电源，通常和煤电一起参与各省的电力市场交易，市场交易电价与当地煤电交易电价基本一致，之前也都低于核电机组的核准上网电价。在电力市场中受益于煤电市场电价的上涨，核电也于近两年从折价转为溢价。中国核电分电站电价折/溢

价情况如图 9-4 所示。

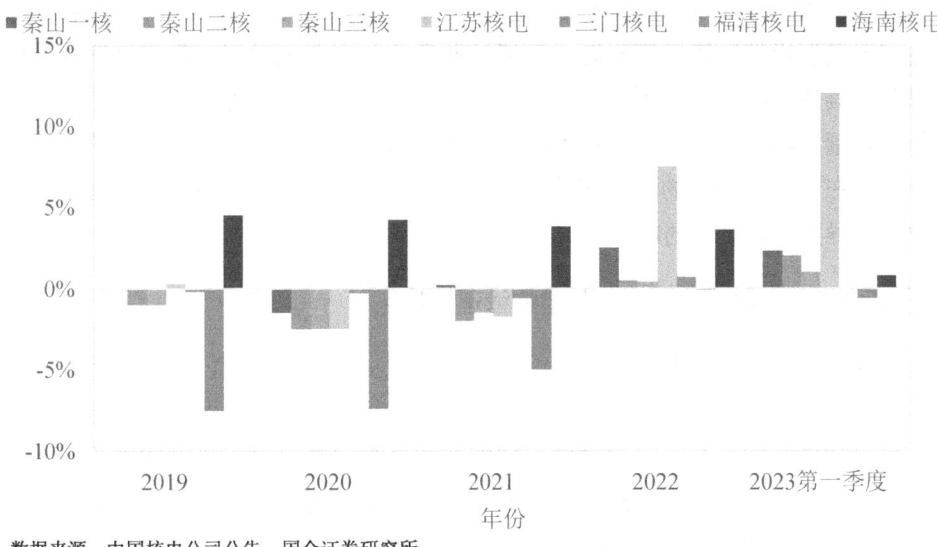

数据来源：中国核电公司公告、国金证券研究所

图 9-4　中国核电分电站电价折/溢价情况

三、新能源与可再生能源金融的风险管理

（一）新能源与可再生能源金融风险

1. 资金风险

在电价补贴政策驱动下，中国新能源与可再生能源电力装机容量呈现爆发式增长。根据《2030 年前碳达峰行动方案》，至 2030 年中国新能源装机将达到 12 亿千瓦。但是，新能源与可再生能源补贴长期拖欠问题也备受市场关注。

补贴资金缺口的存在会带来多方面的金融风险。第一，新能源与可再生能源项目通常依赖于政府补贴或激励措施来提升竞争力和营利性，尤其是在初期投资阶段。如果补贴资金出现缺口或减少，投资者的信心受到打击，投资意愿和资金流入减少，就会导致项目融资困难或推迟。第二，缺乏补贴资金可能导致可再生能源项目的融资成本增加。如果项目不能如预期那样获得补贴或激励，投资者就会要求更高的投资回报率以弥补风险，从而增加项目的融资成本，影响其经济可行性。补贴资金的缺口可能导致市场上出现更大的不确定性。第三，投资者和开发者面临难以预测的政策变化和市场动态，这使得长期投资决策变得更加复杂并使资金风险高涨。

2. 技术风险

新能源技术与可再生能源技术的发展具有不确定性，特别是在技术成熟度和能效方面。一方面，自然资源的间歇性特征始终影响电力输出的稳定性。例如，受 2021 年气候的异常影响，欧洲北海整体夏秋季风力不足，欧盟国家 1—9 月风电发电量同比下降 17%，英国 7—9 月风电发电量同比下降 25%。短期内，新能源发电仍面临发电成本偏高、电网稳定性不足、难以满足储能及调峰调频需求等问题，新能源业务要实现更大发展，需成功实现储能技术的突破，以及与其他电源的互补耦合，以减少电网接纳压力。另一方面，技术落后或市场份额丧失可能导致项目经济效益下降或资本回报率不理想。例如，中国企业在光伏行业占据技术领先地位，但在风电等领域的核心部件生产方面还存在技术差距，短期内国外品牌仍将保持垄断地位，这导致国内企业的收益始终受到制约。

（二）新能源与可再生能源金融风险的管理策略

首先，为应对目前新能源与可再生能源企业所面临的市场风险，一方面是融资存在的风险，另一方面就是市场电价、电量的问题，新能源与可再生能源企业要加强自身的建设，建立有效的风险预警机制，有效应对融资出现的各种风险问题。对于入网的电价问题，新能源与可再生能源企业应该积极与当地的物价部门进行有效沟通，利用国家对于新能源与可再生能源的扶持政策，取得合理的入网电价，并且安排专人负责电价的核算与资金的收取。同时，对于电量问题，新能源与可再生能源企业应该加大对电网的整治力度，保障企业的能源供应稳定，这样比较有利于电量得到充分合理的应用。

其次，为了有效控制环境因素带来的风险，新能源与可再生能源企业需要积极采取有效的保障措施和技术手段。一方面，要积极应对自然灾害产生的风险问题，通过投保的方式转移风险。同时，新能源与可再生能源企业还可以制定相应的应急预案，降低自然灾害造成的损害。另一方面，对于新能源产出不稳定的生产风险，可以通过有效的技术手段来解决。例如，在新能源与可再生能源企业中安装气象监测设备，对影响能源产出的天气情况进行及早预防。同时，还可以设置相应的调节软件，适当调整能源供应，保障能源可以稳定、持续地供给。

再次，由于新能源与可再生能源企业的投资项目比较多，而且规模大、周期长，因此需要加强对新能源与可再生能源企业项目实施的全过程管控。在项目立项阶段，进行技术评估和可行性分析，确定技术方案和资金需求，寻找并吸引投资者或融资渠道；在项目开发与建设阶段加强工程选址工作，建立有效的工程管理体系；在项目运营阶段，实施运营监控系统，优化能源生产和资源利用效率，进行有效的成本控制，保障工程的施工质量，降低财务风险；在项目交付阶段，要确保交付符合预期质量和性能，如有必要，可以将项目的运营转交给运营方或管理团队。

最后，积极利用好政府的扶持政策。尽管政府目前对新能源与可再生能源企业制定了一系列的扶持政策，但是仍然有很多政策不能发挥作用。因此，新能源与可再生能源企业一方面要加强与政府部门的沟通，尽快落实政府的相关优惠政策，保障新能源与可再生能源企业的合法权益；另一方面要呼吁政府部门出台更多的优惠政策，加大扶持力度，尤其要在融资渠道方面给予帮助，这样才能有效保障新能源与可再生能源企业的资金供应，促进企业获得长远发展。

（三）风险监测与报告

1. 风险监测

新能源与可再生能源的风险监测主要通过风险监测体系的构建来实现。新能源与可再生能源风险监测体系的构建包括两个步骤：一是风险监测指标的构建；二是风险监测信号的传递与处理。

风险监测指标有新能源与可再生能源产业核心指标、产业链相关指标，以及外部环境指标。新能源与可再生能源产业核心指标包括装机容量、发电量、产能利用率等，反映的是新能源与可再生能源产业的整体运行状况；产业链相关指标涵盖原材料供应、设备制造、项目建设、运营维护等各环节，用来评估产业链的稳定性和潜在风险；外部环境指标包括政策环境、市场需求、国际能源价格等，用来分析外部环境变化对新能源与可再生能源产业的影响。

风险监测信号传递与处理流程分为 4 步：一是信号传递，建立高效的预警信息传递机制，确保相关部门和企业能够及时接收到预警信号；二是信号识别，对接收到的预警信号进行识别和分析，判断风险类型和严重程度；三是应急响应，根据风险类型和严重程度制定相应的应急响应措施，包括风险排查、处置和报告等；四是持续改进，通过对预警机制运行情况的定期评估和改进，不断提高预警机制的准确性和有效性。

2. 风险报告

新能源与可再生能源金融风险报告相较于传统能源领域的风险报告有 3 个显著的区别：第一，新能源与可再生能源涉及的技术创新和市场发展风险较大。技术成熟度、供应链稳定性、新技术应用风险等因素在风险报告的呈现中至关重要，而传统能源则更多关注供需平衡和价格波动等经济因素；第二，新能源与可再生能源的发展通常与环境友好、社会接受度等相关，环境法规、社会反对力量等因素需要在其风险报告中重点标注。传统能源在这方面的风险管理较为传统，主要集中于环保法规遵守和社区关系管理；第三，由于新能源与可再生能源市场相对年轻和不稳定，市场预测和不确定性的影响力较大。与传统能源相比，市场需求、技术进步、竞争格局等因素的不确定性更高，需要在报告中使用更加谨慎的风险评估和预测方法。

四、新能源与可再生能源金融市场的实践应用

本章以中国三峡新能源（集团）股份有限公司（简称三峡新能源集团）绿色资产证券化为例，探讨新能源与可再生能源金融在企业实际运营中的应用效果及面临的挑战。2021 年 3 月 29 日，三峡新能源集团发行了 2021 年度第一期绿色资产支持票据（碳中和债），募集资金主要用于公司所属重点新能源项目建设。这是交易商协会发布《关于明确碳中和债相关机制的通知》后，银行间首只发行的碳中和资产支持票据产品，其发行标志着中国碳中和资产证券化产品的新开端。

（一）新能源与可再生能源金融在企业实际运营中的应用效果

1. 经济效益分析

首先，三峡新能源集团通过绿色资产证券化进行融资，拓宽了融资渠道，降低了融资成本。三峡新能源集团作为资本密集型企业，其资产负债率相对较高，银行贷款手续较为烦琐，并且股权融资工具具有周期较长、流程复杂等问题，融资成本通常很高。资产证券化属于一种典型的结构性融资方式，以基础资产未来的现金流作为还款的来源。这种融资模式使得企业能够以较低的成本获得融资，并且通过资产证券化将这些资金转移到企业，使其不再依赖于银行体系。三峡新能源集团中以太阳能光伏电站、风力电站等为代表的绿色项目资产较为优质，其可持续发展性意味着未来稳定的现金流。因此，绿色资产证券化是企业拓宽融资渠道、降低融资成本的新型选择。

其次，三峡新能源集团通过实行绿色资产证券化，降低了资产负债率，并且减轻了财务压力。三峡新能源集团作为资本密集型的企业，资金需求量大，资产负债率高。在当前绿色金融快速发展及中国"去杠杆"的趋势下，企业利用资产证券化产品进行创新性融资，可以盘活存量补贴电费资产，提高资金周转率，降低资产负债率。三峡新能源集团实行绿色资产证券化进一步盘活了企业在绿色建设项目中的应收账款，使企业的资产变现能力得以提升，资产结构得以改善。

2. 社会效益分析

三峡新能源集团成功通过发行绿色资产支持票据进行融资，为融资工具贴上了绿色标识，为其他企业做出了良好的示范。首先，三峡新能源集团通过亲身实践，证明了企业虽然存在融资难的问题，但可以通过绿色资产证券化的方式满足融资需求，降低自身经营发展对财政的依赖，推动企业稳步向前发展；其次，三峡新能源集团通过发行绿色资产支持票据来解决融资难题，树立了绿色环保的良好形象，引起了社会的广泛关注，在提升自身声誉的过程中吸引了投资者，进而在激烈的市场竞争中占据了有利地位。三峡新能源集团积极响应国家绿色发展战略方针，勇于创新，依托于绿色资产证券化进行融资。这既为企业带来了良好的声誉，也增进了社会对绿色金融实践的关注，并且共同推动了绿色金融在中国的发展，获得了较高的社会效益。

3. 生态效益分析

从绿色环保的视角出发，三峡新能源集团以发行绿色资产支持票据的方式为公司所属重点新能源项目建设筹集所需资金，支持其环保项目的长期可持续发展，这符合国家的可持续发展理念，推动了生态效益和经济效益的结合。2021 年 3 月 30 日，三峡新能源集团发行的绿色资产支持票据的基础资产涉及陆上风电、海上风电和光伏发电项目，总装机 1 814 兆瓦，年平均发电量 428 725.81 万千瓦时，与同等火力发电相比，每年可节约标准煤约 130 万吨，大量减少了二氧化碳、二氧化硫、氮氧化合物和烟尘的排放，具有显著的碳减排和污染物减排效益。三峡新能源集团实行绿色资产证券化，有助于中国"双碳"目标的实现和环境的改善，具有较高的生态效益。

（二）新能源与可再生能源金融在企业实际运营中面临的挑战

1. 外部挑战

1）信息披露制度有待完善

目前，绿色资产证券化产品的信息披露机制仍不够完善。一方面，绿色资产证券化作为一种结构化的产品，其设计较为复杂，所涉及的披露信息较多。然而，不同交易所针对绿色投资项目的特定分类、筹集资金使用情况等方面仍然存在不同的披露要求，尚未存在统一的规定，导致信息披露的质量及格式参差不齐。另一方面，发行方和投资者对于绿色资产证券化项目的信息披露要求较高，但当前许多中小型绿色企业的基础资产评级信息并没有得到有效披露，阻碍了绿色资产证券化融资工作的顺利开展。由于投资方不能及时了解绿色资产证券化项目的进展，使市场对绿色资产证券化产品的信任受到挑战。

2）相关法律体系有待健全

法律制度是保障投资者和企业合法权益的有力工具，资产证券化市场的健康发展离不开健全的法律法规。但目前中国资产证券化仍处于初步发展阶段，尚未在立法上形成统一的针对资产证券化的法律法规及会计条例，对投资者和企业的保护力度不足。中国在《破产法》和《信托法》中有部分内容提及企业资产证券化，但仍缺乏专门的法律法规对企业资产证券化进行约束。此外，中国法律法规对资产证券化的约束仅停留在行业层面，缺乏对企业资产证券化行为的规范，使资本市场的秩序受到挑战。

2. 内部挑战

1）基础资产集中度过高

在该案例中，三峡新能源集团发行的绿色资产支持票据的基础资产较为集中。在入池基础资产中，所涉项目主要为风力发电项目，所涉基础资产余额为 103 540.30 万元，占比 92.61%。此外，从区域分布的角度来看，初始入池的基础资产分布在 9 个省或自治区，前三大区域是内蒙古自治区、江苏省和新疆维吾尔自治区，其中内蒙古自治区相关的基础资产余额为 39 867.42 万元，占比最高。在当前经济增速放缓、市场总体需求低迷的情况下，基础资产的过度集中增加了资产证券化产品的风险。一旦集中度较高的地区或项目发生问题，就很可能会对整个产品的现金流产生影响。

2）资产证券化流程较为复杂

目前，中国企业资产证券化发展仍处于初级阶段，资产证券化流程较为复杂。首先，企业要分析自身的融资需求和资产状况，确定可用于证券化的资产，形成资产池；其次，组建特殊目的载体，对证券化的资产进行评级；最后，通过内部增信和外部增信等形式对资产进行信用增级，从而更好地吸引投资者进行投资。中国资产证券化过程所涉及的部门较多、流程较为复杂、发行周期较长，使得资产证券化的融资效率较低，进一步阻碍了企业进行资产证券化融资的积极性和市场的良性发展。

第三节　新能源与可再生能源金融的前沿与展望

一、新能源与可再生能源金融研究的前沿动态

新能源与可再生能源金融的发展，对于推动能源结构转型、实现可持续发展具有重要意义。整体而言，新能源与可再生能源金融领域的研究可以分为金融支持新能源与可再生能源发展的相关研究、可再生能源配额制相关研究，以及可交易绿色证书机制相关研究三大部分。

（一）金融支持新能源与可再生能源发展的相关研究

1. 金融发展对新能源与可再生能源的影响研究

近年来，中国新能源与可再生能源产业发展规模不断扩大，在风力发电、光伏发电等方面迅速发展。新能源与可再生能源产业在建设过程中具有科研成本高、建设周期长、投资金额大等特点，因此，如何保证稳定的资金支持是新能源和可再生能源产业发展过程中的一大挑战。金融发展可以为新能源和可再生能源发展提供稳定的资金支持，在推动新能源和可再生能源发展方面发挥着重要作用。

现有研究认为，金融发展会对新能源和可再生能源产生正向积极的影响。马丽梅等（2022）提出，金融发展对可再生能源产生了显著的正向影响。范英等（2021）认为新能源与可再生能源发展的驱动因素是动态变化的，在初期阶段主要由政府政策驱动。而在成长阶段和成熟阶段，随着相关市场机制逐步健全，政府政策的引领作用逐步减弱，金融市场则初步展现对可再生能源的显著影响。Ji 等（2019）以中国为例，研究发现金融发展对中国可再生能源具有显著促进作用。Wu 等（2015）以新兴经济体的数据为样本，在金融发展的基础上加入了制度因素变量进行考察，发现金融发展和制度因素对可再生能源消费均产生了显著的正向影响。陈庭强等（2024）提出，金融发展能够显著驱动地区可再生能源增长，但该作用存在 U 型非线性门槛特征。并且，金融发展对可再生能源的驱动作用存在显著的区域异质性。

2. 金融支持新能源与可再生能源发展的机理研究

与煤炭、石油等传统能源相比，新能源与可再生能源对金融发展的敏感程度更高。现有学者在探究金融支撑与新能源和可再生能源发展的关联时，研究了具体的运作机理。Wang 等（2024）指出，绿色金融通过提高科技研究水平和降低企业融资成本，促进了非水电可再生能源产业的发展。Nepalden 等（2024）认为，中国城市绿色金融改革举措能够促进可再生能源

技术创新，该影响主要是通过改善财政资源的分配来实现的。此外，现阶段中国不断推进大数据等数字技术的快速发展，使新能源产业的发展与数字金融的关联逐渐加强。王思茵和何宏庆（2023）指出，数字金融可以为新能源产业融资提供多种资金渠道，扩大融资范围、缓解融资约束、降低融资成本，从而助推新能源产业高质量发展。蒋建勋等（2022）通过研究全国上市新能源企业指出，通过缓解融资约束，数字金融对新能源企业绿色创新有显著的促进作用。Zhao 等（2024）认为人工智能对可再生能源发展的促进作用显著，并且人工智能主要通过技术效应和创新效应对可再生能源发展起作用。

（二）可再生能源配额制相关研究

1. 可再生能源配额制的发展研究

可再生能源配额制是一种重要的政策工具，它是指政府通过法律形式，强制电力生产者、配电商或用户在电力供应或消费中有一定比例来自可再生能源。这种制度常与可交易的可再生能源证书结合，以确保可再生能源产生的正外部性价值能在市场上得到合理回报。配额制已在全球多个国家和地区得到广泛应用，其设计在配额目标、承担主体、合格能源类型、运作机制等方面各有特色。

在借鉴国外经验的基础上，结合中国实际，中国学者对可再生能源配额制进行了深入探讨。李艳芳等（2011）提出，在电网公司纵向一体化经营的背景下，应由电网公司主要承担配额义务，而消费者不应成为配额义务主体，因为他们已经分摊了可再生能源的发电成本。在可再生能源的认定范围方面，中国学者主要讨论了水电是否应纳入配额范围。虽然水电本质上是清洁低碳的可再生能源，但将其纳入可能会导致投资者偏向于成熟且成本低的水电项目，而忽视太阳能、风能等其他类型的可再生能源。也有观点认为，小型水电可以纳入，但大型水电则不必纳入。关于监管机构的设置，任东明（2016）建议设立相对独立的监管机构，并且通过法律手段确保其合理性和权威性。而王书宜（2018）则提出，为了提高监管效果和力度，可以考虑将执行能力强的发展和改革委员会设定为监管者。这些建议都旨在确保可再生能源配额制的有效实施和可持续发展。

2. 可再生能源配额制实施效果及影响的研究

可再生能源配额制的实施对市场各主体产生了深远影响，其主要效果及影响体现在对发电厂商行为策略的影响和对电价的影响两个方面。

首先，就发电厂商行为策略而言，Unger 和 Ahlgren（2005）的研究揭示，可再生能源配额制能够显著激励发电厂商增加对可再生能源电站的投资。Río 等（2007）及 Berry 等（2001）认为在配额制的推动下，厂商为了追求竞争优势，会积极进行技术创新以降低发电成本。Marchenko（2020）的研究进一步表明，可再生能源配额制能提升可再生能源发电厂的收益，进而促进发电量的增长。当主体未完成配额义务时，应支付不低于绿证价格的罚金，这就会促使主体为避免处罚而采取多种策略，包括自行投资建设绿色电力发电站、购买绿色电力或购买绿证等以完成配额义务。尚静怡等（2021）深入探讨了配额制下的可再生能源电力市场运营效率，他们基于中国可再生能源配额制的运作原理和基本制度框架，分析了市场效率的内涵，并且根据配额制的运行机制研究了市场内部各模块的特点，提出了推动可再生能源电力市场发展的政策建议。

在配额制对电价的影响方面，朱海（2008）指出，在可再生能源产业发展初期，配额制可能会导致发电成本和电价的上升，但这种波动风险相对较小。他还提出，在"谁消费谁承担"的原则下，电价不会明显提高。Barbose 等（2016）对美国可再生能源配额制的收益和影响进行了国家级评估，结果显示配额制降低了电力市场的批发价格，为消费者节省了大量资金。Unger 等（2013）的研究表明，可再生能源配额制能降低批发端的电价，但对零售端电价的影响具有不确定性。此外，多项研究指出，在市场均衡状态下，配额越高，电价和绿证价格也就越高，二者呈正相关关系，但绿证价格与配额的变动关系是边际递减的。

（三）可交易绿色证书机制相关研究

1. 可交易绿色证书的发展研究

绿电交易是一项创新的交易模式，允许用电企业直接与光伏、风电等清洁能源发电企业对接，以购买绿色电能并获得相应的绿色电力消费凭证。这种交易方式在电力中长期市场体系内是一个崭新的尝试。在此交易过程中，卖家以风电和光伏发电企业为主，同时也包括售电公司与电网企业，而买家则主要是电力消费用户，其中企业用户占据绝大多数。在绿色电力交易启动后，整个电力系统的运作流程变得更加环保和高效。绿色发电企业（如光伏和风电场）将所发电能汇入国有电网公司进行输送，随后由售电公司进行配电和销售，最终通过电力合同的形式供应给电力用户。

绿色电力证书也被称为可再生能源证书、绿电证书，这是一个具有独特标识代码的电子证书，由国家为每兆瓦时的非水可再生能源上网电量颁发。它不仅是非水可再生能源发电量的确认和属性证明，也是消费绿色电力的唯一凭证，同时作为可再生能源配额制的一项重要政策工具。绿色证书可以在专门的绿色证书市场上进行交易，这一交易系统实现了可再生能源配额制的具体实施。当市场主体未能完成其可再生能源配额时，他们可以通过两种途径来获取绿色证书：一是直接从绿色电力生产商处购买相应的可再生能源电量；二是从电网公司购买绿色证书，以证明其已获得一定比例的可再生能源电量。

可再生能源电力配额与绿色电力证书相结合的体系，旨在通过市场机制来发现绿色电力的真实市场价格，从而替代正在逐步减少的财政补贴政策，迎接平价上网时代的可再生能源政策新体系。配额制的主体可以选择购买绿色电力证书作为完成配额的直接证据。这种机制不仅为能源转型提供了可量化和可考核的指标，还为波动性较大的新能源发电建立了一个统一的标准，进一步明确了市场中各个参与主体的责任和义务。

2. 绿证制度对电力市场的影响研究

配额制和绿证交易对电力市场运行的影响引发了学者们的广泛讨论。在现有的研究中，主要存在以下两种观点。

一方面，有观点认为配额制有助于实现新电力发展目标，与产权结合可以更好地解决煤电生产带来的负外部性问题。李长乐（2018）的研究显示，配额制与固定电价制能够产生互补，通过强制上网有效解决可再生能源的需求和消纳问题。此外，配额制还能在绿色电力强制配额上网环境下提升总效益，平衡利润与电价波动风险，进而改进社会福利（郭炜煜，2016；蒋桂武，2016；Zhao 等，2018）。对于新能源资源丰富的地方，严格的配额制政策可以激励公用事业和其他能源生产商投资于超出强制性目标的新能源发电行业（Zhou 等，2020）。尽管绿证交易会对电价产生一定影响，但可以通过目标设定来控制价格增长。如果允许拍卖固定数量的排放许可，绿电企业还可以从排放许可数量的减少中获益，从而提高生产积极性（Melendez 和 Subramanian，2019）。Wang 等（2018）的研究进一步发现，政府在电力系统中实施绿色证书交易制度可以凸显清洁发电技术的竞争优势。若与碳交易政策结合，将进一步促进新能源电力的发展并减少碳排放总量（孙旸，2017；江萍，2018）。

另一方面，也有观点认为中国目前的电力市场化程度较低，监管和法律建设相对落后，尚不具备大规模推广绿色证书交易市场的条件（梁钰等，2018）。绿色证书交易价格的调控相当复杂，价格过低无法激励技术改进和成本降低，而价格过高则会给劣质企业带来较大的生存压力（秦玠衡等，2009）。因此，盲目引入可再生能源配额制和绿色证书交易市场可能会给现行经济体系带来市场风险（朱继忠，2019）。针对这一问题，有学者提出了相关建议。李博（2009）发现推出现货和期货远期等绿色证书金融产品将有助于绿色证书市场的完善和发展。Ogunrinde（2018）建议经济体应积极投资和部署低碳能源技术，以提高学习效应。武群丽等（2021）分析了绿色证书交易对跨省区电力市场均衡的影响，发现可再生能源配额和绿色证书制度的落实会对跨省区电力市场及绿色证书交易之间的复杂关系产生重要影响。随着配额比例的增加，可再生能源交易电量先增加后减少，绿色证书价格先上升后下降，各省总成本关于配额的增加呈现倒"U"型分布。参与配额制下的跨省区绿色证书交易相较于未参与该交易时，能够有效降低总成本。

二、新能源与可再生能源金融实践的发展展望

（一）新能源与可再生能源金融的未来发展

1. 新能源与可再生能源金融市场高质量发展

中国的新能源与可再生能源金融正在迅速发展，目前已经基本形成多层次的金融市场体系。然而，对于创新新能源与可再生能源金融产品与服务，以及进一步拓展市场体系，仍存在广阔的发展空间。一方面，新能源与可再生能源金融产品的种类和数量将持续增加。新能源开发、运营和应用所涉及的企业量大面广，融资需求和融资难点存在差异。金融机构预计将推出更多相关金融产品，以支持新能源和可再生能源项目的多样化融资需求和发展。例如，发行绿色债券，开展绿色并购、绿色银团、绿色资产证券化、绿色保险等业务，以及创新开

办碳汇质押贷款和生态贷款等信贷新产品。另一方面，新能源与可再生能源金融市场的参与主体将趋向多元化。除了传统的银行和金融机构，更多的保险公司、基金管理公司、私募股权和风险投资基金，以及个人投资者将参与到新能源与可再生能源金融市场中。

2．碳市场与新能源市场协同发展

碳市场与新能源市场之间的关联将持续加强，碳市场的发展有助于推动新能源项目的经济效益、技术创新和市场竞争力，进而促进整个能源产业的绿色低碳转型。同时，新能源市场的发展对碳市场具有积极的推动作用，有助于实现碳排放减少和能源结构的优化，为碳市场的长期发展提供动力和方向。全国碳排放权交易市场是利用市场机制控制和减少温室气体排放、推动经济发展向绿色低碳转型的一项重要制度创新，也是加强生态文明建设、落实国际减排承诺的重要政策工具。一方面，碳市场的发展能够促进新能源项目投资增长。碳市场通过为碳排放定价，增加了使用化石燃料的成本，使得新能源项目更具成本竞争力，以吸引更多投资。另一方面，新能源市场的发展有助于提高碳市场的效率。随着新能源技术的进步和成本的降低，新能源市场的发展可以提高碳市场的效率，降低碳排放的成本，促进碳排放权的合理分配。

（二）新能源与可再生能源金融未来发展的政策建议

1．加大财政资金支持力度

随着新能源与可再生能源金融的发展，财政政策支持的方向和模式需要与时俱进，金融支持政策力度需要加大，以进一步发挥财政、金融政策的作用。第一，应该进一步优化财政资金使用。加强央地联动，按照"以收定支"原则用好增量资金，并且研究将新能源领域符合条件的公益性建设项目纳入地方政府债券支持范围。第二，应持续落实金融支持政策。推进金融机构以依法合规、风险可控和商业可持续为前提，发放可再生能源存量项目电价补贴确权贷款。利用电网企业融资优势拓展资金来源，使可再生能源发电延续补贴资金年度收支平衡。支持金融机构提供绿色资产支持（商业）票据、保理等创新方案，解决新能源企业的资金需求。

2．完善风险管理机制

对于新能源与可再生能源金融，完善风险管理机制是至关重要的。首先，应该识别新能源项目可能面临的风险，包括政策风险、市场风险、技术风险、建设风险、运营风险等。其次，要对识别的风险进行量化分析，评估其发生的可能性和潜在影响，为风险管理决策提供依据。最后，基于风险评估的结果，应该制定相应的风险管理策略和措施，如风险避免、风险转移（通过保险等手段）、风险减轻和风险接受等。例如，针对新能源企业特有的合规性风险，如环境法规、行业标准等，应该建立相应的合规风险管理体系。针对新能源技术迭代快的特点，需要加强技术研发和创新，并且及时跟踪技术发展趋势，降低技术落后的风险。

3. 提高技术效率

目前，新能源与可再生能源金融已进入快速发展阶段，但技术效率仍需进一步提升。提高新能源与可再生能源金融的技术效率对于应对全球能源和环境挑战、促进经济和社会的可持续发展具有重要意义。第一，应增强对新能源和可再生能源技术的研发投资，以提高能源转换效率和降低成本。这包括太阳能电池的效率提升、风力涡轮机的设计优化、生物质能源的高效转化技术等。第二，应对新能源和可再生能源系统进行进一步优化，包括对储能技术、智能电网和需求响应系统的提升，以提高整体能源供应的效率和稳定性。第三，应合理利用区块链、人工智能、大数据分析等技术提高新能源与可再生能源金融服务的效率、透明度和安全性，并且提高资源配置的效率，以促进整体经济的健康发展。

参考文献

[1] 马丽梅，黄崇乐. 金融驱动与可再生能源发展：基于跨国数据的动态演化分析. 中国工业经济，2022（04）：118-136.

[2] 范英，衣博文. 能源转型的规律、驱动机制与中国路径. 管理世界，2021，37（08）：95-105.

[3] JI Q，ZHANG D Y. How much does financial development contribute to renewable energy growth and upgrading of energy structure in China. Energy Policy，2019：114-124.

[4] WU L C，BROADSTOCK D C. Does economic，financial and institutional development matter for renewable energy consumption? Evidence from emerging economies. International Journal of Economic Policy in Emerging Economies，2015，8（1）：20-39.

[5] 陈庭强，王豪杰，余乐安. 金融发展驱动地区可再生能源增长：门槛效应与作用机制. 计量经济学报，2024，4（02）：487-506.

[6] MA Y，WANG Y T，ZHOU X J. The impact of green finance on the development of the non-hydro renewable energy industry：An empirical study based on data from 30 provinces in China. Renewable Energy，2024，227.

[7] NEPAL R，LIU Y，WANG J D，et al. How does green finance promote renewable energy technology innovation? A quasi-natural experiment perspective. Energy Economics，2024，134.

[8] 王思茵，何宏庆. 数字金融助推新能源产业高质量发展：优势、困境、对策. 中国商论，2023（14）：53-56.

[9] 蒋建勋，唐宇晨，李晓静. 双碳背景下数字金融赋能新能源企业绿色创新：基于融资约束视角. 当代经济管理，2022，44（05）：81-89.

[10] ZHAO C Y，DONG K Y，WANG K，et al. How does artificial intelligence promote renewable energy development? The role of climate finance. Energy Economics，2024，133.

[11] 李艳芳，张牧君．论我国可再生能源配额制的建立：以落实我国《可再生能源法》的规定为视角．政治与法律，2011（11）：2-9.

[12] 任东明．浅议《可再生能源发电全额保障性收购管理办法》．《风能产业》编辑部，2016：2.

[13] UNGER T，AHLGREN E O. Impacts of a common green certificate market on electricity and CO$_2$-emission markets in the Nordic countries. Energy Policy，2005（16）：2152-2163.

[14] RÍO P D，GUAL M A. An integrated assessment of the feed-in tariff system in Spain. Energy Policy，2007（2）：994-1012.

[15] BERRY T，JACCARD M. The renewable portfolio standard：design considerations and an implementation survey. Energy Policy，2001（4）：263-277.

[16] 尚静怡，刘敦楠，何洋，等．配额制下的可再生能源电力市场运营效率评价．中国电机工程学会电力市场专业委员会 2019 年学术年会暨全国电力交易机构联盟论坛论文集．2019：8.

[17] BARBOSE G，WISER R，HEETER J，et al. A retrospective analysis of benefits and impacts of U.S. renewable portfolio standards. Energy Policy，2016：645-660.

[18] 郭炜煜，赵新刚，冯霞．固定电价与可再生能源配额制：基于中国电力市场的比较．中国科技论坛，2016（09）：90-97.

[19] ZHAO X L，CAI Q. Public preferences for biomass electricity in China. Renewable and Sustainable Energy Reviews，2018：242-253.

[20] ZHOU S，SOLOMON B D. Do renewable portfolio standards in the United States stunt renewable electricity development beyond mandatory targets. Energy Policy，2020：111377.

[21] MELENDEZ K A，SUBRAMANIAN V，DAS T K，et al. Empowering end-use consumers of electricity to aggregate for demand-side participation. Applied Energy，2019（15）：372-382.

[22] WANG S Y，LIN S F. Exploring the effects of non-cognitive and emotional factors on household electricity saving behavior. Energy Policy，2018：171-180.

[23] 梁钰，孙竹，冯连勇，等．可再生能源固定电价政策和可再生能源配额制比较分析及启示．中外能源，2018，23（05）：13-20.

[24] 秦玠衡，杨諰．绿色证书交易机制对可再生能源发展的积极作用分析．金融经济，2009（06）：93-94.

[25] 朱继忠，冯禹清，谢平平，等．考虑可再生能源配额制的中国电力市场均衡模型．电力系统自动化，2019，43（01）：168-175.

[26] 武群丽，席曼．考虑绿色证书交易的跨省区电力市场均衡分析．现代电力，2021，38（04）：434-441.

第十章

碳金融与碳交易

本章导读

1997 年,《京都议定书》首次提出碳排放市场可作为减少温室气体排放的机制。之后以欧盟碳市场为起点,全球碳市场探索步伐不断加快,市场机制逐渐完善,减排成效显著。截至 2023 年底,全球已有 36 个碳市场机制和 39 个碳税工具正在运行,覆盖全球超过 23% 的温室气体年排放量。碳金融是低碳经济发展过程中金融创新的产物,是与碳,特别是与限制温室气体排放有关的金融活动。本章通过引入碳金融的相关基础概念,介绍被广为采纳的两种碳定价机制和碳交易的现状与趋势,探讨了碳金融的研究前沿和未来展望,为大家的碳金融学习提供了参考。

第一节　碳金融与碳市场概述

一、碳金融的相关概念

（一）碳金融的定义

总体上看,"碳金融"概念有广义和狭义之分。狭义的碳金融主要涉及绿色贷款和服务温室气体减排的投融资活动,其源自为落实《京都议定书》规定的清洁发展机制（CDM）和联合履行机制（JI）,世界银行建立由发达国家企业出资的碳基金,用来购买发展中国家或其他发达国家环保项目的减排额度。例如,世界银行碳金融部的各种碳基金和其他一些碳金融工具的目的都服务于各种碳减排方案。广义的碳金融一般泛指围绕发展低碳经济、降低温室气体排放、控制并降低以环境为代价的经济社会发展的各种金融活动,包括为降低碳排放和发展清洁能源等技术而提供的投融资服务、以碳期货期权为代表的碳排放信用衍生品、机构投资者和风险投资介入的碳金融活动,以及基于配额和项目的碳交易等金融活动。

（二）碳金融的特点

与传统金融相比，碳金融呈现出以下 3 个特点。

第一，公益性与利益性并存。碳金融的功能是为了维护气候公共利益，而不仅是追求经济效益。同时，碳市场的部分参与主体在参与碳市场交易过程中可以通过卖出多余碳配额等方式获取收益。因此，碳金融同时具备公益性与利益性。

第二，市场驱动性与政策引导性并存。碳金融首先是受到市场驱动的，经济规模、发展阶段与经济周期都对碳金融的发展产生了重大影响。同时，碳金融以"低碳发展"为核心，政府通过引导资金流向低碳、可持续发展的项目，为经济和环保的协调发展提供了支持。

第三，复杂性。基于碳金融的功能，交易机制的设计需要考虑到多方因素，如参与主体盈利的可持续性、经济的周期性、低碳减排目标的实现可能性等。另外，碳金融的参与主体包括排控企业、减排项目业主、碳资产管理公司、金融投资机构等，其参与主体较多并具有一定的复杂性。

总的来说，碳金融是绿色金融的延伸和创新，与传统金融相比具有特殊性，其为应对气候变化和推动低碳经济发展起到了重要作用。

二、碳金融市场的概述

（一）碳金融市场的内涵

碳金融市场实质是通过政府确定碳排放配额和市场机制来解决碳排放的负外部性，在全球范围内优化配置资源，将外部成本内部化，进而实现温室气体减排。碳市场分为配额交易市场（Regulated Market）和自愿交易市场（Voluntary Market）两大类。

配额交易市场是为满足减排目标而设立的，分为基于配额的市场（Allowance-based Markets）和基于项目的市场（Project- based Markets）两类。基于配额的交易市场即总量管制与交易制度（Cap-and-Trade），管理者制定排放配额并负责分配，参与者买卖由管理者制定、分配（或拍卖）的减排配额；基于项目的交易市场即基准管制与交易制度（Baseline and Trade），卖方低于基准排放水平的项目经过认证后可获得碳减排单位，买方可向该项目购买减排额。

自愿交易市场是自愿进行碳减排交易的，分为碳汇标准和无碳标准两种。自愿市场碳汇基于配额的交易产品有芝加哥气候交易所开发的碳金融工具 CFI，而基于项目的交易产品主要包括自愿减排量 VER。

（二）碳金融市场的参与主体

随着碳交易规模的迅速扩大，越来越多的交易主体开始参与到碳交易当中。碳金融市场主要参与方除传统市场上的参与主体（如政府、监管机构）外，还有交易双方、中介机构和第四方平台等。

1. 交易双方

交易双方包括碳排放权的供给者和最终使用者，构成了碳金融市场的主要参与主体。排放权的最终使用者是那些面临排放约束的企业或国家，包括受《京都议定书》约束的发达国家，欧盟排放体制约束下的企业及自愿交易机制的参与者等。这些最终使用者根据需要来购买排放权配额或减排单位，以确保达到监管要求，避免遭到处罚。最终使用者对配额体系之外的减排单位的需求，推动了项目交易市场的发展，并且吸引了各种企业和机构的参与。

2. 中介机构

中介机构包括商业银行、资产管理者及保险公司等，为市场参与者提供经纪、碳资产管理和信息咨询服务。中介机构通过运用金融工具和衍生工具，可以最大化地呈现碳市场的供给与需求情况，从而实现市场的有效定价和资源的优化配置。目前，中国自愿性碳交易市场和地方试点的碳交易市场中，中介机构被批准允许进入，全国统一的碳交易市场暂不允许机构和个人参与碳交易，只允许控排企业间交易。

3. 第四方平台

第四方平台包括登记注册机构与碳交易所。登记注册机构对碳配额及其他规定允许的碳信用指标进行登记注册，同时规范市场中的交易活动。碳交易所通过汇集发布交易信息增强了市场的流动性。在中国，碳交易所是由国家和地方政府指定的唯一的碳交易场所，并且获得了行政许可和排他性许可。

（三）碳市场的发展历程

碳金融交易产生的源头可以追溯到 1992 年的《联合国气候变化框架公约》（UNFCCC，以下简称《框架公约》）和 1997 年的《京都协议书》（Kyoto Protocol）。为了应对全球气候变暖的威胁，1992 年 6 月，150 多个国家制定了《框架公约》，设定了 2050 年全球温室气体排放减少 50% 的目标；1997 年 12 月有关国家通过了《京都议定书》作为《框架公约》的补充条款，成为具体的实施纲领。

2005 年《京都议定书》正式生效，要求 2012 年底前温室气体排放量较 1990 年降低 5.2%，并且建立了 3 种降低减排成本的灵活机制：①联合履约机制（JI），即发达国家之间通过双边项目级合作转让减排单位；②清洁发展机制（CDM），即发达国家与发展中国家间交易，发达国家提供资金和技术与发展中国家开展项目级合作而实现的"经核证减排量"，用于发达国家的减排、限排；③国际排放权交易（IET），即发达国家将超额完成的减排量转让给未完成减排的发达国家。《京都议定书》所列出的这 3 种市场机制，使温室气体减排量成为可以交易的无形商品，为碳金融市场的发展奠定了基础。

1. 国际碳市场的发展历程

目前国际上建立起了一系列的碳交易平台，逐渐形成了以欧洲和北美两个区域性交易市场为核心的国际碳交易体系。

1）欧盟碳排放交易体系

欧盟碳排放交易体系（EUETS）成立时间最早、开放时间最久、机制最成熟，是全球最具影响力的碳市场。自 2005 年启动至今，欧盟碳排放交易体系促进欧盟固定源减少了约 43% 的排放量。

（1）欧盟碳市场的发展阶段

作为长期政策性减排工具，欧盟碳市场在实际操作过程中分阶段推进，可明确分为 4 个发展阶段。

第一阶段，2005—2007 年。《京都议定书》发布后，欧盟谨慎启动对碳市场的探索和经验积累。在这一阶段，参与碳市场的行业仅有电力部门和一些能源密集型工业部门，如钢铁、化工，并且市场运营方将碳配额的 95% 免费发放给参与方。由于技术手段还不足以支持提供可靠的排放数据，导致市场碳排放相关数据存在偏差，以能源部门为主要参与方的碳市场配额供大于求，碳市场流动性较差，导致碳价一度大幅下跌。

第二阶段，2008—2012 年。航空部门的部分航线被纳入碳市场，交易品种不再局限于二氧化碳的排放权，还包含了其他种类的温室气体，如全氟化碳。由于交易限额下调，碳配额的发放量低于市场碳排放的需求量；碳配额的免费发放数额降至 90% 左右，而违约罚款额较上一阶段提升 150%。一系列的调节政策使欧盟的碳价开始上涨，但是受金融危机的影响，碳配额发放仍然出现了盈余，这导致欧洲碳价不增反降。

第三阶段，2013—2020 年。欧盟碳市场开始新一轮改革，为特定行业设定了履约年度单位生成碳排放上限，确定了排放上限逐年递减的动态机制。在碳排放配额方面，拍卖成为市场配额分配的主要机制。自此，欧洲碳价开始快速上涨，虽然受多种因素影响，碳价曾一度下滑，但在市场稳定储备机制的支撑下，欧洲碳价止跌企稳。

第四阶段，2021—2030 年。欧盟将把交通运输纳入碳市场，并将碳排放限额上限递减速率提高。在碳配额供给形式上，基于反映技术进步的原则来维持免费分配配额，以保障特殊工业部门的国际竞争力。欧盟将推行创新的低碳融资机制，以投资的方式支持工业和能源部门向低碳方向转型。

（2）欧盟碳市场的交易平台和主体

欧盟建立了许多碳交易平台，起初有欧洲气候交易所、欧洲能源交易所、BlueNext 交易所、奥地利能源交易所、Climex 联盟、北欧电力交易所、未来电力交易所、绿色交易所，以及意大利电力交易所共 9 家主要场内碳交易所。它们被整合后发展成为 5 个主要碳交易平台：欧洲气候交易所、欧洲能源交易所、Climex 联盟、绿色交易所，以及被收购但依然独立运行的北欧电力交易所。不同交易所的业务各有侧重，例如，欧洲气候交易所专门从事二氧化碳排放权交易，可进行现货和期货交易；全氟化碳等衍生品交易多在其他能源交易所挂牌；北欧电力交易所是全球首个交易欧盟配额的平台，以现货交易为主。

经过多年发展，欧盟碳市场培育出了多元化的投资主体，包括企业、机构和个人，使欧盟碳市场拥有了持续的热度。例如，对于碳排放企业，不仅可以在现货市场解决碳配额需求，也能参与期货市场的多空博弈获利，实现风险对冲；对于金融机构，参与碳市场交易，可以丰富市场金融产品。

2）其他碳市场的发展历程

（1）韩国碳市场的发展历程

韩国碳市场于 2015 年启动，是亚洲第一个国家层面的总量交易体系。根据韩国《温室气体排放配额分配与交易法》，年总排放量大于 $12.5×10^4t$ 二氧化碳当量的企业和温室气体年排放量达到 $2.5×10^4t$ 的单一业务场所都必须纳入该系统。2015 年，韩国碳市场的配额总量为 $5.73×10^8t$ 二氧化碳，是仅次于欧盟的第二大碳市场，覆盖韩国约 2/3 的碳排放量。

但韩国碳市场制度的设计存在一些缺陷，主要体现在以下两个方面。第一，排放监测成本过高。韩国碳市场覆盖了《京都议定书》规定的全部气体，由于程序非常复杂，一些气体难以直接准确监测，导致社会排放监测成本过高；第二，减排力度大，企业负担加重。韩国政府的减排目标雄心勃勃，韩国碳市场的减排力度比其他碳市场都大，碳价因此被推高，给控排企业带来了过高的减排成本。

（2）新西兰碳市场的发展历程

新西兰将碳交易作为温室气体减排的主要政策工具。新西兰碳市场是大洋洲唯一的强制性碳排放权交易市场，将林业部门纳入碳市场是其特色。新西兰碳市场规定林地所有者进入碳市场必须经过以下程序：第一，林地所有者在指定系统登记，管理机构对登记的林地、林权和运营权限进行审查，审查通过后发放唯一账号密码；第二，划定参与碳市场的林地区域范围；第三，按照政府指定方法核算碳汇，填报林地核算范围的变动情况；第四，申请与碳汇量相应的碳排放免费配额。

3）欧盟与其他碳市场之间的比较

自《京都议定书》签订以来，全球碳资产交易市场快速发展。欧盟碳市场与新西兰、韩国等其他主要国际碳市场相比，欧盟碳市场的参与主体呈现多元化，市场规模和交易频次远超前者，在市场机制、配套措施、交易生态建设等方面经验丰富。欧盟、新西兰、韩国碳排放权交易市场的区别如表 10-1 所示。

表 10-1　欧盟、新西兰、韩国碳排放权交易市场的区别

关键要素		欧盟（EU ETS）	新西兰（NZ ETS）	韩国（K ETS）
参与主体	行业企业	电力和热力生产、炼油、钢铁、建材、纸浆和造纸、航空、化工、石化、合成氨、电解铝	电力、工业、国内航空、交通、建筑、废弃物、林业、农业	钢铁、水泥、石油化工、炼油、能源、建筑、废弃物处理和航空行业
	金融机构	银行、基金、经纪交易商等各类型的金融机构，以及欧洲交易所、欧洲环境交易所、咨询机构等服务机构	银行、基金、经纪交易商等各类型的金融机构	韩国中小企业银行和开发银行、证券公司，约 20 家金融机构获得了有限的碳排放权交易额
	政府	主要通过配额分配、制定相关法律法规参与碳市场		

续表

关键要素		欧盟 (EU ETS)	新西兰 (NZ ETS)	韩国 (K ETS)
交易规则	温室气体	CO_2、N_2O、PFC_3	CO_2、CH_4、N_2O、SF_6、$HFCs$、$PFCs$	
	分配方法	部分有偿拍卖，并且逐年提高拍卖比例		
	惩罚力度	100 欧元/吨（依据 CPI 调整），并且需要补缴配额	以 1 : 2 的比例提交高一倍的补偿额，每吨 CO_2 处 60 美元罚金并可能被定罪	按市场价格 3 倍以上缴纳罚款，上限为 10 万韩元/吨
	信用抵消	允许信用抵消，但要求来自最不发达国家，并且拒绝高 GWP 温室气体减排信用	仅允许本土履约指标参与碳市场交易	以 CDM 方法搭建国内抵消机制，并且逐步缩减抵消信用履约比例至 5%
	配额分配	前期以祖父法为主，后扩大基准线法的使用范围		历史平均法与行业基准线法结合
交易产品		碳配额、碳信用、碳期货、碳基金		
交易量		2022 年欧盟碳市场交易 92.77 亿吨，占国际碳市场交易总量的 75%	不足国际碳市场交易总量的 5%	不足国际碳市场交易总量的 5%
市场监管		《金融市场工具指令》《反市场滥用指令》规定了对碳配额现货和期货等衍生品的监管制度	由新西兰环境保护局和环境部负责相关监管工作和政策的补充完善	由韩国战略与金融部下设的温室气体排放配额分配委员会、排放数量确认委员会等部门监管

2. 国内碳市场的发展历程

根据市场是否具有强制性，碳市场可分为强制性碳市场（履约碳市场）和自愿性碳市场。中国已启动履约碳市场并发展了自愿性碳市场。通过分析中国履约碳市场和自愿性碳市场的整体发展，可以发现中国的碳市场发展呈现阶段性的特征。

1）参与 CDM 项目阶段（2002—2012 年）

《京都议定书》于 1997 年通过并在 2005 年生效，具有强制减排目标的发达国家可以通过与发展中国家开展清洁发展机制（CDM）项目进行自身碳排放抵消，中国积极参与了 CDM 项目。

2002 年，中国与荷兰签订了第一个 CDM 项目，即内蒙古自治区辉腾锡勒风电场项目，标志着中国开始参与 CDM 的进程。2004—2010 年，为了加强对 CDM 项目活动的管理，中国制定了一系列管理办法，如《清洁发展机制项目运行管理办法》《中国清洁发展机制基金管理办法》。

2005—2012 年，中国 CDM 注册项目数量大幅增长，由 3 个增长到 1 819 个，增幅为 605 倍，累计达 3 682 个，主要以风能、水电项目为主，占比分别为 43%、38%，主要分布于云南、四川、内蒙古 3 个省（自治区），呈现西多东少的特征。在此期间，中国提出了建立碳排放权交易市场的要求。2010 年 9 月，国务院印发了《关于加快培育和发展战略性新兴产业的决定》，首次提出了建立和完善碳排放交易制度。在 2011 年 10 月，国家发展和改革委员会发布了《关于开展碳排放权交易试点工作的通知》，提出同意北京市、天津市等 7 个省（市）开展碳排放权交易试点。

2）启动和建设地方碳市场阶段（2013—2014 年）

在中国确定建设碳排放权交易试点后，截至 2014 年年底，北京市、天津市等 7 个省（市）碳排放权交易试点全部启动。此外，在 2016 年 12 月，福建省和四川省分别建立了碳交易市场，是全国非试点地区的省份。因此，中国共有 9 个省（市）建立了碳排放权交易市场。同期，由于《京都议定书》第一阶段结束后，即 2013 年后，发达国家的减排不能再以发展中国家的核证自愿减排（Certified Emission Reduction，CER）作为抵消，而仅能购买最不发达国家的 CER。为了保障自愿减排交易活动有序开展，2012 年国家发展和改革委员会进一步明确了温室气体自愿减排项目审定与核证机构的备案要求、工作程序和报告格式。自此，中国开始建设以国内主体之间交易的国内自愿减排碳交易市场。

整体而言，中国地方碳交易市场包括履约碳市场和自愿性碳市场，交易标的既有国家分配的排放配额，又有国家核证的自愿减排量（China Certified Emission Reduction，CCER），由于 CCER 具有核证难等原因，碳交易市场规定 CCER 的抵消比例很小，约为对应年度应清缴配额量的 3%—10%，如全国和北京为 5%、天津为 10%、上海为 3%。

3）启动和建设全国碳市场阶段（2015 年至今）

在开展碳交易市场试点的过程中，中国全国碳市场的建设工作也在紧锣密鼓地进行，并于 2021 年 7 月正式启动交易。2015 年 9 月，国务院印发了《生态文明体制改革总体方案》，提出逐步建立全国碳排放总量控制制度，同期在《中美元首气候变化联合声明》中提出计划于 2017 年启动全国碳排放交易体系，并且将覆盖钢铁、电力、化工、建材、造纸和有色金属等重点工业行业。国家发展和改革委员会于 2017 年 12 月明确提出将以发电行业为突破口率先启动全国碳市场。2019—2021 年，生态环境部印发了一系列关于碳排放权交易市场的文件，不仅包括了全国碳排放交易权登记、交易、结算等管理办法和规则，还明确了第一履约期的配额总量设定与分配实施方案，以及重点控排企业名单和相关材料报送细则。最终，在 2021 年 7 月 16 日，全国碳排放权交易市场正式启动上线交易。

与此同时，2015 年国家发展和改革委员会上线了"自愿减排交易信息平台"，标志着中国 CCER 进入了实质发展阶段。自 CCER 开始，即 2012 年至 2017 年，中国累计公示项目审定 2 852 个，项目备案 1 047 个，减排量备案 254 个，累计完成 CCER 减排量备案共计 5 300 万吨。明确造林碳汇、并网光热发电、并网海上风力发电、红树林营造等 4 项温室气体自愿减排交易项目的方法学，明确自愿减排交易市场的主要制度安排，基本搭建完了启动自愿减排交易市场所需的基础设施。

三、碳金融工具

碳金融工具是指在碳金融市场中可交易的金融资产，是依托基础碳资产开发出来的各类金融工具，也叫碳金融产品。基础碳资产又叫碳原生产品，要了解碳金融工具，就要先了解碳原生产品。

（一）碳原生产品

强制碳市场中，基于配额的碳原生产品包括《京都议定书》框架下的排放配额（AAU）、欧盟排放交易体系（EU ETS）框架下的欧盟排放配额（EUA）和欧盟航空配额（EUAA）等；基于项目的碳原生品包括清洁发展机制（CDM）下产生的核证减排量（CER）和联合履行机制（JI）下产生的减排单位（ERU）等。自愿减排交易市场交易的碳信用包括国际航空碳抵消及减排机制（CORSIA）等。碳原生产品及其特点如表 10-2 所示。

表 10-2 碳原生产品及其特点

碳市场	分类	形成基础	减排量	交易双方	获得途径	产品形态
强制碳市场	以配额为基础	国际排放权交易（IET）	配额排放单位（AAUs）	各国根据分配到的 AAUs 指标进行买卖	配额体系之外的减排单位的需求进行交易	—
		其他强制性机制（以 EU ETS 为例）	欧盟碳排放配额（EUAs）、欧盟航空配额（EUAAs）等	主要是排控企业之间的交易		多为期货、期权合约
	以项目为基础	清洁发展机制（CDM）	核证减排量（CERs）	主要是发展中国家之间的交易	低于基准排放水平的项目或碳吸收项目在经过认证后可获得减排单位	多为远期合约
		联合履行机制（JI）	减排单位（ERUs）	发达国家与发展中国家之间的交易		—
自愿碳市场	—	—	国际航空碳抵消及减排机制（CORSIA）等	—	—	—

（二）碳金融工具

从碳金融的基本界定和研究范畴出发，我们可以将碳金融市场上的各种碳金融工具区分为碳市场融资工具、碳市场交易工具和碳市场支持工具。碳市场融资工具属于传统金融服务范畴，主要服务于资金向低碳项目投资的转化或有关碳排放的产权交易及债权债务清偿，侧重于依托与碳信用和碳产品有关的交易性金融产品，以实现其服务意图。碳市场交易工具是基于基础碳金融工具的金融衍生产品，诸如与碳信用、碳排放权、碳排量有关的期权、期货、远期等，主要作用是为基础碳金融工具交易提供不同的管理手段。

1. 碳市场融资工具

1）碳债券

碳债券是指政府、金融机构、企业等符合条件的融资主体，为了筹集资金支持其碳资产的经营和管理相关业务，向投资者发行的一种债务凭证。这种凭证承诺在一定时期内支付利息，并在到期时偿还本金。碳债券的发行基于项目的未来收益权和发行主体的资产。例如，欧盟碳债券有荷兰银行、法国兴业银行、挪威太阳能公司、ING 荷兰国际集团等发行的碳债券；中国碳债券有中广核风电附加碳收益中期票据。

2）碳资产抵押融资

碳资产抵押融资是指以碳配额或项目减排量等碳资产作为担保进行的债务融资，举债方将估值后的碳资产质押给银行或券商等债权人，以获得一定折价的融资，等到期时再通过支付本息解押。例如，上海宝碳新能源环保科技公司与上海银行签署的总金额达 500 万元的CCER 质押贷款。

3）碳回购

碳回购是指碳配额持有者向其他机构出售配额，并且约定在一定期限内按约定价格回购所售配额的短期融资安排；在协议有效期内，受让方可以自行处置碳配额。例如，中信证券股份有限公司与北京华远意通热力科技股份有限公司签署的国内首笔碳排放配额回购融资协议。

4）碳托管/借碳

碳托管/借碳是指一方为了保值增值，将其持有的碳资产委托给专业碳资产管理机构，并集中进行管理和交易的活动；对于碳资产管理机构，碳托管实际上也是一种融碳工具。例如，湖北兴发化工集团股份有限公司向某碳资产管理公司托管 100 万吨碳排放权。

2. 碳市场交易工具

碳市场交易工具是指基于碳原生品的金融合约，其价值取决于基础资产的价格。碳市场交易工具主要包括碳远期、碳期货、碳期权、碳掉期和碳借贷等。与传统金融衍生品一样，碳市场交易工具也具备信用、套期保值和价值发现等功能，在提高碳定价有效性、扩大碳市场容量、引导资金投向低碳产业、降低控排企业低碳转型压力等方面都发挥着积极作用。

随着碳市场的不断发展，碳市场交易工具也在不断创新。碳远期的欧盟案例有 EUA 远期；碳远期的中国案例有广州碳配额远期合同备案、上海碳配额远期、湖北碳配额远期等。碳期货的欧盟案例有 EUA 期货及 CER 期货，以及洲际交易所等交易平台推出的每日期货。碳期权的国内案例有以广州碳排放市场的碳排放配额为期权标的资产的碳期权。碳互换的欧盟案例有 EUA 互换。碳配额场外掉期的中国案例有中信证券股份有限公司与北京能源创碳资产管理有限公司签署的一万吨碳排放权配额场外掉期合同。

3. 碳市场支撑工具

1）碳基金

碳基金是指为参与减排项目或碳市场投资而设立的基金，既可以投资于碳相关项目的开发，也可以参与碳配额与项目减排量的二级市场交易。例如，中国绿色碳汇基金、嘉碳开元投资基金、嘉碳开元平衡基金。

2）碳指数

碳指数是指反映碳市场总体价格或某类碳资产的价格变动及走势的指标，是刻画碳交易规模及变化趋势的标尺。碳指数既是碳市场重要的观察工具，也是开发碳指数交易产品的基础。例如，欧盟 EEX 现货市场的 ECarbix 二氧化碳指数；北京绿色金融协会正式发布的中国碳交易指数，包括"中碳市值指数"和"中碳流动性指数"两只指数。

3）碳保险

碳保险的定义是为了规避减排项目开发过程中的风险，确保项目减排量按期足额交付的担保工具。碳保险的业务类型有两类：第一类指针对碳交易过程中产生的价格剧烈波动风险、信用风险、流动性风险，以及政策风险等提供风险规避和担保；第二类指利用保险的形式刺激各行业低碳减排。例如，欧盟苏黎世保险公司（Zurich）推出的 CDM 项目保险业务；中国平安保险向华新水泥提供的碳排放配额缺口保险。

第二节 碳定价机制

一、碳定价机制的内涵

在理论上，解决负外部性需要成套机制的设计，因为它涉及如何保护社会和环境的利益，以及如何确保经济活动的可持续性，具体来看一般有两种方式：第一种方式是通过税收、罚款等手段征收负外部性造成的损害，再转移支付给受损害的群体；第二种方式是基于"科斯定理"，通过市场机制对公共品的供给进行产权界定，实现对产权和负外部性的有效交易定价。在减排实践中，碳税（Carbon Tax）和碳排放交易系统（Emission Trading System，ETS）是当前全球被广为使用的碳定价执行机制。根据世界银行的统计，2023 年全球各国共有 73 个碳定价机制，其中包括 37 个碳税机制和 36 个碳排放交易市场。

（一）碳税机制

碳税是对化石燃料造成的温室气体污染征收费用，全球各大洲均有国家实施。碳税为价格调控手段，通过对煤炭和石油等碳基燃料及排放二氧化碳的工业过程征收附加费，实现为各国碳排放规定固定的价格。碳税既可以作为环境税费的组成部分，也可以设立单独的碳税税种。目前，全球约有 39 个碳税机制，芬兰在 1990 年最早征收碳税。欧洲的碳税在 20—130 美元/吨之间，瑞士目前碳税最高。美洲、非洲和亚洲也有征收碳税的国家，墨西哥、南非、日本等国家的税率普遍低于 10 美元/吨，美国的部分州、加拿大的部分省也在征收碳税。

碳关税在进口商品中引入碳价格，欧盟方案已立法通过。碳关税可视为碳税的一种，是指主权国家或地区对高耗能进口产品中隐含的碳排放所征收的关税，防止高碳价地区企业将生产移到低碳价的地区。2023 年 4 月，欧盟理事会率先通过碳关税方案——碳边境调节机制（Carbon Border Adjustment Mechanism，CBAM），对未执行欧盟同等强度碳减排措施的进口产品征收碳关税。该方案已于 2023 年 10 月 1 日起实施，在 2023—2025 年过渡期内，可仅申报产品碳排放量，2026 年起正式征收碳关税。CBAM 最初适用于生产过程中"碳密集"及"碳泄露"风险最大的水泥、钢铁、铝、化肥、电力和氢气行业。碳关税的实施将迫使欧盟的国际贸易伙伴也必须采取与欧盟类似的碳减排措施，欧洲希望以此助力其争夺全球碳定价的主动权，但此举被部分贸易伙伴质疑是一种贸易保护行为。

（二）碳交易市场机制

碳交易市场机制是为了促进碳减排所采取的一种市场化机制。碳市场参与者被设置了温室气体排放的限额，超过排放配额的参与者需要购买排放权，排放量低于配额的参与者可在碳市场出售配额。这种限额与交易（Cap-and-Trade）机制通过创造出排放单位的供应和需求，发现温室气体排放的市场价格，引导碳市场参与者以合理的成本将碳排放量降至政府设定的排放限额以下。

碳排放交易体系有两种形式：一是碳排放配额（CEA）交易，二是碳信用交易。碳排放配额交易指政府部门按照一定的规则分配给重点排放单位在规定时期内的碳排放额度，重点排放单位可选择将配额用于抵消自身的减排额度或进行交易。碳税、碳排放配额交易具有强制性，而碳信用机制是一种基于自愿的碳定价工具，国家或企业可通过自愿的减排行动创造可交易的信用额度并进行交易。

欧盟排放交易体系市场交易的标准主要是国家计划分配的欧盟排放配额（EUA），核心交易原则是总量控制交易原则（Cap and Trade）。欧盟碳市场运行方式如图 10-1 所示。EU-ETS 的分配机制主要包括免费发放与拍卖两种形式，总体呈现免费发放配额逐步减少，拍卖比例逐步上升的趋势。

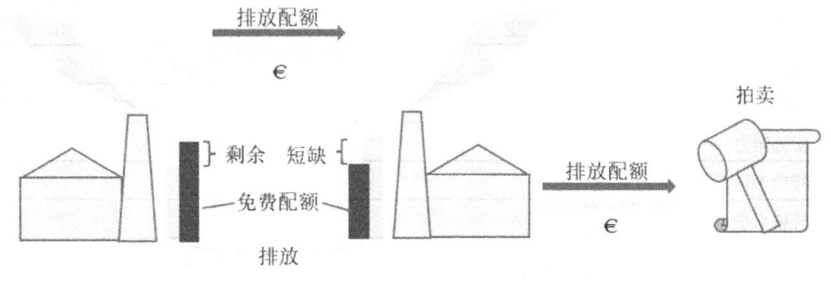

图 10-1　欧盟碳市场运行方式

二、碳税机制和碳市场机制的差异

虽然理论基础不同，但碳税机制和碳市场机制均着眼于使用价格机制将碳排放产生的负外部性"内化"，其实质都是"污染者付费"，它们的本质是相同的。由于运作方式不同，两者也存在以下显著差别。

第一，碳市场机制偏重于数量调控，而碳税机制偏重于价格调控。碳市场建立在政府确定的减排配额基础之上，参与企业据此进行交易，政府可根据需要确定减排的总量和发放方式，掌控性较强。碳税则是政府通过税收的形式改变企业的成本收益结构，进而间接引导企业采取减排措施的政策工具。比较而言，碳市场机制更有利于政府循序渐进地推进减排目标，而碳税机制则更有利于形成市场主体主动减排的长效机制。

第二，碳市场机制比较灵活，有利于满足多元化需求；而碳税机制相对固定，有利于稳定预期。作为一个市场，碳市场以碳排放配额为交易对象，具有交易对手众多、价格随供求起落、时间空间都可以根据需要灵活组合等特点，有利于满足各类市场主体形形色色的需求。但由于碳价格随行就市、自由浮动，也会使参与主体面临成本不确定的问题，而且如果由于某种原因使碳价一直处于低位，企业的减排行为将会相应放缓。2020 年，欧盟就曾经出现过这种情况。比较而言，碳税属于"税"，具有税收所特有的强制性、固定性、无偿性等基本特征，难以根据情况变化随时进行调整，但好处是税率稳定、市场主体不确定性小，对于长期减排而言有激励作用。

第三，碳市场机制比较"外向"，而碳税机制则相对"内向"。作为市场，碳市场边界富有弹性，可以相对自由地与不同国家、不同区域的市场进行连接，有利于在较大范围内达成一致行动。例如，2020 年 1 月，瑞士国内碳市场正式实现与欧盟碳市场的连接，相互之间互认碳配额。相对而言，碳税属于一国主权，国家与国家之间的衔接面临更加多元的考量和更加复杂的程序，在特殊情况下甚至可以成为区域和产业保护的新壁垒。欧盟提出的碳边境调节机制就是生动一例。

碳市场机制与碳税机制的主要差异如表 10-3 所示。

表 10-3　碳市场机制与碳税机制的主要差异

碳定价机制的差异点	碳市场机制	碳税机制
碳价水平	市场决定	政府决定
碳排放水平	政府决定	市场决定
实施范围	主要针对大型排放源	大中小型排放源、家庭和个人
实施阻力	阻力较小	阻力较大
行政干预	多	少
价格水平	不确定	确定
减排激励	时大时小	长期、稳定
国际协调	比较容易	很难

三、两种机制的组合模式

总的来看，碳税机制和碳市场机制在推动全球绿色转型方面各有优势。碳税是一种基于碳排放量的税收，通过向企业和个人征收碳税以鼓励人们减少碳排放；碳市场机制则是通过建立碳排放权市场，让企业之间的交易形成碳排放权的价格机制，进一步推动企业减少碳排放。各国可以根据自身情况选择其中的一种作为政策工具，或者两者同时使用，形成覆盖范围的相互补充和价格机制的相互支撑。各国碳市场和碳税的组合模式大体有以下 3 种。

（一）二选一式

二选一式即在碳市场和碳税中选择一种实施。目前，一些国家只有碳市场，而没有碳税。如德国、英国、新西兰、韩国、美国等。其中又分几种情况：一是只有国内的区域性市场，如美国加利福尼亚市场、区域温室气体倡议组织（Regional Greenhouse Gas Initiative，RGGI），以及交通与气候倡议组织（Transportation and Climate Initiative，TCI）；二是全国性市场，如韩国、新西兰、瑞士等国家的碳市场；三是跨国市场，主要指欧盟碳市场。欧盟碳市场是当今世界最大的碳市场，不仅覆盖了 28 个欧盟成员国，欧盟之外的一些国家也有加入。一些国家在参与欧盟碳市场的同时还设立了国内碳市场，将没有纳入欧盟碳市场的、本国认为有必要管控的行业或企业纳入。例如，德国自 2021 年 1 月 1 日起，为现行欧盟碳排放交易体系未覆盖到的供热和道路运输部门建立了国内碳排放交易体系。另外，还有一些国家只有碳税，没有碳市场，如挪威、冰岛、新加坡等，新兴经济体中的南非目前也只征收了碳税。

（二）并行式

并行式即碳市场和碳税同时存在，但两者基本不重合。这是目前比较主流的模式。具体而言，包括两种情况。一是碳市场和碳税所覆盖的地理范围不重合。例如，加拿大有些省设有碳市场，有些省征收碳税，相互之间基本不重合，但联邦兜底机制要确保每个省都能被覆盖。二是征收对象不重合。例如，欧盟碳市场已将能源、工业、建筑、交通等排放大户纳入，各成员国在征收碳税时则会有意避开这些行业，仅对没有纳入碳市场的主体征收碳税。

（三）交叉式

交叉式即碳市场和碳税同时存在，并且相互之间有一定交叉。例如，瑞典早在 1991 年就开征了碳税，2005 年成为欧盟碳市场的成员国后，一方面继续对没有纳入欧盟碳市场的一些行业（如供热行业）征收碳税，另一方面甚至对已纳入欧盟碳市场的采矿用柴油、热电联产设施等，也要征收部分碳税；日本于 2014 年在全国范围内开征"气候变化税"，但在东京、埼玉两地同时也有碳市场在运行；墨西哥碳市场覆盖电力、石油、天然气及工业部门，涉及全国温室气体排放总量的 40%左右，但碳税覆盖所有产业排放的二氧化碳。

以上 3 种模式各有优劣，服从于不同国家、不同时期的政策目标。简要而言，如果政策目标偏重于严格控制碳排放，那么可以同时运用碳市场和碳税两种政策工具，既可以交叉也可以并行，必要时甚至可以叠加。但如果政策目标重在经济发展与减排之间寻求某种平衡，则可根据需要选择其中的一种，或者虽然两种都有，但彼此并行而不交叉，防止企业的成本负担过于沉重。

第三节　碳交易的现状与趋势

碳交易是温室气体排放权交易的统称，在《京都协议书》要求减排的 6 种温室气体中，二氧化碳为最大宗。因此，温室气体排放权交易以每吨二氧化碳当量为计算单位。全球碳市场自 2005 年欧盟建立全球首个碳排放交易系统（简称碳市场或 ETS）以来不断发展壮大，所覆盖的二氧化碳排放量不断增长。

一、国际碳交易的现状与趋势

（一）碳交易市场数量逐年增长

全球碳排放权交易体系数量如图 10-2 所示，截至 2023 年底，全球已有 36 个碳排放权交易体系正在运营，较 10 年前增长了一倍多。另外，有 14 个碳市场正在建设中，预计将在未来几年内投入运行。这些计划实施的碳市场包括哥伦比亚、土耳其和越南的碳市场。12 个司法管辖区亦开始考虑碳市场在其气候变化政策组合中可以发挥的作用。这些在运营的碳排放交易体系遍布五大洲，共涉及 1 个超国家机构、13 个国家、26 个省和州、5 个城市，覆盖的司法管辖区占到全球 GDP 的 58%。

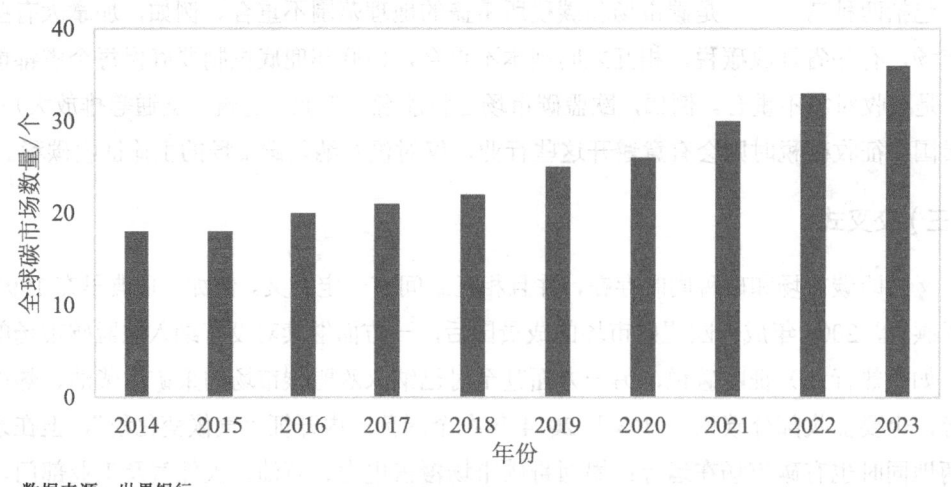

数据来源：世界银行

图 10-2　全球碳排放权交易体系数量

（二）温室气体排放覆盖率不断增加

图 10-3 为 2019—2024 年全球碳市场覆盖的温室气体排放份额（占全球温室气体排放的百分比）。根据国际碳行动伙伴组织（ICAP）2024 年 4 月发布的《全球碳市场进展（2024 年度报告）》，全球碳市场不断发展壮大，所覆盖的全球温室气体排放比例已超过 18%，是 2005

年欧盟碳市场启动时的 3 倍之多。

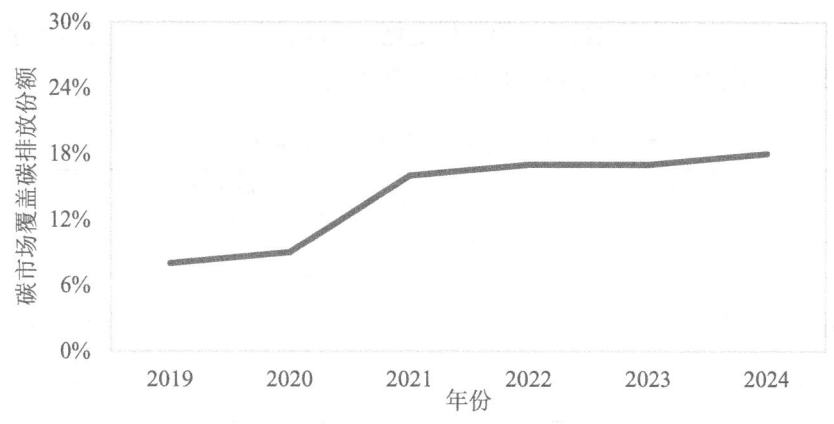

数据来源：国际碳行动伙伴组织（ICAP）

图 10-3　全球碳市场覆盖的温室气体排放份额

（三）碳配额交易价格长期增长

全球主要碳市场的交易价格长期呈上升趋势（见图 10-4），不同市场价格变动的原因各不相同。市场供应紧张的预期、局部冲突等因素导致能源价格急剧上涨。同时，短期内能源结构向低碳转型的挑战增加了碳排放，推高了对碳市场配额的需求。加之广泛存在的高通胀问题，这些因素共同促成了欧盟地区碳价的持续攀升。而其他市场碳价上涨也是受能源危机的波及，各区域日渐严格的气候目标造成了市场供给预期减少、配额稀缺等，这促使碳价不断走高。中国碳市场在国家"双碳"政策背景下，配额分配将越发严格，总量趋于减少的预期非常明确，因此也呈现单边上涨的市场行情。韩国近几年受多种因素影响，经济活动下降，碳排放显著减少，市场供大于求的局面越发严重，虽然采取了一些减少配额供给的措施，但不足以抵消过剩的配额，因此碳价疲软并逐年下跌。

数据来源：世界银行

图 10-4　全球主要碳市场交易价格

（四）碳配额总量呈下降趋势

表 10-4 为国际主要碳市场 2023 年的配额变化。可以看出各市场配额总量均呈下降趋势，主要是为了支撑各国家和地区实现碳减排和碳中和的目标。

表 10-4 国际主要碳市场 2023 年的配额变化

碳交易体系	配额总量 （亿吨二氧化碳当量）	配额总量年下降率	配额平均交易价格 （美元/吨）	配额分配方式
欧盟碳市场	14.86	2.2%	89	拍卖加免费
英国碳市场	13.65	0.3%	65	拍卖加免费
美国加州碳市场	2.941	4%	33	拍卖加免费
新西兰碳市场	0.323	1%	36	拍卖加免费
韩国碳市场	5.893	0.96%	9	拍卖加免费

二、国内碳交易的现状与趋势

中国碳市场整体呈现碳价稳中有升、成交量和成交额不断提高、履约率较高、覆盖排放总量高等特征。

（一）碳价稳中有升

2013—2024 年中国碳市场的配额碳价水平，如表 10-5 所示，价格区间为 4.50—101.60 元/吨，中位数为 30.69 元/吨，均价为 37.15 元/吨。具体来看，首先是北京碳市场，其配额碳价最高，2024 年为 101.60 元/吨，2013—2024 年均价为 68.96 元/吨；其次是全国碳市场，2024 年为 96.02 元/吨；然后是上海碳市场和广东碳市场，2024 年分别为 75.45 元/吨、51.19 元/吨，2013—2024 年均价分别为 40.60 元/吨、37.96 元/吨。福建碳市场和天津碳市场价格较低，2024 年分别为 22.43 元/吨、23.69 元/吨。

表 10-5 2013—2024 年中国碳市场的配额碳价水平（元/吨）

年份	全国	北京	上海	深圳	广东	天津	重庆	湖北	福建
2013	—	51.63	29.36	73.31	60.08	28.82	—	—	—
2014	—	54.87	36.18	61.17	50.65	29.42	30.74	23.93	—
2015	—	47.72	23.66	37.54	18.95	22.93	16.54	24.37	—
2016	—	48.67	10.45	32.95	12.26	21.14	17.43	18.09	—
2017	—	50.90	34.15	29.33	13.82	11.85	4.50	15.24	30.48
2018	—	55.67	35.91	25.55	14.24	12.11	9.18	21.26	18.88
2019	—	78.76	40.46	13.30	21.92	13.60	9.74	32.05	16.13
2020	—	87.09	39.98	23.45	27.22	22.55	26.46	27.22	17.34
2021	42.85	60.95	40.89	11.61	39.03	27.67	30.63	34.29	16.77
2022	55.30	93.32	53.42	43.31	71.26	34.36	35.21	40.38	24.75
2023	68.15	96.32	67.28	58.57	74.92	33.20	29.41	38.72	23.25
2024	96.02	101.60	75.45	47.79	51.19	23.69	40.33	24.82	22.43

数据来源：Wind 数据库、中央财经大学绿色金融国际研究院

（二）成交量和成交额不断提高

2024 年中国碳排放配额（CEA）交易量达 1.89 亿吨，市场成交额同比上涨 25.4%，达 181.14 亿元。2024 年中国核证自愿减排量（CCER）成交量超 1 959 万吨，同比上涨 29%。

1. 成交量

2024 年，CEA 成交量为 1.89 亿吨，中国 CCER 交易量达 1 959.87 万吨，较 2023 年同比上涨 29%。具体来看，2024 年中国碳排放权市场的交易中，挂牌协议成交量为 3 702.7 万吨，占 CEA 年成交总量的 19.6%，占比较 2023 年的 16.5% 有显著上升。从 CCER 成交的地域分布上看，2024 年市场成交量主要集中于上海环境能源交易所，达 1645.38 万吨，占全国总成交量的 84%。广州碳排放权交易中心、天津排放权交易所、四川联合环境交易所和北京绿交所年内 CCER 成交量分别为 116.3、92.2、83.1 和 22.3 万吨，分别占全国总成交量的 5.9%、4.7%、4.2% 和 1.1%。深圳排放权交易所的成交量则仅为 0.5 万吨。

2. 成交额

2024 年，CEA 成交额为 181.14 亿元，较 2023 年上涨 25.4%。具体来看，2024 年全国碳排放权市场的交易中，挂牌协议成交额为 36.31 亿元，占 CEA 年成交总额的 20%，占比较 2023 年的 17.8% 有显著上升。

（三）履约率较高

随着碳市场运行得越来越成熟，碳市场的履约率逐渐提高，很多碳市场多年一直保持 100% 的履约率。例如，天津碳市场连续 9 年保持 100% 的履约率；上海碳市场除 2016 年履约率为 99% 之外，其余均为 100% 的履约率；北京碳市场和广东碳市场分别拥有 6 年和 5 年 100% 的履约率。2013—2023 年中国地方碳市场的企业履约率，如表 10-6 所示。

表 10-6　2013—2023 年中国地方碳市场的企业履约率

年份	北京	天津	上海	湖北	广东	深圳	重庆	福建
2013	97%	96%	100%	—	99%	99%		
2014	100%	99%	100%	100%	99%	99%	70%	—
2015	100%	100%	100%	100%	100%	100%	—	—
2016	100%	100%	99%	100%	100%	99%		99%
2017	99%	100%	100%	—	100%	99%		100%
2018	—	100%	100%		99%	99%		100%
2019	100%	100%	100%		100%	100%		100%
2020	100%	100%	—		100%	100%		100%
2021	—	100%	100%		—	—		—
2022	100%	100%	—	100%	—	—		—
2023	—	100%	100%	100%	—	—		—

数据来源：碳市场官网

（四）覆盖排放总量高

截至 2023 年年底，中国碳排放权交易市场覆盖年二氧化碳排放量约 51 亿吨，纳入重点排放单位 2 257 家。第二个履约周期成交量、成交额占总数的比值分别比第一个履约周期增长约 19%、89%。从碳市场覆盖排放占比来看，2021 年，福建碳市场覆盖碳排放占其排放比例最高，为 51%；其次是重庆碳市场，覆盖比例为 50%，而且覆盖了温室气体中的 6 种气体；然后是湖北碳市场、全国碳市场、广东碳市场，覆盖比例约为 40%~45%，覆盖温室气体均为二氧化碳。从碳市场发放配额总量来看，中国的全国碳市场配额为 45 亿吨，地方碳市场的配额总量呈现稳定变化趋势，约为 12 亿吨。其中广东碳市场的配额总量最高，平均为 4.65 亿吨；其次是湖北碳市场，平均为 2.55 亿吨；然后是天津、上海、重庆等碳市场，平均约为 1.2~1.6 亿吨；最小的是北京和深圳碳市场，平均配额低于 0.5 亿吨。

第四节　碳金融的研究前沿与发展展望

一、碳金融研究的前沿动态

作为金融领域的新兴事物，碳金融日益成为国内外学者的研究焦点。当前该领域的前沿研究问题，主要包括以下几个方面：第一，碳交易市场的机制设计研究；第二，碳定价的相关研究；第三，碳市场与其他市场的关联研究。

（一）碳交易市场的机制设计研究

碳交易市场是实现碳中和目标的关键工具，其机制设计直接影响市场效率和减排效果。因此，这一议题一直备受国内外学者的瞩目。随着碳交易市场的活跃度增加，碳交易市场机制的研究也愈发细化。目前已有学者从激励机制、约束机制、监管机制和信息披露制度等方面对碳交易的机制设计问题进行了研究。Cramton 等（2002）认为碳配额拍卖是实现全球气候变化总量控制的最佳方式，配额拍卖可以在成本分配方面提供更大的灵活性，为创新提供更大的激励。Rhodes 等（2021）提出，灵活的监管机制可以提供一种相对具有成本效益，并且能够得到广泛支持的工具来实现深度碳减排，只要在制度设计之初考虑到公平影响即可。文扬等（2022）从机制设计和路径模式两方面出发，提出了中国高效碳交易市场机制设计，如图 10-5 所示。

在机制设计层面，他们强调多要素市场投入、多元化参与主体及多方面行为激励。在路径模式上，他们主张根据区域的碳排放和经济发展状况设定合理的碳排放总量，确保配额分配的公平性，同时加强监管，引入灵活的市场调节机制。张晗等（2022）还强调了约束机制，建议尽快确立碳市场的最低限价制度，并且采纳更为严格的碳配额核定策略等约束性政策。谭柏平等（2021）则强调了信息披露制度在碳市场建设中的基石作用。未来应进一步完善碳市场信息披露的立法工作，扩大信息披露义务主体的覆盖范围，并且构建明确的激励与惩罚机制。另外，相较于其他国家或地区，目前中国的碳交易机制成立时间短，有待进一步完善。因此，学者们大都是在借鉴国际碳交易市场成功经验的基础上，提出中国碳市场的完善建议。例如，刘学之等（2018）分析了欧盟碳市场的 MRV 体系，并且为中国碳市场发展提供了建议。

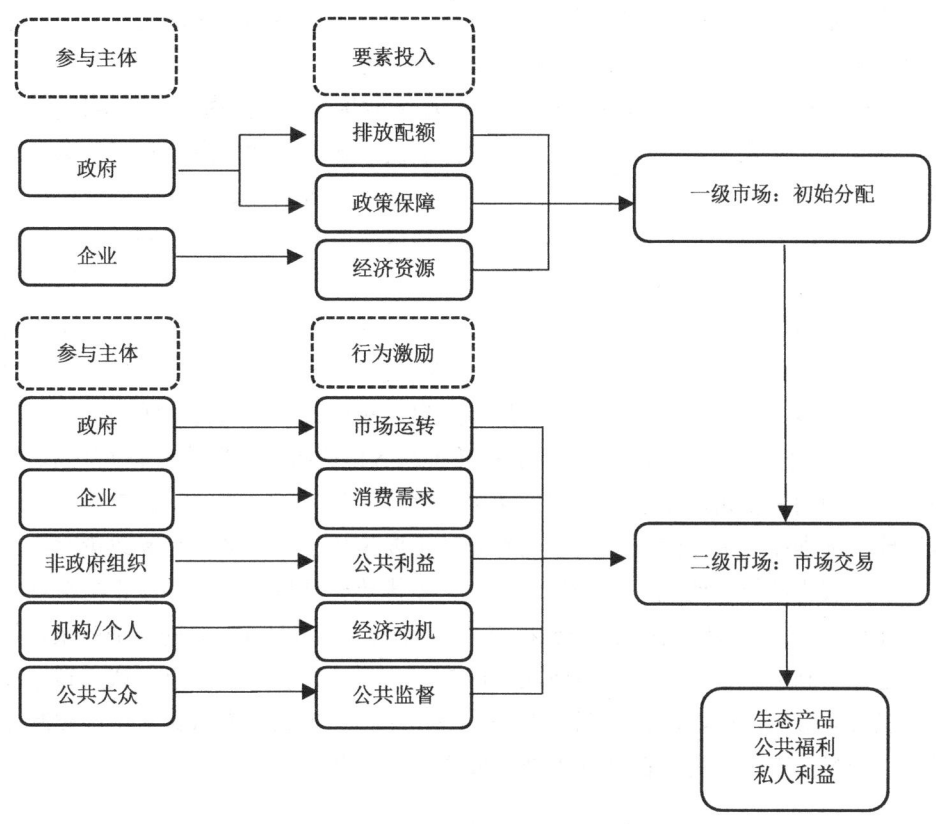

图 10-5　中国高效碳交易市场机制设计

（二）碳定价的相关研究

目前，碳定价最主流的方法可以分为两大类：碳税和二氧化碳排放量交易体系。学者们的研究主要集中在以下 3 个方面：一是分别深入研究这两种定价方法的机制和效果；二是对比分析这两种方法的优势和局限；三是探讨它们之间的协同效应，以期找到更有效的碳定价策略。

1. 碳税和碳排放权交易

在碳税的研究领域，学者们深入分析了碳税可能带来的积极和消极后果。一些学者认为，碳税在各个方面具有显著的正面影响。Farhan 等（2021）认为碳税开征的目的在于减少能源消耗和污染物排放，同时还可以降低劳动所得税和劳动力成本，这是创造新就业机会的有效激励措施。施正屏等（2012）发现碳税收入用于弥补减少货物税的损失，余额补贴农业部门和补贴个人所得税是最佳的碳税收入分配政策，可以实现环境与经济的"双重红利"。还有部分学者认为开征碳税存在负面影响，碳税虽然能降低碳排放，但是会对经济、就业产生负面影响。李毅等（2021）研究表明，碳税的征收确实能有效降低碳排放，但对经济增长、居民消费与社会福利具有显著的负向效应。张景华（2013）研究不同碳税政策对劳动力市场的长短期效应，结果显示即便碳税开征对不同就业群体的影响有所不同，正面效应和负面效应均有，但是就整体就业趋势而言，碳税对就业具有负面作用。

在碳排放权交易的研究中，就碳排放权交易的环境效果而言，国内外研究结论有所不同。国外关于碳排放权交易政策在减少温室气体排放方面的影响，有两种主流观点。第一种观点认为碳排放权交易政策可以有效降低碳排放量。Jardine 等（2011）通过实证研究发现欧盟的碳排放权交易体系在减少大气污染物、平衡亚马逊地区生态系统中的甲酸和乙酸方面取得了良好效果。第二种观点认为实际减排效果可能没有达到预期水平，对其减排效果持怀疑态度。Schaefer（2019）研究了欧盟碳排放交易体系对德国电力行业的影响，发现 2010 年以前减排效果有限，2015 年以后也未有显著改善。与国外的研究成果相比，国内在对碳交易政策环境效应的研究中普遍显示，该政策对相关环境指标产生了积极影响。刘传明等（2019）构建了 SCM-DID 模型，发现碳交易政策的实施能够有效推动各地区减排。吴茵茵等（2021）基于市场机制与行政干预两个视角，从理论和实证两个角度分析与检验，得出了碳市场显著降低了当地的碳排放与碳强度。关于经济效果，已有研究主要聚焦于碳排放权交易政策对经济增长的影响及对波特假说的检验研究。一些学者认为，碳排放交易权对经济呈现正向影响。根据 Dong 等（2019）的研究结果，中国碳排放权交易政策在经济层面有显著的实证效果，具体表现为长期产生经济利益并实现波特假说效应。但是一些学者持有相反观点，认为碳排放交易权对经济呈现负向影响。例如，Tang 等（2015）评估了碳排放权交易政策对中国碳减排目标的潜在影响，研究指出当碳交易在减少碳排放量的同时，也会阻碍经济增长。

2. 碳税和碳排放权交易的选择

有学者对碳税和碳排放权交易这两种方法进行了对比，认为碳排放权交易市场更优的学者一般是从启动碳排放权交易市场政治阻力较小，对碳排放总量控制更具优势、开征成本可控等角度进行研究，认为应该选择碳排放权交易市场作为碳减排工具。边永民（2009）认为中国能源价格改革尚未完成，实施碳税促进碳减排效果较弱，对经济冲击较大，更适合通过分配碳排放权利的方式进行减排。认为碳税优于碳排放权交易市场的学者一般是从碳税制定成本低、开征较为灵活、政策可行性更高等角度进行研究，认为应该选择碳税作为碳减排工具。韩国栋（2017）认为碳税模式更加简单，操作成本低，因为有税收征管法作为法律保障，所以中国更适合以碳税为主。胡艺等（2020）分析了不同经济水平的国家碳税与碳排放权交易市场的有效性和适应性，认为相比于发达国家，碳税在减少发展中国家的碳排放上更有效。发展中国家低碳技术和能源机构升级，更有利于碳税而非碳排放权交易市场下的减排。

3. 碳税和碳排放权交易的协同

此外，复合型碳减排机制，即结合碳税和碳排放权交易的双重政策，因其综合了两种方法的优点，正逐渐受到国际学者的关注。Lippke（2008）基于 Weitzman 的研究，建立了扩展的"价格与数量模型"，通过理论分析表明，在特定经济市场中，同时实施碳税和碳排放权交易的政策，其整体经济效果优于单一政策。刘磊等（2022）运用政策协同理论从目标协同、成本协同、风险协同 3 个维度分析了碳税的协同机理和碳排放权交易市场。

（三）碳市场与其他市场的关联研究

碳市场作为全球应对气候变化、促进经济向低碳模式转型的重要平台，与其他市场体系存在密切的联系，其中包括电力市场和金融市场。在许多国家，电力行业是最大的碳排放源，碳定价直接影响发电成本和能源结构的优化，其促使电力企业寻求清洁能源替代方案，以降低排放并适应碳成本。此外，随着碳资产的金融化，碳市场与金融市场的联系日益增强，碳配额和相关金融产品成为投资者进行资产配置和风险管理的新工具。

1. 碳市场与电力市场

碳市场和电力市场之间的关联是多维度的，涉及市场整合、成本传递、价格影响，以及对可再生能源的推动等多个方面。李兴等（2022）的研究揭示了电力市场与碳市场之间的紧密联系。通过整合这两个市场，不仅可以有效缓解电力市场中工商业电价长期补贴居民电价的交叉补贴问题，更能协同实现碳市场中碳减排的气候政策目标，推动电力行业向低碳、清洁的方向转型。林伯强（2022）则进一步探讨了碳市场与电力市场之间的互动关系。他指出，碳价作为发电成本的一部分，在发电行业报价时会被充分考虑，并且通过电力市场传导至用户，以影响电力价格。同时，企业在电力市场购买可再生能源电力后，其碳排放量会减少，进而降低对碳配额的需求，这有助于抑制碳价格的上涨。因此，这种互动关系使得碳市场价格与电力市场价格相互影响，形成了一种动态的平衡。

Hintermann（2016）通过研究德国排放成本对电力价格的影响，发现碳配额成本几乎完全传递到电价，传递程度随负荷曲线而变化。Zachmann（2013）的研究通过应用新的电价模型，揭示了燃料价格、碳排放配额价格和电力价格之间的非线性相互作用，为我们理解这些价格因素之间的复杂关系提供了新的视角。值得一提的是，Lin 等（2016）的研究还发现，碳排放权交易计划与可再生能源的上网价格之间存在相互作用。以风能和太阳能发电为例，其上网电价在不同省份产生的隐含碳价格远高于试点碳排放市场中的碳价格，这进一步证明了碳市场可以促进可再生能源的发展。当碳市场与电力市场协同发展时，这种促进作用将更加明显。未来，随着研究的深入和实践的推进，我们有望看到更加成熟、高效的电力市场与碳市场协同发展机制的形成。

2. 碳市场与金融市场

目前，学术界对碳市场与金融市场的互动关系进行了广泛研究，包括碳市场对金融市场的溢出效应分析、"碳–股票"系统的风险传导机制，以及碳期权、碳期货等产品的设计与研发。王超等（2021）以湖北碳市场为例，与欧盟排放交易体系进行对比，深入探讨了碳、商品、金融市场间的关联性。他们发现，中国碳市场与金融资产间的联动性相对较弱，碳交易行为的市场化程度有待提高。Tan 等（2020）对"碳-能源-金融"系统进行了全面考察，分析了欧洲碳市场与其他市场信息间的联系，支持了碳市场与金融市场之间存在较强联系的观点。同时，碳市场与金融市场的关联还可以通过市场的风险溢出效应体现出来。王喜平等（2022）则聚焦于碳市场与股票市场的风险溢出效应，通过构建"碳-股票"系统的风险溢出网络，他们发现碳市场与股票市场之间存在风险溢出，并且碳市场往往是各股票板块市场的风险净接收方。这种影响具有非对称性，其中新能源市场的影响尤为显著。Sun 等（2022）探讨了碳市场与能源密集型产业股票市场之间的因果关系，发现二者存在一些双向因果关系，并且碳价格的极端波动可能由能源产业股票价格上涨引发。李竹薇等（2022）针对碳排放配额这一空白领域，设计了中国的碳期权产品，并且提出了推广策略。这一创新举措不仅丰富了金融产品，也进一步凸显了碳市场的金融属性。未来，随着碳市场的不断发展和完善，其与金融市场的协同作用将更加凸显，并为应对气候变化、促进可持续发展提供有力支持。

二、碳金融实践的发展展望

（一）技术进步与产业升级加快

随着全球对低碳经济的日益重视，碳金融领域正逐步依赖尖端技术，以增强市场效率和透明度。大数据和人工智能技术通过深入分析和预测碳排放趋势，为企业提供精准的数据支持并辅助投资决策，不仅可以在碳资产定价和交易中实现更高效的市场运作，还可以增强市场的流动性。为了响应低碳经济的发展需求，企业将更加注重加速自身的低碳转型。这不仅在于对现有运营模式的优化，更在于对创新低碳技术的积极研发和投资。这种转变将激发产业界的活力，推动经济结构向更清洁、更可持续的方向发展，从而实现技术进步与产业升级的良性循环。

（二）市场化程度加深

目前，全国碳市场尚未对金融机构全面开放。商业银行等机构若想参与全国碳市场交易，必须通过碳金融市场这一渠道。未来，预计市场参与主体将变得更加多元化，涵盖金融机构、投资者和企业等，共同营造出一个更加活跃的交易环境。截至 2023 年，中国碳排放权交易量已累计达到 4.4 亿吨，并且呈现持续增长的趋势。参考欧盟较为成熟的碳市场发展历程，碳交易和碳金融几乎是同步启动，并且以相互促进的方式发展至今。当前，中国全国碳交易市场与 CCER 的同步推进，以及各项发展指标的积极向好，加之市场覆盖范围在行业、气体种类、准入门槛等方面的扩容，都显示出市场正朝着成熟的方向快速发展。预计未来全国碳市场的规模将显著扩大，市场的完善程度也将得到提升，这将提高碳交易的市场化程度，为实现碳达峰和碳中和目标提供坚实的市场基础。

（三）制度环境日趋完善

作为全球最大的碳排放国，中国在推进节能减排上展现出坚定的决心，致力于实现碳达峰和碳中和目标。自 2021 年全国碳排放权交易市场的正式启动，以及经过 6 年暂停后的 CCER 的正式重启，中国碳金融市场已经迈入了新的发展阶段。随着《碳排放权交易管理暂行条例》在 2024 年 5 月 1 日的实施，中国碳金融市场的制度环境将得到进一步加强和规范。政府正通过出台更多政策和法规，为碳交易和碳金融活动提供明确的方向和坚实的法律基础。这包括建立和完善碳排放权的分配、交易、报告和核查机制，以及制定碳金融产品和服务的标准等。

（四）产品与服务更多样化

目前，国内外金融机构正积极开发碳金融产品并提供基础服务，商业银行在这一领域的实践已积累了丰富经验。面对可再生能源和节能减排项目的投融资需求，银行在绿色投融资方面将迎来更加广阔的空间，同时也在碳资产保管和承销业务上面临着发展机遇。为满足不同市场主体的风险管理和投资需求，碳金融相关产品的发展方向将逐步拓展至碳期货、碳期权等衍生品领域。同时，金融服务也将向多样化发展，包括碳资产评估、碳信用评级、绿色投资咨询等，以便为市场参与者提供更全面的服务。此外，CCER 的重启也将推动碳市场的产品创新。类似以碳排放权为标的的衍生产品，金融机构有望围绕 CCER 开发产品，如 CCER 债券、质押贷款等。

参考文献

[1] 温源远，张建宇，于晓龙，等. 全球碳排放碳市场现状趋势及对我国的影响. 中国投资（中英文），2024，（Z5）：70-74.

[2] 康文梅. 我国碳市场发展分析与建议. 对外经贸，2024，（03）：21-24.

[3] 李川，丁一，殷子涵. 境外碳定价机制对我国的启示与几点建议. 清华金融评论，2024，（01）：44-46.

[4] 冯俏彬. 碳定价机制：最新国际实践与我国选择. 国际税收，2023，（04）：3-8.

[5] 魏琪峰，李晓华，刘吉臻. 国际碳市场实践及对我国建设碳市场的启示. 石油科技论坛，2022，41（01）：71-77.

[6] CRAMTON P，KERR S. Tradeable carbon permit auctions：How and why to auction not grandfather. Energy Policy，2002.

[7] RHODES E，SCOTT W A，JACCARD M. Designing flexible regulations to mitigate climate change：A cross-country comparative policy analysis. Energy Policy，2021.

[8] 文扬，王丽，胡珮琪，等. 高效碳交易市场的机制设计与路径模式. 宏观经济管理，2022，（09）：40-46.

[9] 张晗，孟佶贤. 激励约束视角下中国碳市场的碳减排效应. 资源科学，2022，44（09）：

1759-1771.

[10] 谭柏平，邢铈健. 碳市场建设信息披露制度的法律规制. 广西社会科学，2021，（09）：124-133.

[11] 刘学之，朱乾坤，孙鑫，等. 欧盟碳市场 MRV 制度体系及其对中国的启示. 中国科技论坛，2018，（08）：164-173.

[12] FARHAN M S，RAHIM Z，AHMAD H. Economic. Environmental and Social Impact of Carbon Tax for Iran：A Computable General Equilibrium Analysis. Energy Science & Engineering，2021，10（1）

[13] 施正屏，徐逢桂. 台湾碳税财政支付移转至农业部门之最适策略：基于可计算一般均衡模型（CGE）的运用. 台湾农业探索，2012，（04）：1-10

[14] 李毅，石威正，胡宗义. 基于 CGE 模型的碳税政策双重红利效应研究. 财经理论与实践，2021，（04）：82-89

[15] 张景华. 碳税的就业"双重红利"效应研究. 生态经济，2013，（07）：47-50

[16] JARDINE K，YAÑEZ S A，ARNETH A，et al. Ecosystem-scale compensation points of formic and acetic acid in the central Amazon. Biogeosciences，2011，8（12）：3709-3720

[17] SCHAEFER S. Decoupling the EU ETS from subsidized renewables and other demand side effects：lessons from the impact of the EU ETS on CO_2 emissions in the German electricity sector. Energy Policy，2019，133：110858

[18] 刘传明，孙喆，张瑾. 中国碳排放权交易试点的碳减排政策效应研究. 中国人口·资源与环境，2019，29（11）：49-58

[19] 吴茵茵，齐杰，鲜琴. 中国碳市场的碳减排效应研究：基于市场机制与行政干预的协同作用视角. 中国工业经济，2021（8）：114-132

[20] DONG F，DAI Y J，ZHANG S N，et al. Can a carbon emission trading scheme generate the Porter effect? Evidence from pilot areas in China. Science of the Total Environment，2019，653：565-577

[21] TANG L，WU J，YU L，et al. Carbon emissions trading scheme exploration in China：A multi-agent-based model. Energy Policy，2015，81：152-169.

[22] 边永民. 贸易措施在减排温室气体制度安排中的作用. 南京大学学报（哲学·人文科学·社会科学版），2009，45（01）：41-47.

[23] 韩国栋. 碳税和碳排放权交易的比较及选择. 质量与认证，2017，（04）：65-67.

[24] 胡艺，魏小燕，沈铭辉. 碳税比碳交易更适合发展中国家吗？亚太经济，2020（04）：29-38+148.

[25] LIPPKE B，PEREZ-GARCIA J. Will either cap and trade or a carbon emissions tax be effective in monetizing carbon as an ecosystem service. Forest Ecology and Management，2008，256（16）.

[26] 刘磊，张永强，周千惠. 政策协同视角下对我国征收碳税的政策建议. 税务究，2022，

（03）：121-126.

[27] 李兴，刘自敏，杨丹，等. 电力市场效率评估与碳市场价格设计：基于电碳市场关联视角下的传导率估计. 中国工业经济，2022，（01）：132-150.

[28] 林伯强. 现代能源体系下的碳市场与电力市场协调发展. 人民论坛·学术前沿，2022，（13）：56-65.

[29] HINTERMANN B. Pass-through of CO_2 emission costs to hourly electricity prices in Germany. Journal of the Association of Environmental and Resource Economists，2016，3（4）：857-891.

[30] ZACHMANN G. A stochastic fuel switching model for electricity prices. Energy Economics，2013，35：5-13.

[31] 王超，杨宝臣. 碳市场对商品、金融市场的溢出效应分析. 南开学报（哲学社会科学版），2021，（05）：110-122.

[32] TAN X，SIRICHAND K，VIVIAN A，et al. How connected is the carbon market to energy and financial markets? A systematic analysis of spillovers and dynamics. Energy Economics，2020，90：104870.

[33] 王喜平，王婉晨. 碳市场与股票市场间的风险溢出效应研究. 技术经济，2022，41（06）：131-142.

[34] 李竹薇，卢雪姣，杨倩倩，等. 我国碳期权产品研发设计：以碳排放配额为基础标的. 投资研究，2022，41（05）：53-68.

第十一章

绿色金融

本章导读

本章从绿色金融的基本概念与发展现状入手，对相关研究成果进行了全面而系统的梳理与分析，并且结合具体案例，深入剖析了金融在推动绿色转型中的关键作用。同时，本章还从绿色金融跨界融合、创新与风险管控，以及外部政策支持等多个维度，对绿色金融的未来发展进行了展望，以期通过对绿色金融体系的深刻理解和全面掌握，进一步提升金融服务绿色发展的能力和水平。

第一节　绿色金融的内涵

一、绿色金融的定义

绿色金融在学术界并没有统一的界定。根据中国人民银行、财政部等七部委联合印发的《关于构建绿色金融体系的指导意见》给出的定义："绿色金融是指为支持环境改善、应对气候变化和资源节约高效利用的经济活动，即对环保、节能、清洁能源、绿色交通、绿色建筑等领域的项目投融资、项目运营、风险管理等所提供的金融服务。"依照中国绿色金融发展实践的特点，本章认为绿色金融更多是指环境经济政策中金融和资本市场的手段（如绿色信贷和绿色保险）。

绿色金融的突出特点是追求金融与环境保护和生态平衡的协调发展。与传统金融相比，绿色金融的特征主要体现在以下 3 个方面。一是绿色金融支持对象涵盖绿色项目、绿色企业和绿色活动，既涵盖具有低碳效应的项目或活动，又包括建立了明确减碳目标和实施路径的主体。例如，对能源、工业、交通、建筑等领域绿色发展和低碳转型的信贷支持，促进高耗能、高污染产业升级，利用金融工具打造绿色环境，促进环境可持续发展。二是绿色金融促进绿色项目或活动的发展效果与各行业的减排路径和各地区的产业特征密切相关。绿色金融的具体标准需要基于各地不同经济发展阶段和各行业的发展特点，差异化界定绿色产业，细化具体类别项目的识别准则和定量准则。三是绿色金融需面临环境风险和传统金融风险的叠加。金融机构不但要面对自身业务风险，还要面对企业绿色发展而产生的次生金融风险。如气候风险很可能会对中长期的货币条件及政策传导渠道产生影响，进而导致金融机构出现误判或短期收益下降。

二、绿色金融工具

绿色金融工具包括绿色信贷、绿色债券、绿色指数、绿色发展基金、绿色保险等，旨在支持经济向绿色经济转型。中国已初步形成多层次绿色金融产品和市场体系，绿色贷款余额居全球第一。人民银行鼓励社会资金投向绿色低碳领域，推动绿色金融市场化及可持续发展。

（一）绿色信贷

从微观上看，绿色信贷是指银行采纳一定的环境标准开展信贷业务；从宏观上看，绿色信贷是国家宏观调控政策的重要组成部分，是引导信贷投向的信贷政策。绿色信贷具有环保政策和产业政策传导功能，经由绿色信贷，银行可以对污染企业的资金予以遏制，对环保企业进行扶持，促使贷款企业承担环境责任，实现节能减排、优化产业结构和改变经济增长方式等政策目标。截至 2023 年年末，中国本外币绿色贷款余额 30.08 万亿元，同比增长 36.5%，高于各项贷款增速 26.4 个百分点。

（二）绿色债券

绿色债券是指募集资金专门用于支持符合规定条件的绿色产业、绿色项目或绿色经济活动，依照法定程序发行并按约定还本付息的有价证券。首先，绿色债券募集资金需 100%用于绿色产业、绿色经济活动等绿色项目，包括绿色项目的建设、运营、收购、配套营运的资金补充及有息债务偿还等。其次，绿色债券发行人应在募集说明书等相关文件中披露绿色项目的具体信息。再次，债券发行人需开立募集资金监管账户或建立专项台账，以全流程追踪募集资金流向。最后，债券发行人需按年披露募集资金整体使用情况、绿色项目进展情况、预期或实际环境效益等。

（三）绿色指数

绿色指数包括绿色股票指数和绿色债券指数，用于衡量和跟踪那些在环保、节能、可持续发展等方面表现优异的公司或项目的金融表现。

绿色股票指数是指按照行业标准和指标综合评分较高的绿色上市公司股价样本所计算出来的价格指数，主要用于刻画绿色股票市场的价格波动情形。绿色股票指数通过引导资金投入到经过特定绿色标准筛选出的上市公司样本中，进而提高相关上市公司的估值，使企业在资本市场中处于有利地位。据统计，目前中国已经发布了 78 个绿色股票指数，增长较快，但仍不足股票指数的 1%。与发达国家上万只绿色股票指数相比，还有较大的差距。绿色债券指数是以一定样本范围内的价格数据为基础来计算形成的价格指数，反映了绿色债券市场的综合行情表现。

（四）绿色发展基金

绿色发展基金是为了帮助与生态环境领域相关的企业融资发展的一种投资基金。面向市场需求，重点投资污染治理、生态修复和国土空间绿化、能源资源节约利用、绿色交通和清洁能源等领域，积极引导社会资本投向大气、水、土壤、固体废物污染治理等具有显著外部性的绿色发展领域，以此促进污染治理、生态修复等绿色产业的发展，助力经济高质量发展。

（五）绿色保险

绿色保险是指与环境风险管理有关的各种保险，是绿色金融体系的重要组成部分。其中，由保险公司对污染受害者进行赔偿的环境污染责任保险最具代表性，其重要功能是通过保险机制实现环境风险成本内部化，助力解决环境污染损害赔偿、环境承载力退化和生态保护问题，减少气候变化等环境问题对经济社会的破坏和冲击。以环境污染责任险为代表的绿色保险起源于欧美工业化国家，美国早在 20 世纪 70 年代就推出了环境责任保险，迄今为止，主要发达国家的环境污染责任保险制度均已经进入较为成熟的阶段，并且成为其通过社会化途径解决环境损害赔偿责任问题的主要方式之一。中国主要有两类绿色保险，即企业环境污染责任保险、养殖保险与病死畜禽无害化处理相结合的绿色保险。各种绿色金融产品如表 11-1 所示。

表 11-1　各种绿色金融产品

绿色金融工具种类	具体类型
绿色信贷	节能环保产业
	清洁生产产业
	清洁能源产业
	生态环境产业
	基础设施绿色升级
	绿色服务
绿色债券	绿色金融债券
	绿色债务融资工具
	绿色公司债券
	绿色资产支持证券
绿色指数	绿色股票指数
	绿色债券指数
绿色发展基金	绿色证券基金
	绿色股权基金
	排放权基金
	绿色担保基金
绿色保险	企业环境污染责任保险
	巨灾保险
	创新保险产品和服务

三、绿色金融的投融资分析

（一）中国绿色金融市场现状

"双碳"目标提出以来，中国绿色金融规模发展迅速。境内外绿色债券发行规模从 2016 年的 2 380 亿元增长到 2023 年的 9 400 亿元（气候债券倡议组织），绿色债券的种类和发行主体日益多样化，绿色债券市场的影响力不断扩展，并且覆盖的区域持续增加，人民币发债比重加大是中国绿色债券市场发展的趋势。绿色信贷余额从 2015 年 8.08 万亿元增长到 2023 年 30.08 万亿元（中国人民银行）。除了发行规模的日渐增加，中国还不断尝试绿色金融产品与金融科技的深度融合，绿色信贷、PE/VC、绿色债券、绿色保险、绿色支付等产品得以突破和发展。此外，中国绿色金融政策体系日渐成熟，绿色金融改革试点也在不断深化与探索，从 2017 年的 8 个绿色金融改革试点城市增加到 2023 年的 51 个绿色金融改革试点城市。中国主要绿色产品发展情况如图 11-1 所示。

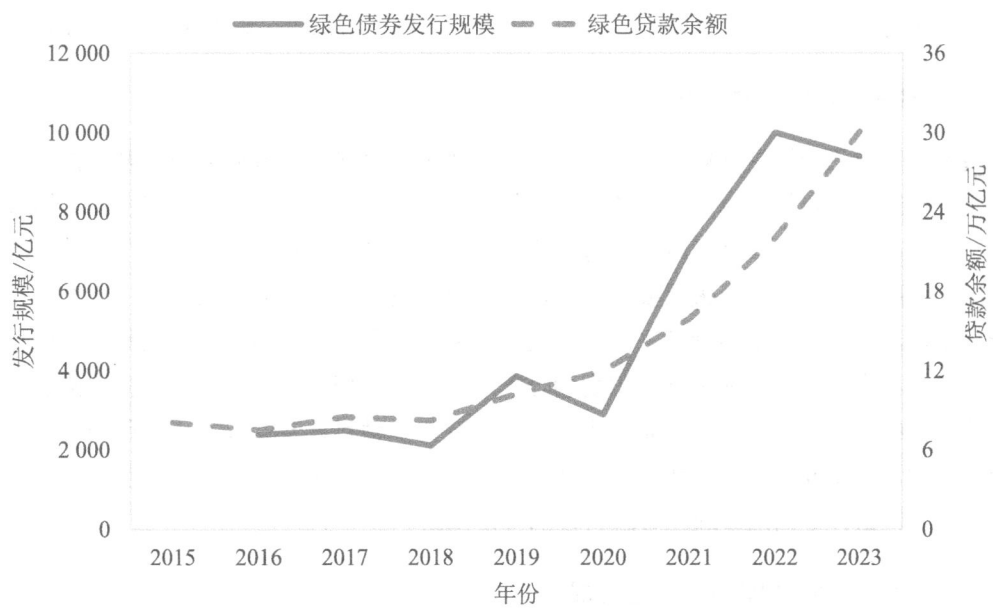

数据来源：《中国绿色债券市场年报》、《中国绿色债券市场年度总结》、《中国绿色金融发展报告》、中国人民银行

图 11-1　中国主要绿色产品发展情况

（二）绿色金融投融资策略

1. 注重环境效益与多渠道参与绿色投融资

虽然相比传统金融产品，绿色金融产品有审批速度快、政府补贴高、资金使用自由等优势，但在行业领域和监督管理层面则更加严苛。若想利用绿色金融产品完成融资，企业一方面要优化产品结构、注重环境效应，加快自身产业绿色发展，向社会展示自身节能减排效益好、投资回报收益高的优质绿色项目，增加投资者信心并打消资金投入"伪绿""漂绿"项目

的担忧，从而达到使用绿色金融产品进行融资的资格。另一方面，绿色金融产品种类丰富，为增加企业绿色资金融资渠道和规模，企业可以多渠道参与绿色金融融资。例如，通过在债券市场发行绿色金融债券的方式募集资金，再将募集资金用于绿色企业或绿色项目的贷款投放，或者把企业资金用于认购其他主体发行的绿色债券，并将资金投资于绿色领域。

2. 创新绿色金融融资产品

虽然中国在绿色金融产品方面取得了较大的进步和提升，但融资端产品远未能满足融资需求。例如，中国绿色信贷占对公贷款余额比重需超过 25%，但目前只有 10%，这意味着绿色信贷远未能满足巨大的资金需求。对此，银行等金融企业需重点投资，以推出创新金融产品。一方面，可以在传统绿色贷款、能效贷款之外，推出碳排放权质押贷款、碳排放披露支持贷款等创新绿色信贷产品；另一方面，还可以开发各类创新绿色债券产品，涵盖节能环保、清洁生产等多个产业和领域。例如，推出保护长江流域、乡村振兴等不同主题债券，以此扩大绿色产业的支持范围，并且成立专门的绿色金融部门，对绿色金融业务进行专门受理。

3. 投资发展绿色金融科技

随着中国绿色金融市场规模的不断扩大，金融机构对绿色金融业务中金融科技的需求日益增强。借助金融科技的应用，能够精准核算不同投资方向的绿色资金所产生的环境效益，评估绿色资产对环境的具体影响，并有效识别和防范"漂绿"行为等。这些技术的应用对于推动绿色金融的健康发展至关重要。首先，企业可投资开发云计算、大数据、区块链和人工智能等技术，搭建绿色金融管理平台。通过建立绿色金融业务流程管理系统和绿色金融科技服务云平台，实现智能的绿色项目识别和分类、自动的信贷环境和社会风险管理监督及实时的绿色信贷统计和报送。其次，企业需加强培养绿色金融科技专业人才。绿色金融科技需要复合型人才，但企业的绿色金融科技专业人员较匮乏，因此企业需加大对绿色金融科技人才方面的投入，组建专门从事绿色金融科技的开发团队。

4. 合理运用绿色保险助力企业发展

随着与环境保护相关的法规日趋严格，政府对环境督察的力度不断增强。一方面企业在环境合规运营和可持续发展方面的诉求愈加强烈；另一方面企业环境违法成本和环境事故带来的环境损害赔偿成本不断攀升，企业通过投保来转移环境污染风险的意愿和意识逐步增强。对此，企业决策层人员应明确企业自身的融资需求，认识到绿色保险这种新型融资方式，尤其是对于一些融资期限长、资金需求量大且融资方式单一（比如严重依赖银行信贷）的企业。而一些新能源企业则更需要在优化自身产业结构的同时，调整融资方式，利用绿色保险资金周期长的特点，把目光投向针对自己所在行业与产业的创新型绿色保险，充分发挥绿色保险融资增信的优势，针对自身潜在环境风险与气候风险积极投保，以促进企业的绿色转型。

四、绿色金融产品的实践应用

本节以广州地铁绿色融资助力大湾区互联互通为例，探讨绿色金融在实践中的应用效果及创新亮点。2019 年，广州地铁集团在建地铁线路的建设急需大量资金，迫切需要开拓一种较为创新的、可持续的融资模式。兴业银行广州分行根据广州地铁集团的特点与需求，向其提供了资产证券化项目融资服务方案，并且联合第三方认证"绿融（北京）投资服务有限公司"将广州作为全国首批"绿色债券发行主体"上报银行间交易商协会进行认证。绿色资产证券化加绿色发行人的业务模式，有效解决了广州地铁集团所需资金大、融资成本高等问题，为清洁交通行业的融资拓宽了新渠道。

（一）实践内容

广州地铁集团将其持有的客票款收益权（以下简称"入池资产"）作为委托财产信托给平安信托，设立"广州地铁集团有限公司第一期绿色资产支持票据"。平安信托以该信托财产为支持，发行了优先档资产支持票据和次级档资产支持票据。其中，优先档资产支持票据采用固定利率在银行间债券市场以簿记建档方式向机构投资者发行（委托人自持部分除外）。

此外，广州地铁集团按要求制订了《广州地铁集团有限公司绿色债券框架》，对其及其下属公司绿色债券的发行与管理制定了制度规范，用以确保绿色债券发行与管理合乎法律法规与监管要求。该框架对广州地铁集团发行绿色债券的募集资金使用、项目评估和筛选、环境风险与环境效益核算、募集资金管理、报告与披露等提出了明确要求。

（二）实践效果

兴业银行广州分行紧密贴合广州地铁集团轨道交通项目建设的融资需求，创新性地以绿色金融为抓手、以轨道交通客运费收益权作为基础资产，帮助广州地铁集团有限公司注册并成功发行了 50 亿元绿色资产支持票据（ABN）。该笔票据一举成为国内首单"绿色发行主体、绿色资金用途、绿色基础资产"的资产支持票据产品，既是国内首单以轨道交通客运费收益权作为基础资产的证券化产品，也是全国绿色金融改革创新试验区（广州）的首笔绿色资产支持票据业务。

（三）创新价值

资金投向清洁交通产业，助力粤港澳大湾区互联互通。这笔绿色资产支持票据基础资产和募集资金投向均属于《绿色债券支持项目目录》的"清洁交通"类别，第一期基础资产为广州市地铁 2 号线，第二期基础资产为广州市地铁 4 号线，推动了粤港澳大湾区实现绿色互联互通。

创新绿色发行主体，市场反响热烈。广州地铁集团的主要业务符合国家产业政策及地方规划，地铁运营、附属资源运营-民用通信业务、专业对外服务 3 个板块相关业务内容符合《绿色债券支持项目目录（2015 年版）》的要求，可认定为绿色业务。广州地铁绿色业务收入占主营业务收入的比例高于 80%，具有良好的绿色企业治理水平，建立了适当的环境风险管理制度与控制机制，并且未发生重大环境污染事故及重大环境事件，符合绿色企业（绿色债券发行主体）要求。这期绿色资产支持票据是广州地铁作为绿色发行人发行的首期票据，在市场上的反响较为热烈，创下 2018 年以来全市场 AAA 级企业同期限证券化产品发行利率最低的纪录。

第二节 绿色金融市场

一、绿色金融市场的发展历程

绿色金融市场是指专门从事绿色金融活动的各种金融交易和市场机制的总和，这些活动包括但不限于绿色信贷、绿色债券、绿色股票指数、绿色发展基金、绿色保险，以及碳金融等金融工具和相关政策，旨在支持经济向绿色化转型的制度安排。绿色金融市场的核心目标是促进环境改善、应对气候变化、资源节约和高效利用，为环保、节能、清洁能源、绿色交通、绿色建筑等领域的项目提供投融资、项目运营和风险管理等金融服务。

（一）绿色金融市场的国际发展历程

绿色金融市场的国际发展历程可以追溯到 20 世纪 70 年代，环保运动的兴起使环境问题进入人们的视线。1974 年，联邦德国成立了全球第一家环境银行，即"生态银行"，专门为环境保护与污染治理项目提供融资。这一事件被视为绿色金融概念诞生的标志之一。1980 年，美国因著名的"爱河事件"而颁布了《超级基金法案》。这一法案的出台触发了环境风险向金融风险的转移，使得金融机构开始关注环境风险对金融业务的影响。2002 年 10 月，世界银行下属的国际金融公司和荷兰银行在伦敦召开的国际知名商业银行会议上，提出了一套针对项目融资中规避环境与社会风险的"赤道原则"，经过几次修订，已经成为被商业银行广泛认可的环境与社会风险管理工具。随着绿色金融的发展，绿色金融的实施主体也逐渐从商业银行扩大到保险公司、基金公司等非银行金融机构，之后又逐步扩大到政府机构、企业等非金融机构。

近年来，发达国家在环保基金领域，尤其是针对气候问题的基金投入方面做出了努力，并且取得了一定成果。根据经合组织的数据，2013—2014 年发达国家每年为环保事业投入约 400 亿美元。2015 年各发达国家及非营利组织都对于加大环保资金投入做出了重要承诺。然而为实现《巴黎协议》的目标，2015—2030 年需要的资金总投入约为 165 000 美元。在 2016 年的 G20 峰会上，绿色金融的国际发展首次被纳入核心议题，多个经济体开始推动绿色金融的发展。根据 The City UK 和法国巴黎银行的最新研究，2021 年全球绿色融资达到 5 406 亿美元，创下历史纪录。彭博社估计，到 2025 年，全球绿色资产有望超过 53 万亿美元。主要绿色金融产品如绿色信贷、绿色债券、绿色保险、绿色股权产品等发展迅速。越来越多的国家开始推动绿色金融的国际合作，共同制定绿色金融标准和政策。

（二）绿色金融市场的国内发展历程

在中国，绿色金融的萌芽阶段大致从 20 世纪 90 年代开始。1997 年，《京都议定书》的签订，标志着国际社会开始以法规形式限制温室气体排放，推动了绿色金融的发展。中国在这一时期也开始逐渐重视环境问题，金融机构开始从排斥到接纳环保项目，运用金融工具引导资金流向绿色环保领域。2008 年，国家环保部门与银行监管部门签订了信息共享协议，实现了环保部门与金融部门的信息共享。这一举措为绿色金融的发展奠定了信息基础，并且促使中国加入了全球碳金融市场，从此赤道金融和碳金融正式进入中国。2012 年，原银监会制定了《绿色信贷指引》，规范了银行业金融机构在绿色信贷方面的操作。随着政策的推动，绿色信贷、绿色债券等绿色金融产品不断涌现，市场体系逐步形成。绿色信贷规模快速增长，绿色债券市场也稳定发展。中国在这一时期积极参与了国际绿色金融合作，与多个国家和国际组织共同推动了全球绿色金融的发展。

近年来，中国政府对绿色金融的顶层设计进行了多次更新和完善。七部委联合印发了《关于进一步强化金融支持绿色低碳发展的指导意见》，明确了绿色金融发展的目标和任务。在政策的持续推动下，绿色金融市场快速发展。绿色信贷规模持续扩大，绿色债券发行量不断增加。中国不断完善绿色金融标准体系，2021 年发布了新版《绿色债券支持项目目录》，统一了国内绿色债券支持项目的范围和标准，推动了绿色金融标准化发展。截至 2021 年 9 月末，国内 21 家主要银行绿色信贷余额达 14.1 万亿元，较年初增加了 2.5 万亿元，占各项贷款的比重为 10.32%。中国绿色信贷规模多年位居世界第一，资产质量整体良好，近 5 年不良贷款率均保持在 0.7% 以下。绿色信贷环境效益逐步显现，按照信贷资金占绿色项目总投资的比例计算，21 家主要银行绿色信贷每年可支持节约标准煤超过 4 亿吨，减排二氧化碳当量超过 7 亿吨。截至 2023 年底，中国境内绿色债券累计发行规模约 3.62 万亿元。2023 年，中资主体境外绿色债券新增发行数量为 78 只，同比增加 14.71%，发行规模约 2 372.48 亿元，同比增加 38.72%。2023 年中资主体境外绿色债券市场持续增长。

二、绿色金融产品价格的形成机制

（一）绿色金融产品价格的影响因素

1．产品成本

通常绿色金融产品的成本构成相较于普通金融产品更为复杂，在一般情况下，绿色金融产品包括生产成本、环境污染控制成本和末端环境治理成本。绿色金融产品的成本对其价格具有直接影响。一般来说，成本越高，产品价格也越高。但是，由于绿色金融产品具有社会效益和环境效益，政府和社会可能会给予一定的政策支持和市场激励，从而降低投资者的实际成本负担。例如，绿色债券的发行成本通常包括债券利息、发行费用及环境评估等额外成本。这些成本会直接影响绿色债券的发行利率和票面价格。投资者在购买绿色债券时，除考虑债券的固定收益外，还会关注其环保效益和社会影响力。因此，在定价过程中，发行方需要充分考虑这些成本因素，并在市场上进行合理的定价，以吸引投资者。

2. 市场需求

市场需求是影响绿色金融产品价格的一个重要因素，随着全球对环境保护和可持续发展的重视程度不断提高，越来越多的投资者和消费者开始关注绿色金融产品。这种趋势推动了绿色金融市场需求的增长，进而对价格产生了影响。当市场需求增加时，绿色金融产品的价格可能会上涨；当市场需求减少时，绿色金融产品的价格则可能会下降。市场需求的多样化和个性化促使绿色金融产品不断创新。为了满足不同投资者的需求，金融机构会推出更多种类的绿色金融产品，如绿色债券、绿色基金、绿色信贷等。这些新产品的推出可能会带来新的定价机制和价格水平。

3. 竞争状况

绿色金融市场的竞争状况会影响产品价格。市场上如果存在多个提供类似绿色金融产品的机构或企业，那么它们之间的竞争就会加剧。为了吸引更多的投资者和消费者，这些机构或企业可能会采取降低价格、提高服务质量等措施。面对激烈的市场竞争，金融机构为了保持竞争优势，往往会加大产品创新力度。在绿色金融产品方面，金融机构可能会推出更多种类的产品，以满足不同投资者的需求。同时，通过优化产品设计、提高投资回报率等方式，金融机构可以吸引更多投资者关注绿色金融产品，从而在一定程度上缓解价格竞争的压力。因此，竞争情况也会影响绿色金融产品的价格。

4. 政策法规

政策法规对绿色金融产品价格的影响不可忽视。国家推动可持续发展，对绿色行业具有政策倾斜、税收优惠、财政补贴等助力政策，包括鼓励绿色消费的政策，营造了更有利于绿色金融产品市场建立的政策环境。各类政府补助从各个角度降低成本、减少费用支出，以适当降低绿色金融产品的价格。此外，政策法规还可能对绿色金融产品的发行、交易等方面做出规定，如《绿色债券发行指引》《绿色信贷指引》等，为绿色金融产品的定价、激励和监管提供了全面的指导和支持，从而间接影响产品价格。

（二）绿色金融产品的定价方式

绿色金融产品定价方式是指金融机构在确定绿色金融产品（如绿色债券、绿色信贷、绿色基金等）价格时所采用的方法和策略。这些定价方式旨在反映绿色金融产品的风险、成本、收益及市场供需情况，以确保产品的合理性和竞争力。以下是一些主要绿色金融产品的定价方式。

1. 成本加成定价法

成本加成定价法是绿色金融产品定价中一种常用的方法。该方法基于产品的成本，包括直接成本（如生产成本、运营成本等）和间接成本（如环境污染控制成本、末端环境治理成本等），并加上一定的利润率来确定产品价格。由于绿色金融产品通常包含额外的环境成本，因此其定价往往高于普通金融产品，以反映这些额外成本。金融机构需要准确估计绿色金融产品的各项成本，包括直接成本和间接成本。直接成本可能包括资金成本、运营费用等，而间接成本则包括环境成本等。在成本估计的基础上，金融机构会根据自身的收益目标和市场情况确定一个合理的利润率。这个利润率既要能覆盖成本，又要能吸引投资者。最后，金融机构将成本与利润率相加，得出绿色金融产品的最终价格。

计算公式如下所示：

$$价格=单位成本+单位成本×成本利润率$$

2. 市场比较定价法

市场比较定价法是通过参考市场上类似绿色金融产品的价格来确定自身产品价格的方法。金融机构会收集市场上同类产品的定价信息，考虑产品的风险、期限、信用评级等因素，然后结合自身的成本、收益目标等来制定价格。这种方法有助于金融机构的产品价格与市场价格保持一定的竞争力。金融机构需要收集市场上同类绿色金融产品的定价信息，包括价格水平、价格波动范围、成交量等。在收集到市场信息后，金融机构需要对市场状况进行深入分析，了解市场的供需关系、竞争状况及投资者的偏好等因素。基于市场分析和自身情况，金融机构会制定一个合理的价格策略，以确保产品价格既具有竞争力又能够实现收益目标。

3. 风险调整定价法

风险调整定价法是根据绿色金融产品的风险水平来调整其价格的方法。金融机构会对产品的信用风险、市场风险、流动性风险等进行评估，并根据评估结果对产品价格进行相应的调整。风险越高的产品，其价格往往也就越高，这能够反映出投资者承担的风险。金融机构会对绿色金融产品的各项风险进行评估，包括信用风险、市场风险、流动性风险等。评估结果将作为定价的重要依据。根据风险评估结果，金融机构会确定一个合理的风险溢价水平。风险溢价是指为了补偿投资者承担的风险而额外支付的费用。风险越高的产品，其风险溢价也越高。最后，金融机构将基础价格与风险溢价相加，得出绿色金融产品的最终价格。

4. 环境效益定价法

环境效益定价法是一种特殊的定价方式，它考虑了绿色金融产品所带来的环境效益。金融机构可以根据产品减少的碳排放量、改善的生态环境等指标来评估其环境效益，并将这些效益纳入定价考虑范围。通过给予环境效益更高的价值认可，金融机构可以吸引更多关注环保的投资者。金融机构会对绿色金融产品的环境效益进行评估，包括减少的碳排放量、改善的生态环境等指标，并且评估结果将作为定价的重要依据。基于环境效益评估结果，金融机构会确定一个合理的环境效益价值水平。这个价值水平将反映绿色金融产品对环境的积极影响和贡献。最后，金融机构将基础价格与环境效益价值相加（或以其他方式纳入定价考虑），得出绿色金融产品的最终价格。需要注意的是，环境效益的量化和定价是一个复杂的过程，需要依赖专业的评估机构和方法。

（三）绿色金融产品价格的波动规律

绿色金融产品的价格波动规律是一个复杂且多因素综合作用的结果。当市场上对绿色金融产品的需求大于供应时，价格往往会上涨，反之则可能会下跌。当政府出台的激励措施和政策导向有助于降低产品成本，提高市场竞争力时，就会对价格产生正面影响。如果绿色项目运营良好，实现了预期的环境效益和经济效益，那么绿色金融产品的价值就会得到提升，进而推动价格上涨。反之，如果项目运营不善，则可能会导致价格下跌。

投资者和金融机构需要密切关注市场动态，准确把握绿色金融产品的价格波动趋势，加强风险管理和监管引导，以应对可能的市场波动和风险挑战，推动绿色金融市场的健康发展。政府也应继续出台相关政策，为绿色金融的发展提供良好的政策环境，以应对绿色金融产品价格波动带来的风险。

三、绿色金融市场的风险管理

（一）绿色金融风险

绿色金融风险是金融机构在进行绿色金融活动时可能面临的各种风险。这些风险主要源于环境因素和气候变化对金融资产和负债产生的影响，可视为与绿色发展相关的经济金融业务所对应的金融指标发生变动，进而引发的预期收益的不确定性。

1. 环境风险

环境风险是指绿色金融活动对环境造成不利影响而带来的风险，包括气候变化风险、污染风险和资源枯竭风险。由气候变化导致的极端天气事件（如风暴、洪水和热浪）日益频繁和严重，这些事件可能会对金融机构或投资者的财务状况及声誉造成潜在的负面影响。例如，极端天气事件可能会导致基础设施损坏、财产损失和人员伤亡，进而引发信贷风险、市场风险和操作风险。由于污染物排放导致的环境质量下降，对金融机构或投资者的财务状况及声誉会造成潜在的负面影响。例如，工业废水的排放可能会导致水污染，从而使金融机构向污染企业提供的贷款面临违约风险。由于自然资源的过度开采和利用，导致资源供应减少，进而对金融机构或投资者的财务状况及声誉造成潜在的负面影响。例如，石油资源的枯竭可能会导致油价上涨，从而增加金融机构向石油公司所提供贷款的违约风险。

2. 洗绿风险

洗绿风险或称漂绿，是指企业和金融机构通过误导性宣传或虚假信息，夸大其产品或服务的环境效益，从而在绿色金融市场中获取不正当的经济利益或监管优势。这种行为不仅损害了绿色金融的信誉和市场的有效性，还可能误导投资者和消费者，削弱他们对真正绿色产品和服务的信心。为防范洗绿风险，需要建立统一的环境效益信息披露标准，加强穿透式监管，提高透明度，并通过政策激励和监管措施，确保资金流向真正有助于环境改善和可持续发展的项目。

3. 转型风险

转型风险涉及经济主体在适应气候变化、环境法规加强和市场需求变化的过程中可能遭遇的一系列挑战，包括技术过时、政策变动、市场偏好转移、财务压力、运营中断、战略失误、人才短缺及新竞争者的出现。有效管理这些风险需要企业利用风险管理工具进行全面的风险评估、制定灵活的策略、加强利益相关者的沟通、投资于员工的培训等。同时，监管机构应提供清晰的政策指导和支持，以促进企业的平稳过渡和可持续发展。

（二）绿色金融风险管理策略

绿色金融风险管理策略是确保绿色金融活动稳健运行、降低潜在损失的重要措施。为了预防上述风险，绿色金融风险管理策略有以下4点。

1. 增强风险管理意识

风险意识是金融机构对各种绿色金融业务保持警惕的素质和能力。首先，提升对绿色金融风险管理的重视程度。从发展战略中将绿色金融业务凸显出来，并纳入正常的管理体系，与日常经营和管理融为一体。充分掌握绿色金融的风险因素，并建立相应的管理方案，针对一些应急情况还要制定预案。其次，加强绿色金融风险管理相关培训。根据绿色金融风险及管理知识和技能，对金融机构的人员进行有针对性的培训，整个培训以实践为主导，切实提高银行绿色金融风险识别和应对能力。最后，强化金融机构金融风险动态管理。可以考虑对绿色金融风险管理的相关业务建立独立的绩效考核管理机制，从而推动整个内部对于绿色金融风险管理的重视。充分细化风险管理工作的具体内容，并以量化方式将其与个人绩效等挂钩，以提高员工的关注和投入程度。

2. 风险识别与评估

对绿色金融项目可能面临的环境风险进行全面评估，包括气候变化风险、污染风险、资源枯竭风险等；利用环境科学、气候科学等领域的专业知识，结合项目实际情况，制定有针对性的风险管理措施；关注绿色金融项目对社会的影响，建立风险监测预警系统、定期风险评估、强化信息披露和引入第三方评估机构，评估可能引发的贫困风险、失业风险、健康风险等；通过社会调查、公众参与等方式，收集相关信息，为风险管理提供依据；对金融机构和企业的治理结构、内部控制、信息披露等方面进行评估，识别潜在的治理风险；加强监管和自律管理，确保金融机构和企业合规经营，以降低治理风险。

3. 提高风险管控能力

通过多元化投资分散风险，将资金分散投资于不同类型的绿色金融产品和项目，降低单一项目或市场带来的风险；建立动态风险管理机制，根据市场环境、政策变化等因素及时调整风险管理策略；加强对市场动态的监测和分析，及时发现和应对潜在风险；提高绿色金融产品的信息披露水平和透明度，确保投资者能够充分了解产品的特性和风险状况；加强对金融机构和企业信息披露的监管力度，确保信息的真实、准确和完整。

4. 科技与创新支持

利用金融科技手段提高绿色金融产品的透明度和效率，降低交易成本和信息不对称风险。金融机构应该主动出击，积极引入科技手段。比如大数据技术，可以实现对绿色金融风险的准确监测，对大量复杂信息进行快速处理，从中找到引发风险问题的关键信息，进而为绿色金融风险管理筑好第一道防火墙；再比如人工智能技术在绿色金融风险管理方面的应用，可以借助该技术构建功能强大的信息分享平台，不但能够强化金融机构针对不同绿色金融客户群体的服务能力，还能够对过程中的安全管理形成强有力的保障。

第三节　绿色金融的研究前沿与发展展望

一、绿色金融研究的前沿动态

随着中国经济发展进入新常态，经济增长速度逐步放缓，经济结构调整和产业结构转型升级成为实现包容性可持续发展的必经之路。作为国家产业结构调整的重要抓手，绿色金融发展对经济结构调整和产业结构优化有着重要影响。整体而言，绿色金融领域的研究可以分为绿色金融的评价研究及绿色金融的影响研究两大部分。

（一）绿色金融内涵与测度的相关研究

由于绿色金融相关理论的研究起步相对较晚，虽然其研究内容不断丰富和发展，但关于如何对绿色金融发展水平进行测度的研究较为欠缺，至今尚未形成国际上权威和统一的绿色金融评价指标体系。国内外关于绿色金融评价的研究主要集中在以下两个方面。

1. 宏观视角

基于宏观视角的研究主要是从国家层面或区域层面出发，将绿色金融发展水平与环境状况作为一个整体来进行全面系统性的考察，并对绿色金融发展水平及其政策效果进行评价。由于基于宏观视角的绿色金融评价需要综合考虑金融发展、环境保护、经济增长等多重因素，涉及多种学科，所以相关研究也存在不同侧重点。Marcel Leuchen（2001）基于银行等金融机构开展绿色金融服务的状况，提出了绿色金融发展的四阶段理论，并对亚太、北美及欧洲大型银行的绿色金融发展水平进行测度。Sean de Cleene、Christina Wood（2004）、Rachel Kyte（2008）分别对南非、尼日利亚、塞内加尔、博茨瓦纳和肯尼亚 5 个非洲国家及全球新兴市场国家的金融机构中绿色金融服务的开展状况进行了调查和评价。OECD（2007）利用 2001 和 2005年东欧、高加索、中亚地区（EECCA）12 个国家和地区的统计部门和环境部门采集的数据，对区域环境投资状况展开深入考察和评价。还有研究大多采用单一指标来衡量绿色金融发展水平。Song 等（2021）认为绿色信贷对节能减排政策的实施具有促进作用，是绿色金融的重要工具。而 Reboredo（2018）认为绿色债券的发行是衡量绿色金融发展水平的主要参考。

2. 微观视角

基于微观视角的研究主要是从微观金融机构层面出发，考察金融机构的绿色经营和管理水平。为督促金融机构将绿色发展理念融入具体金融业务，更好地开展绿色金融服务，诸多学者、国际经济和环境组织基于微观视角从金融机构自身绿色运营、绿色金融业务开展、企业绿色金融战略和政策，以及绿色金融信息披露等方面对绿色金融发展进行评价。Penny Street、Philip E. Monaghan（2001）从银行业自身出发，分析了营业网点、电子设备、虚拟银行 3 种银行绿色服务渠道，并构建衡量银行渠道与绿色绩效关系的指标体系，对银行在运营过程中的绿色绩效水平进行评价。另外，国际金融组织和环保机构也积极参与绿色金融评价。如 2007 年，IFC 针对绿色证券、绿色保险、碳金融等非银行金融业务的开展情况进行了调查和评价。碳信息披露组织（CDP）则每年向全球 5 000 多家大公司发送调查问卷并发布年度报告，公开披露温室气体排放数据及气候变化所带来的风险和机遇。He 等（2019）从金融机构的角度，采用绿色信贷、绿色证券、绿色保险、绿色投资和碳金融 4 个指标，对中国绿色金融发展水平进行了综合评价。

与此同时，国内学者和研究机构也对绿色金融发展进行了评价。于晓刚（2010）利用社会责任报告等公开信息，定性分析了 14 家国内上市银行及花旗银行、汇丰银行、渣打银行 3家外资"赤道银行"绿色金融的发展状况。中国环境保护部环境与经济政策研究中心（2011）发布绿色信贷报告，主要从绿色信贷战略与管理、绿色金融服务、组织能力建设、沟通与合作等方面对中国 50 家中资银行绿色信贷的信息披露情况和实施效果进行评价。曾学文等（2014）通过构建中国绿色金融评价指标体系，对中国绿色金融发展水平进行测度，分析认为，2010 年以来中国绿色金融发展水平稳步提高，但速度低于 GDP 平均增速，尤其是绿色信贷对限制"两高一剩"行业的效果显著，但对绿色经济的支持却十分有限。窦玉霞等（2018）基于二叉树模型针对中国目前市场存在的部分绿色债券进行研究，发现中国绿色债券价格存在明显的低估。祁怀绵等（2021）认为，中国绿色债券的利差显著低于普通债券的利差，存在绿色溢价现象。杨希雅等（2020）对绿色债券的定价因素进行了分析，发现绿色债券定价主要受发行方式、绿色政策支持力度、第三方绿色认证、发债主体的财务状况等因素的影响。

（二）绿色金融的影响研究

1. 绿色金融与可持续发展之间的相关研究

关于绿色金融与经济可持续发展的问题，国内部分学者采用定性分析和定量分析方法进行了相关研究。在定性分析方面，任辉（2009）分析了金融与环境保护、可持续发展的关系，并提出构建绿色金融体系的重要性和基本思路；王遥（2013）对政府财政资金、债券、银行贷款等金融工具在解决气候变化问题中的具体形式进行了分析；王衍行（2013）等通过对比分析绿色投入与非绿色投入、社会资产增长与环境治理之间的相互作用机制，指出在给定环境污染下降速度的情况下，最优社会资产增长率并非由绿色信贷投入比这一单一指标决定，而是取决于投资回报率最高的投入与治理环境污染投入的比例；彭路（2013）、李晓西、夏光（2014）对中国现有的绿色金融活动进行了系统性研究，认为绿色金融是经济可持续发展的重要融资途径，中国金融业应树立服务绿色经济的发展理念，支持绿色产业发展；王遥等（2016）从绿色金融优化宏观经济、提高微观效率及与其他经济政策的互补效应等方面分析了绿色金融对经济发展的贡献；冯文芳（2017）研究认为，绿色金融发展能够有效优化生产要素供给结构，减少传统行业产能过剩和促进经济转型升级；在定量分析方面，陈植雄等（2007）搜集了1990—2005年间中国国内生产总值、污染直接经济损失、污染事故赔罚款总额和污染治理投资4个重要指标数据，并进行实证分析，结果发现中国绿色金融投资额与经济增长之间存在显著的线性关系；蔡芳（2008）采用博弈模型对绿色金融的参与主体行为进行了分析，并对绿色投资与经济增长的相关性进行计量检验；Lin（2011）分别从宏观和微观两个层面对绿色金融与经济发展的关系进行了实证分析，结果表明绿色金融在宏观方面能够促进经济持续增长，而在微观方面，与绿色金融紧密相关的绿色环保产业具有较好的成长性和收益性；宁伟等（2014）利用协整检验和误差修正模型（VECM），对绿色金融发展与宏观经济增长之间的关系进行实证研究，并据此提出推进绿色金融体制改革的政策建议；另外，部分研究机构如天大研究院课题组（2011）、西南财经大学发展研究院、环境保护部环境与经济政策研究中心课题组、绿色金融工作小组等（2015），从政策和实践层面分析了绿色金融与经济可持续发展的关系，并提出了完善中国绿色金融体系的政策建议；Li（2019）认为绿色金融政策可以通过乘数效应扩大货币供给，以引导资金流向环保产业，但这限制了高能耗、高污染产业的发展；Liu等（2019）提出发展绿色金融，合理承担环境责任对提高经济增长质量具有重要作用，这也是中国金融机构未来发展的重要方向；Wen等（2021）基于经济增长框架构建了理论模型，发现绿色金融对经济增长具有显著的促进作用。

2. 绿色金融与市场参与主体之间的相关研究

由于绿色投资项目普遍具有投资金额大、回报周期长、投资风险高等特点，面临经济利益与环保责任的双重选择，微观市场主体参与者的行为直接关系到绿色金融的实施效果。因此，绿色金融发展对金融机构、企业及个人等微观市场主体影响的研究显得尤为重要。

首先，在绿色金融对金融机构的影响研究方面，Chami等（2002）认为金融机构发展绿色金融不仅能够提高其在行业内的声誉，同时有利于金融企业进行风险控制，从而有利于制定企业长远发展战略；国际金融公司（IFC）2007 年的调查结果认为，为追求利润最大化目标，部分金融机构在日常运营过程中并未真正考虑绿色环保因素；然而 Galema 等（2008）的实证研究却得出不同结论，他们认为由于金融工具类型的多样化和投资需求的差异化，金融机构承担社会责任与否并不影响其收益和风险状况；Christopher Wright（2012）评估了"赤道原则"框架对贷款政策和实践及金融机构的环境和社会责任的影响，研究发现，"赤道原则"框架并未禁止向有重大环境和社会成本的项目贷款，虽然其改善了金融机构和利益相关者之间的关系，但却缺乏透明度和外部问责制。

由于国内绿色金融发展起步较晚，相关研究主要集中在商业银行绿色信贷业务方面。张秀生、李子明 （2009）认为，由于环保信息传导不畅、环境监管不严、地方官员政绩考核体系不合理等原因，导致地方政府在环境保护方面积极性欠缺，从而降低了绿色信贷执行效率。麦均洪等（2015）运用联合分析法对商业银行绿色信贷的影响因素进行分析，结果表明商业银行在实施绿色金融的过程中积极性不高，企业的还款能力依然是金融机构考虑的首要因素。

其次，在绿色金融对企业的影响研究方面，Graham 等（2001）通过引入环境风险因子，对企业债券的信用评级进行了深入研究，研究结果表明，环境因素对企业债券信用评级有着重要影响，二者呈负相关关系；Tang、Chiara 和 Taylor（2012）提出将碳收入债券作为可再生能源企业的重要融资工具，通过运用随机过程预测未来收入并对碳收入债券进行定价，研究结果表明十年期碳收入债券能够为可再生能源生产提供大部分资金；叶勇飞（2008）的研究认为，中国商业银行在推行绿色信贷政策过程中，缺乏专业人员、机构和制度支撑，同时部分高污染企业通过非正规金融进行融资，从而弱化了绿色信贷对企业的制约能力；杨熠等（2011）利用 2006—2008 年国内 502 家重污染行业上市公司的数据，构建环境信息披露指数，研究认为，国有股权和第一大股东持股比例、审计委员会、环保部门设立等公司治理因素对企业环境信息披露水平有显著的正向影响，并且绿色金融发展强化了公司治理因素的作用；胡春生等（2013）通过构建完全信息静态博弈模型，分析了金融机构和企业之间的博弈行为和均衡结果，研究认为，公司经营可通过向绿色产业转型，实现自然生态环境的帕累托改进；根据 Liu 等（2019）和 Xu 等（2020）的研究，绿色信贷政策和发展有助于绿色企业降低债务融资成本，Li 等（2018）提出了一个涉及企业、银行和政府的绿色贷款理论，证实了绿色银行贷款可能会刺激绿色创新，Li 等（2017）发现减少环境恶化最有效的方法是生态融资，绿色金融鼓励资金流向新技术研发和创新领域；Yu 等（2021）认为绿色金融是解决中国企业绿色创新融资约束的关键。

二、绿色金融实践的发展展望

国外有关绿色金融的研究和实践大多是以市场经济相对完善的工业化国家为背景展开的，而针对发展中国家的研究依旧较少。中国绿色金融研究起步较晚，与国际水平差距较大，但随着人们生活水平的日益提高，环境问题日益凸显，国内相关政策对绿色金融发展的关切程度也不断提升。同时，在国际相关领域研究高涨的刺激下，国内绿色金融的研究发展正迅速跟进。在未来研究中，国内学者可以重点在如下方面开展工作。

（一）跨界融合协同创新

绿色金融的未来创新方向不再局限于绿色低碳产业，而是以更为全面的横向视野推进与现代金融市场体系的其他组成部分之间的协同发展，服务于统一大市场，支持构建新的发展格局。一是形成更多跨行业的市场化产品，类似 ESG 指数、绿色金融发展指数，覆盖范围更广、面向投资者更多、参与度更高。未来，需要更多类似市场化的绿色金融产品来引导企业更加重视环保和社会责任，为投资者提供更多选择空间，推动更多资金流向具有可持续性且践行社会责任的企业。二是打通减碳与增汇服务，借助项目联动生态碳汇市场主体与企业减排主体之间的金融合作，实现需求结合。通过项目联动，生态碳汇市场主体与企业减排主体之间可以建立更为灵活的协同碳减排机制。金融机构也可通过提供融资支持，帮助企业实施更为前瞻性的减排项目，促使企业在减碳的同时提升竞争力，为企业提供更为多元化的减碳路径，使碳减排和碳汇的匹配更为高效，为企业和金融机构提供更好的合作机会，共同推进绿色金融的纵向发展。

（二）绿色金融创新与风险管控

未来绿色金融的发展将深度融合风险管控与新兴技术的理念，以更好地应对环境变化和市场动态带来的挑战。随着全球对可持续发展的关注不断加强，金融机构在绿色金融领域所面临的风险也日益复杂多样。传统的风险管理方法已难以全面覆盖和精准应对。因此，融合新兴技术的风险管控理念成为必然趋势。

首先，大数据和人工智能技术将在绿色金融的风险管控中发挥核心作用。通过大数据分析，金融机构可以实时获取和处理海量的环境、市场和社会数据，从而更加精准地评估绿色项目的风险。人工智能则可以用于风险预测和决策支持，通过机器学习算法，快速识别和分析潜在的风险因素，提高风险管理的效率和准确性。其次，区块链技术将显著提升绿色金融项目的透明度和可追溯性。区块链的去中心化和不可篡改特性，使得资金流向和项目进展可以被实时记录和监控，确保资金被用在预定的绿色项目上。这不仅增加了投资者的信任，也减少了因信息不对称而带来的风险。通过智能合约，资金的使用可以自动化执行和验证，进一步降低人为干预和操作风险。

未来，绿色金融将不仅是金融产品和服务的创新，更是风险管理和技术应用的深度融合。在金融科技的支持下，绿色金融将实现更高效、更透明和更安全的发展，为全球的绿色发展和可持续发展做出更大贡献。

（三）全面推行政策引导和国际合作

发展绿色金融涉及"一行三会"、发展和改革委员会、财税部门、环保部门、金融机构，以及社会中介机构等多方主体的职责，需要建立稳定的跨部门协调机制，确保绿色金融政策的统一性和稳定性。同时，构建工业管理部门、环保部门与金融监管部门的双向信息沟通与共享平台，及时沟通有关环境保护的技术信息、行业标准及违法违规处置情况。此外，中央政府和地方政府还应建立与第三方机构的协作机制，充分借用社会监督、社会评估的力量，及时反馈执法和政策落实情况，提高政府工作效率。

中国致力于积极做好绿色金融这篇"大文章"，在推进绿色金融国际合作方面也取得了丰硕的成果。例如，中英合作共同推动气候与环境信息披露、中欧合作推出《可持续金融共同分类目录》、中外金融机构共同参与支持生物多样性保护、共同签署《"一带一路"绿色投资原则》、推动建立 G20 绿色金融研究组等工作。应对气候变化、促进绿色发展是全球的共同诉求，深化绿色金融国际合作需要国际组织、政府及监管部门、金融机构的共同努力。可以预见，未来绿色金融和转型金融领域的国际合作步伐将会加快，合作范围和领域将会更加广泛。中国将能够在国际可持续金融领域提出更多方案，贡献中国智慧。

参考文献

[1] 崔惠玉，王宝珠，徐颖. 绿色金融创新、金融资源配置与企业污染减排. 中国工业经济，2023（10）：118-136.

[2] 吴育辉，田亚男，陈韫妍，等. 绿色债券发行的溢出效应、作用机理及绩效研究. 管理世界，2022，38（06）：176-193.

[3] 周亚军，陈丰泽. 绿色金融与绿色全要素生产率：环境规制调节下的碳减排效应. 生态经济，2023，39（08）：43-51.

[4] 周肖肖，贾梦雨，赵鑫. 绿色金融助推企业绿色技术创新的演化博弈动态分析和实证研究. 中国工业经济，2023，（06）：43-61.

[5] 刘华珂，何春. 绿色金融促进城市经济高质量发展的机制与检验：来自中国 272 个地级市的经验证据. 投资研究，2021，40（07）：37-52.

[6] 张楠. 中国碳排放权交易市场运行状况及其效率分析：基于碳交易价格的测算. 工业技术经济，2023，42（04）：100-107.

[7] 王馨，王营. 绿色信贷政策增进绿色创新研究. 管理世界，2021，37（06）：173-188+11.

[8] 刘锡良，文书洋. 中国的金融机构应当承担环境责任吗？经济研究，2019，54（03）：38-54.

[9] 苏冬蔚，连莉莉. 绿色信贷是否影响重污染企业的投融资行为？金融研究，2018（12）：123-137.

[10] 刘贯春，张军，丰超. 金融体制改革与经济效率提升：来自省级面板数据的经验分析. 管理世界，2017（06）：9-22+187.

[11] DE ANGELIS T，TANKOV P，ZERBIB O D. Climate impact investing. Management Science，2022.

[12] TCHÓRZEWSKA K B，GARCIA-QUEVEDO J，MARTINEZ-ROS E．The heterogeneous effects of environmental taxation on green technologies．Research Policy，2022，51（7）：104541．

[13] 王馨，王营．绿色信贷政策增进绿色创新研究．管理世界，2021，37（06）：173-188+11．

[14] 马骏．论构建中国绿色金融体系．金融论坛，2015，20（05）：18-27．

[15] 西南财经大学发展研究院，环境保护部环境与经济政策研究中心课题组，李晓西，等．绿色金融与可持续发展．金融论坛，2015，20（10）：30-40．

[16] 国务院发展研究中心"绿化中国金融体系"课题组，张承惠，谢孟哲，等．发展中国绿色金融的逻辑与框架．金融论坛，2016，21（02）：17-28．

[17] 王遥，潘冬阳，张笑．绿色金融对中国经济发展的贡献研究．经济社会体制比较，2016，（06）：33-42．

[18] 操群，许骞．金融"环境、社会和治理"（ESG）体系构建研究．金融监管研究，2019，（04）：95-111．

[19] 史代敏，施晓燕．绿色金融与经济高质量发展：机理、特征与实证研究．统计研究，2022，39（01）：31-48．

[20] 邓翔．绿色金融研究述评．中南财经政法大学学报，2012，（06）：67-71．

[21] 李戎，刘璐茜．绿色金融与企业绿色创新．武汉大学学报（哲学社会科学版），2021，74（06）：126-140．

[22] 殷剑峰，王增武．中国的绿色金融之路．经济社会体制比较，2016，（06）：43-50．

[23] WANG L．Transmission effects of ESG disclosure regulations through bank lending networks．Journal of Accounting Research，2023，61（3），935-978．

[24] HOUSTON J，SHAN H Y．Corporate ESG profiles and banking relationships．The Review of Financial Studies，2022，35（7），3373-3417．

[25] FLAMMER C．Corporate green bonds．Journal of Financial Economics，2021，142（2），499-516．

[26] CHEN F，ZENG X，GUO X．Green finance，climate change，and green innovation：Evidence from China．Finance Research Letters，2024，63：105283．

本书部分彩图请扫二维码显示

反侵权盗版声明

　　电子工业出版社依法对本作品享有专有出版权。任何未经权利人书面许可，复制、销售或通过信息网络传播本作品的行为；歪曲、篡改、剽窃本作品的行为，均违反《中华人民共和国著作权法》，其行为人应承担相应的民事责任和行政责任，构成犯罪的，将被依法追究刑事责任。

　　为了维护市场秩序，保护权利人的合法权益，我社将依法查处和打击侵权盗版的单位和个人。欢迎社会各界人士积极举报侵权盗版行为，本社将奖励举报有功人员，并保证举报人的信息不被泄露。

举报电话：（010）88254396；（010）88258888

传　　真：（010）88254397

E-mail：　dbqq@phei.com.cn

通信地址：北京市海淀区万寿路 173 信箱
　　　　　电子工业出版社总编办公室

邮　　编：100036